“绿谷双名工程”丛书

本书获“绿谷双名工程”的资助出版。本书系浙江省高等教育“十四五”教学改革项目“新时代陶行知型卓越乡村教师职前培养模式重构”（项目编号：jg20220592）及2023年浙江省教育科学规划项目“陶行知思想在浙西南山区教育界的传承与实践研究”（项目编号：2023SCG092）及2024年度浙江省社科联研究课题“具有陶行知特质的师范生乡村教育情怀养成策略研究”（课题编号：2024B041）的阶段性成果。

求真与奉献

陶行知教育思想与山区学校发展研究

徐正林　潘巧明　著

上海交通大學出版社
SHANGHAI JIAO TONG UNIVERSITY PRESS

内容提要

本书从九个方面探讨了陶行知教育思想与山区学校发展的关系：陶行知生活教育思想与山区学校发展，陶行知道德教育思想与山区学校发展，陶行知乡村教育思想与山区学校发展，陶行知儿童教育思想与山区学校发展，陶行知师范教育思想与山区学校发展，陶行知成人教育思想与山区学校发展，陶行知科学教育思想与山区学校发展，陶行知创造教育思想与山区学校发展，陶行知廉洁教育思想与山区学校发展。本书将陶行知教育思想应用于山区学校的改革与发展。山区学校发展需要教育理论支撑，陶行知教育思想与山区学校发展存在内在的契合性，对山区学校发展具有较强指导性。

本书适合教育工作者及相关研究者阅读。

图书在版编目(CIP)数据

求真与奉献：陶行知教育思想与山区学校发展研究/徐正林，潘巧明著. —上海：上海交通大学出版社，2024.1

ISBN 978-7-313-30186-4

Ⅰ.①求… Ⅱ.①徐…②潘… Ⅲ.①陶行知(1891-1946)—教育思想—研究②乡村教育—研究—中国 Ⅳ.①G40-092.6②G725

中国国家版本馆 CIP 数据核字(2024)第 018831 号

求真与奉献：陶行知教育思想与山区学校发展研究

QIUZHEN YU FENGXIAN: TAO XINGZHI JIAOYU SIXIANG YU SHANQU XUEXIAO FAZHAN YANJIU

著　　者：徐正林　潘巧明

出版发行：上海交通大学出版社　　地　　址：上海市番禺路 951 号

邮政编码：200030　　电　　话：021-64071208

印　　制：广东虎彩云印刷有限公司　　经　　销：全国新华书店

开　　本：710mm×1000mm　1/16　　印　　张：14.5

字　　数：306 千字

版　　次：2024 年 1 月第 1 版　　印　　次：2024 年 1 月第 1 次印刷

书　　号：ISBN 978-7-313-30186-4

定　　价：78.00 元

前言

Preface

陶行知是我国现代伟大的人民教育家，毛泽东、周恩来、朱德、江泽民、李鹏等党和国家领导人曾多次号召全国教师要学习陶行知教育思想，促进教育教学改革。党的十八大以来，习近平总书记多次直接引用陶行知原话或肯定陶行知教育遗产。2014 年他在同北京师范大学师生座谈时谈及“四有好老师”，直接引用陶行知的“千教万教，教人求真；千学万学，学做真人”“捧着一颗心来，不带半根草去”“出世便是破蒙，进棺材才算毕业”等名句，讲好老师“要有仁爱之心”时虽然没有直接引用陶行知的原话，但这也与陶行知的“爱满天下”意义相近，充分彰显了习近平总书记对陶行知教育遗产的肯定，凸显了陶行知教育思想的当代价值。

周洪宇教授曾说过：“陶行知的人民至上方向就是中国教育的方向。”陶行知教育思想在形成过程中既从中国深厚的优秀传统文化中汲取了精华，也吸纳了当时世界上最先进的教育理念，尤其是美国实用主义教育家杜威的教育思想，但最关键的是陶行知以“我是一个中国人，要为中国作出一些贡献来”的爱国情怀促使自己毕生“通过教育而非武力来创建一个民主国家”，这样的爱国情怀成就了陶行知的教育思想。陶行知教育思想具有民族性、平民性、生活性、乡土性、发展性、世界性等特征，对发展中国家以及经济相对欠发达的山区教育发展更有指导价值。

本书系统探讨了陶行知生活教育思想、道德教育思想、乡村教育思想、儿童教育思想、师范教育思想、成人教育思想、科学教育思想、创造教育思想和廉洁教育思想与山区学校发展之间的关系。与以往陶行知研究著作相比，具有以下几个特征。

一是彰显时代性。响应习近平总书记在全国教育大会上的重要讲话，新时代教育要“坚持扎根中国大地办教育,坚持以人民为中心发展教育,坚持深化教育改革创新,坚持把服务中华民族伟大复兴作为教育的重要使命,坚持把教师队伍建设作为基础工作”,陶行知教育思想的九个方面与新时代教育要求十分契合,本书在论述过程中将此进行了融合。

二是体现区域性。陶行知不仅是中国的,也是世界的。他祖籍浙江,出生于安徽,求学于中国安徽、江苏和美国,在南京、上海、香港、重庆等地多次办学,到过28个国家。由于研究条件问题,本书中论及的山区主要指中国东部山区,所选取的案例也是东部山区的案例,尤其是陶行知教育思想深度辐射到的浙西南山区。

三是凸显应用性。陶行知教育思想的精髓是“行知行”“教学做合一”,即体现了鲜明的实践性。山区学校的校长如何用陶行知教育思想指导学校开展特色办学,或者说如何将陶行知教育思想与当前的教育教学改革结合起来以推动学校高质量发展,本书均有详细说明。

四是具有创新性。陶行知教育思想博大精深、内涵丰富,包括生活教育思想、乡村教育思想、科学教育思想、创造教育思想、道德教育思想等多个方面,长期以来,人们将生活教育思想与其他几种教育思想并列,认为它们具有同等地位,笔者认为生活教育思想是主流,其他教育思想是这一主流下的支流。

本书是在继承与发展丽水学院陶行知研究传统基础上的又一新作。在写作过程中阅读、参考了大量前人的研究成果,并在参考文献和注释中做了说明,也可能存在遗漏的情况。笔者尽了最大努力,由于水平有限,舛误之处难免,欢迎读者批评指正。

最后,要感谢浙江省高等教育“十四五”教学改革项目“新时代陶行知型卓越乡村教师职前培养模式重构”(项目编号:jg20220592)、2023年浙江省教育科学规划项目“陶行知思想在浙西南山区教育界的传承与实践研究”(项目编号:2023SCG092)及2024年度浙江省社会科学界联合会研究课题“具有陶行知特质的师范生乡村教育情怀养成策略研究”(课题编号:2024B041)的立项鼓励和丽水市“绿谷双名工程”的出版资助。

徐正林　潘巧明

2023年5月

目 录

Contents

绪　论

陶行知是近代以来中华民族向人类贡献的一位具有广泛世界影响力的伟大教育家。他所倡导的生活教育理论和实践对中国以及世界上其他国家(特别是发展中国家)的教育改革与发展,曾经产生并且还在继续产生程度不同的影响[①]。他培养了一大批优秀人才。毛泽东称赞陶行知是“伟大的人民教育家”,周恩来称陶行知是“一个无保留追随党的党外布尔什维克”,宋庆龄赞誉陶行知为“万世师表”,郭沫若对陶行知的评价是“二千年前孔仲尼,二千年后陶行知”。党的十八大以来,习近平总书记多次论及陶行知,并于2021年5月30日给江苏省淮安市新安小学(该校前身为陶行知指导创办的“新安旅行团”)少先队员回信,这充分体现了习近平总书记对人民教育家陶行知教育遗产的肯定。百余年来,国内外学者围绕陶行知文献资料整理[②]、年谱编撰[③]以及教育思想研究等方面出版了大量著作,在陶行知教育思想研究方面,学者普遍认为陶行知是生活教育理论的创立者,其教育思想在民国时期具有广泛影响力,新中国成立后其教育思想对我国教育改革发展也产生过重要影响[④],对当今学校改革发展尤其是山区学校改革发展仍然具有较强的指导价值。

---

① 周洪宇:《陶行知研究在海外(新编本)》,人民教育出版社,2017,第1页。

② 国内已出版两套《陶行知全集》,分别为湖南教育出版社的《陶行知全集》(简称“湘教版”)和四川教育出版社的《陶行知全集》(简称“川教版”),华中师范大学出版社即将出版14卷本《陶行知全集》。

③ 国内已出版4种《陶行知年谱》,分别为中央教科所《陶行知年谱》,朱泽甫《陶行知年谱》,王文岭《陶行知年谱长编》,周洪宇、刘大伟《陶行知年谱长编》(全四卷)。

④ 新中国成立后,多位陶行知弟子曾在新中国教育主管部门及专业学会任职,董纯才曾长期担任教育部党组书记、副部长,兼任中央教育科学研究所所长;张健曾任教育部党组成员;方与严曾任初等教育司副司长和民族司副司长等职;戴伯韬曾任中国教育学会副会长、全国教育学研究会理事长;等等。

陶行知教育思想是什么，如何产生、发展，对山区学校改革发展有何参考价值，山区学校如何打造践行陶行知特色学校，如何可能以及怎样指导新时代山区学校改革发展，是本书研究的核心内容。笔者认为生活教育思想是陶行知教育思想之核心，是陶行知其他教育思想产生之源，也是陶行知教育思想的“主流”。在“主流”外，陶行知教育思想由道德教育思想、乡村教育思想、儿童教育思想、师范教育思想、成人教育思想、科学教育思想、创造教育思想和廉洁教育思想八大具体教育思想组成，这八大具体教育思想是陶行知教育思想的“支流”，“主流”和“支流”共同汇聚成陶行知山区教育思想的源流体系。

我国拥有约960万平方千米国土，地域广袤，地形复杂，区域间发展极不平衡，山区占全国领土面积2/3以上，构成了全国领土的骨骼，是我国国土的主体部分。在全国31个省、自治区（不含港澳台）、直辖市中，除上海市外，其他省市均有山地分布，其中25个省（自治区、直辖市）的山地面积占总面积的一半以上。2006年，在全国县级行政单元中，山区县有895个，丘陵县有531个，两者共1426个，占全国总数2072个行政县（含县级市）的68.82%。山区县面积（428.1万公顷①）和丘陵县面积（203.7万公顷）共631.8万公顷，占全国县域面积的70.63%，占全国幅员总面积的65.81%；山区县人口30489万，丘陵县人口28387万，两者合计共58876万，占全国县域人口61.21%，占全国总人口的44.79%②。由此观之，山区是我国国土的基本特征，山区教育发展受到交通等多种客观条件限制，发展困难相对较多，发展水平相对滞后，山区教育具有不同于平原及其他类型地域的教育特性。本书中的山区特指我国东部（浙江省）山区，该地区素有“七山一水二分田”之说，山区学校特指东部山区地区的学校。

1862年，出于同列强沟通的需要，京师同文馆有别于传统官学，掀开了中国教育新的一页，我国现代教育由此拉开序幕。从我国现代教育学科发展来看，一批先知先觉的知识分子早期负笈东瀛，借鉴日本；甲午海战后，大

---

① 1公顷等于0.01平方千米。

② 陈国阶、方一平、高延军：《中国山区发展报告——中国山区发展新动态与新探索》，商务印书馆，2010，第1页。

批留学生转而留学欧美国家。马克思主义传入我国后，又将学习对象转至苏联。改革开放后则继续向世界各国学习。纵观百余年教育学发展史，国外引进的教育理论并不能完全指导中国的教育改革发展。留美归国的陶行知是众多留学生中的一员，在民国时期极力反对不顾中国实际而一味“仪型他国”。他在学习借鉴当时世界上最先进的杜威教育思想后，结合中国具体实际，创造性地提出了生活教育理论。生活教育理论贴近老百姓的实际需要，符合贫下中农的社会需求，一经提出就广受欢迎，偌大中国掀起了一股“生活教育运动”，在国统区和解放区都产生了巨大影响。

陶行知开创的本土教育理论，诚如周洪宇教授所言，对发展中国家教育发展的启发价值更大。也就是说，陶行知教育思想对经济不发达或者欠发达地区的教育改革发展更有指导价值。2011 年我国 GDP 跃居世界第二位，2022 年我国 GDP 突破 121 万亿元，人均 GDP 达到 85 698 元(折合 12 741 美元)，现阶段我国社会的主要矛盾是“人民日益增长的美好生活需要和不平衡不充分的发展之间的矛盾”。党的二十大报告指出，“从现在起，中国共产党的中心任务就是团结带领全国各族人民全面建成社会主义现代化强国、实现第二个百年奋斗目标，以中国式现代化全面推进中华民族伟大复兴。①”实现中华民族伟大复兴要紧紧围绕主要矛盾着力，不平衡不充分发展体现在诸多方面，其中城市与山区之间的发展不平衡是诸多不平衡发展中的重要领域之一，山区尤其要加快发展。党的二十大提出“教育、科技、人才是全面建设社会主义现代化国家的基础性、战略性支撑。”要“加快建设高质量教育体系”“加快义务教育优质均衡发展和城乡一体化，优化区域教育资源配置”②等新战略。与城市学校相比，山区学校发展相对落后，更需要加快发展，因地制宜地探讨中国山区学校现代化发展之路。山区学校的现代化发展之路既不是照搬外来文化，也不是盲目照搬城市学校发展模式，而是要探索出契合山区社会经济发展需求，遵循教育教学发展规律的特色发展、创新发展之路。以陶行知教育思想为指导，探讨陶行知教育思想与山区学校发展之

---

① 本书编写组:《党的二十大报告辅导读本》，人民出版社，2022，第 19—20 页。
② 本书编写组:《党的二十大报告辅导读本》，人民出版社，2022，第 30—31 页。

间的关系是用本土教育理论指导我国山区教育高质量发展的实践探索。

第一节　研究缘起

一、陶行知是国内外公认的伟大人民教育家

“陶行知是我国近现代伟大的人民教育家、杰出的民主战士和优秀的大众诗人,也是我国近现代原创力最强、真正形成自己的教育学说体系、富有世界影响力的教育思想家。[①]”国家原主席江泽民曾提出,“学习陶行知教育思想,促进教育改革”,国务院原总理温家宝多次号召广大教师要学习陶行知“捧着一颗心来,不带半根草去”的崇高精神。日本知名教育史学家、日本原中国研究所理事长、东京专修大学教授斋藤秋男提出:“陶行知不仅是中国的,也是属于世界的。”2007 年,美国知名学者,哥伦比亚大学师范学院哲学、教育学教授戴维德·汉森(David T. Hansen)在他主编出版的《教育的伦理视野——实践中的教育哲学》一书中,介绍了拥有世界影响力的十大教育思想家。其中,唯一的一位中国教育思想家就是陶行知,与美国的杜威、意大利的蒙台梭利等世界著名教育思想家并列[②]。陶行知培养了许多优秀学生,如李鹏(曾任中华人民共和国第四任总理、全国人民代表大会常务委员会委员长等职务,撰有《陶行知先生与育才学校》)、张劲夫(曾任中华人民共和国国务院财政部部长等职务,撰有《在和陶夫子相处的日子里》)、张健(曾任教育部领导及中央教科所所长等职务,撰有《陶行知先生教我去奋斗》)、操震球(曾任安徽省政协副主席)、王越(曾任广东省政协副主席)、刘季平(曾任教育部常务副部长)、戴伯韬(曾任中央教科所所长)等。陶行知原创性地提出了“生活即教育”“社会即学校”“教学做合一”的生活教育理论,积极开展平民教育、普及教育、师范教育、乡村教育、成人教育等实践活动,创

① 周洪宇:《陶行知生活教育学说》,湖北教育出版社,2011,第 1 页(前言)。
② 周洪宇:《陶行知生活教育学说》,湖北教育出版社,2011,第 1 页(前言)。

办了晓庄师范、山海工学团、育才学校和重庆社会大学，所创办的部分学校今天仍然在继续办学。

二、陶行知研究及其思想实践仍然是时代热点

国内已公开出版两个版本的《陶行知全集》(湘教版和川教版)，即将出版第三套《陶行知全集》(华中师大版)，四套《陶行知年谱》(中央教科所版、朱泽甫版、王文岭版、周洪宇版)。据不完全统计，自1919年至2017年12月，国内外公开发表陶行知研究相关文章近7 500篇，著作400余种[①]。查询中国知网等专业数据库，当当网等专业售书网站，陶行知研究相关论文或著作每年都在稳步增长。这在国内单个教育家研究中是不多见的。华中师范大学周洪宇团队计划分三个阶段在2025年前后出版50余册的《陶行知学文库》，并已着手《陶行知学》著作的撰写。在陶行知研究学术组织建设方面，现有中国陶行知研究会(现任会长为朱永新)，许多省市建有陶行知研究分会，在中国陶行知研究会之下还设有各种专委会；在纪念陶行知及实践其理念方面，全国多地建有陶行知纪念馆。除南京晓庄学院、杭州科技职业技术学院等与陶行知有直接关联的高等教育机构在践行陶行知教育思想外，2016年华中师范大学成立了陶行知国际研究中心，2019年南京大学教师教育学院更名为“南京大学陶行知教师教育学院”。习近平总书记多次直接或间接肯定陶行知教育思想及其教育遗产。2014年习近平总书记与北京师范大学师生代表座谈时讲到“四有好老师”，三次直接引用陶行知“千教万教，教人求真；千学万学，学做真人”“捧着一颗心来，不带半根草去”“出世便是破蒙，进棺材才算毕业”[②]的原话。2018年，在全国教育大会上，总书记再度引用陶行知的“处处是创造之地，天天是创造之时，人人是创造之人”[③]。

① 刘大伟:《继承与嬗变:陶行知研究的学术谱系》，中国社会科学出版社，2018，第3页。

② 习近平:《做党和人民满意的好老师——同北京师范大学师生代表座谈时的讲话》，http://www.moe.gov.cn/jyb_xwfb/moe_176/201409/t20140910_174733.html，中华人民共和国教育部政府门户网站，访问日期:2023年10月8日。

③ 中共中央党史和文献研究院:《十九大以来重要文献选编(上)》，中央文献出版社，2019，第652页。

2021年5月30日,习近平总书记在给江苏省淮安市新安小学少先队员回信称:“你们学校是‘新安旅行团’的母校(作者注:陶行知指定学生创办)。……当年,在党的关怀和领导下,‘新安旅行团’不怕艰苦,足迹遍及大半个中国,以文艺为武器,唤起民众抗日救亡,宣传党的主张,展现了爱国奋进的精神风貌。希望你们结合自身成长实际学好党史,以英雄模范人物为榜样,从小坚定听党话、跟党走的决心,刻苦学习,树立理想,砥砺品格,增长本领,努力实现德智体美劳全面发展。”①

三、继承陶行知研究传统是打造地方本科院校办学特色的重要举措

地方本科院校丽水学院拥有悠久的“学陶、师陶、研陶、践陶、弘陶”办学传统,20世纪40年代,毕业于陶行知先生创办的南京晓庄师范大学部的丁赞熙先生任处州师范学校(丽水学院前身)校长(1946—1951年),积极推行人民教育家陶行知先生“生活即教育”“教学做合一”的教育理论,颇有“晓庄特色”②。与丁赞熙先生一起在处州师范学校共事的还有陶行知的著名弟子王琳③。1951年,孙士仪先生接任处州师范学校校长,继续倡导民主科学的办学之风,推行陶行知先生的“生活即教育”“社会即学校”“教学做合一”的教育思想。1985年4月22日,“丽水师专学生陶行知研究会”正式成立,这是国内最早的学生陶行知研究组织。1995年12月14日,学校成立了“丽水师专教师陶行知研究会”。原南京晓庄师范小学部教导主任陈波先生带领一大批同学开展“学陶、师陶、研陶、践陶、弘陶”活动④。陈波是丽水学院的

① 新华网:《习近平给江苏省淮安市新安小学少先队员的回信》,http://www.xinhuanet.com/2021-05/31/c_1127514261.htm,访问日期:2022年7月2日。

② 丽水学院校史编纂办公室:《岁月如歌　风雨同行　丽水学院溯源(1907—2004)(内部资料)》,丽水明天出版印务有限公司,2018,第41页。

③ 王琳在处州师范学校工作期间,曾担任该学校财务稽核委员会委员,福利事业委员会委员,编辑委员会委员及主任委员,实习指导委员会委员,地方教育辅导委员会委员,国民教育研究会会员及研究组组长等职,做了《陶行知先生》《中华民国革命史》《本省地方纪念之意义》专题演讲,编有《儿童字汇》《心理学字汇》。

④ 虞伟庚:《陶行知教育思想概论》,武汉大学出版社,2012,序言。

“陶行知”，在陶行知研究学界人脉广但从不请名人为其论文集[①]写序；科研成果丰硕却以讲师退休；90 岁高龄后仍坚持写作，编注《陶行知教育文选》[②]，以启后学。丽水学院 70 余年来持续对陶行知教育思想进行研究、继承、实践与弘扬，办学特色鲜明。由丽水学院编辑整理的《20 世纪陶行知研究资料索引》及《陶行知研究》数据库为国内外陶行知研究做出了重要贡献。该校开设了“陶行知教育思想概论”课程，设有陶行知教育思想研究所，校园内建有行知亭[③]、行知书院、行知路、行知楼、行知像、行知班，连续 10 余年组织举办了“行知杯”系列学生活动等。

四、陶行知教育思想及行知精神对山区学校发展具有现实指导价值

陶行知教育思想博大精深，常研常新，国内外学者从不同层面对陶行知教育思想及行知精神进行了挖掘、整理与提炼，不同学者对陶行知教育思想及行知精神的整理提炼各有不同，并未完全达成共识。何国华认为陶行知教育思想由其教育学说所体现，包括生活教育理论、普及教育、幼儿教育、成人教育、师范教育、高等教育、教师修养、学校管理、道德教育、体育卫生、美育理论、劳动教育、科学教育、创造教育、人才教育、家庭教育和教育评估等方面[④]。周洪宇认为陶行知教育思想包括“教育立国”思想、“生活即教育”思想、“社会即学校”思想、“全面教育”思想、“教学做合一”思想、“小先生制”“乡村教育”思想、“师范教育”思想、“政教富合一”思想等，其人格精神包括爱满天下的博大胸襟、乐于奉献的伟大情操、炽烈真诚的教育激情、不屈不挠的刚毅品质、求真务实的思想作风和开拓创新的创造精

---

① 陈波出版的《生活世界与生活教育——陶行知研究文集》一书的序言由其学生徐永明(浙江大学博士，原丽水学院学生)撰写。

② 陈波:《陶行知教育文选》，浙江大学出版社，2014。该文选三易其稿，收录了川教版《陶行知全集》(2005 年)尚未收入的五篇文献。

③ 据丽水师范专科学校原副校长胡省三回忆，行知亭系 20 世纪 80 年代丽水师专师生捐资共建。

④ 何国华:《陶行知教育学》，广东高等教育出版社，1999，目录。

神[①]。虞伟庚[②]认为陶行知教育思想包括“生活教育理论”、“教师教育”思想、“乡村教育”思想、“普及教育”思想、“儿童教育”思想、“终身教育”思想、“道德教育”思想和“创造教育”思想，行知精神的精髓是“奉献”“博爱”“求真”“创新”[③]。郃爽秋认为陶行知精神包括“服务精神、创造精神、奋斗精神、坚忍精神、刻苦精神和牺牲精神”[④]六种。孙培青认为陶行知的教育思想是一种具有创造性并不断发展、进步的教育思想，而其生活教育思想则贯穿其始终[⑤]。对陶行知教育思想及行知精神的理解阐释与实践创新要基于文献与史实，抓住思想核心，秉持发展、进步的眼光，与时俱进，对其进行创造性转化，创新性发展。当前的山区学校要深研陶行知教育思想，尤其要把握陶行知生活教育理论的三大原理，即“生活即教育”“社会即学校”“教学做合一”。要弘扬行知精神，锐意进取，开拓创新，推动山区学校高质量快速发展。

我国的山区面积占陆地总面积的 2/3 以上，大约有 1/3 的人口、2/5 的耕地分布在山区，有 2/5 的粮食、9/10 的林木出产于山区。同时，它也是我国主要河流的发源地、淡水的存储箱、空气的净化器、生物多样性的保存地和矿产资源的集聚区。[⑥] 浙江素有“七山一水二分田”之称，而“九山半水半分田”的丽水市更是山区中的“山区”。丽水境内海拔 1 000 米以上的山峰有 3 573 座，龙泉市凤阳山黄茅尖海拔 1 929 米，庆元县百山祖海拔 1 856.7 米，分别为浙江省第一、第二高峰。截至 2022 年底，丽水市有各级各类学校(包括幼儿园)743 所，其中，小学 196 所，初中 79 所，普通高中 25 所，中等职业教育学校 13 所，高等院校 3 所，幼儿园 418 所，特殊教育学校 9 所。2023 年丽水市教育局党委书记、局长范寿仁在《丽水研究》第 1 期上发表文章说，“要积极探索共同富裕背景下山区教育高质量发展之路，争取厅市共建合作，打造‘浙丽优学’品牌。加快创建全国义务教育优质均衡县、全国学前教育普

① 周洪宇:《陶行知生活教育学说》，湖北教育出版社，2011，目录。
② 虞伟庚，中国陶行知研究会理事，浙江省陶行知研究会常务理事，丽水市陶行知研究会秘书长。
③ 虞伟庚:《陶行知教育思想概论》，武汉大学出版社，2012，序言。
④ 郃爽秋:《大公报》1949 年 7 月 30 日。
⑤ 孙培青:《中国教育史(第三版)》，华东师范大学出版社，2010，第 471 页。
⑥ 李明华:《中国山区可持续发展法律与政策汇编》，吉林人民出版社，2011，第 1 页，编写说明。

及普惠县，确保与全省同步实现创建目标。”山区教育的高质量发展之路，核心是山区学校高质量发展之路，山区学校高质量发展离不开先进的本土化教育理念引领和陶行知式教育家精神支撑。

浙江具有良好的“学陶”“践陶”文化传统，1928 年，在陶行知先生的亲自指导下，浙江的晓庄——湘湖师范顺利创建，该校曾在浙江省内多个山区地处流亡办学，播撒了行知教育思想的种子。该校通过对陶行知教育思想的学习、研究，发现陶行知教育思想对山区学校实施教育改革、凝练独具特色的校园文化、探索符合自身发展的教育模式具有重要的理论指导价值，对山区学校培养各级各类高素质合格人才、实现学校和山区经济社会协同发展具有重要意义。尤其值得一提的是，学习、研究、实践陶行知教育思想，能够不自觉地或自觉地被行知精神所感染、浸润，从中汲取强大的行知精神力量，并以之影响个人的教育生活。陶行知固然伟大，但我们不应拜倒在陶行知的脚下，而是要用陶行知精神来迎接不同的挑战。这是解决整个人类文明危机，摆脱人类基本价值流失，恢复教育本真的重要途径[①]。探讨陶行知教育思想与山区学校发展的关系亦是如此。

第二节 学术史简述

国内外学者对陶行知教育思想展开了十分深入的研究，积累了丰硕的研究成果。丽水学院编撰的《20 世纪陶行知研究资料索引》统计了 1919 年到 2000 年底，国内外报刊、论著总集上发表的陶行知研究文章共 4 900 余篇[②]，著作 270 余种，作者 2 500 余人。慕景强统计 2000—2009 年，国内共出版陶研著作 71 部，期刊论文 1 571 篇，学位论文 38 篇[③]；黄亚栋等统计

① 周洪宇、申国昌、余子侠：《陶行知与中外文化教育再探》，华中师范大学出版社，2020，章开沅序一。

② 上海图书馆中国文化名人手稿馆、丽水师范专科学校图书馆：《20 世纪陶行知研究资料索引》，上海科学技术文献出版社，2001，序三。

③ 慕景强：《新世纪 10 年陶行知研究综述（2000—2009）》，《南京晓庄学院学报》2012 年第 1 期第 1 页。

2010—2016 年国内陶行知研究著作，发现专著 128 部，学位论文 65 篇，期刊论文 2 595 篇[①]；2022 年 7 月 5 日，笔者在中国知网中检索 2017 年 1 月 1 日至 2021 年 12 月 31 日，国内陶行知研究期刊论文现状，检索数为 1 074 篇。

一、关于陶行知教育思想的研究

国内外学者对于陶行知教育思想开展了全方位多层次的研究。仅笔者手头收集到的关于陶行知教育思想研究的专著类著作就超过 10 本，它们以《陶行知教育思想研究》《陶行知的教育思想》《陶行知教育思想教程》《陶行知教育思想概论》《陶行知教育学说》《陶行知教育学》《陶行知生活教育学说》《陶行知教育思想讲话》《陶行知师范教育思想》等多种书名形式呈现，其内容都是聚焦陶行知教育思想，部分专著内容大同小异。按照著作出现的时代、区域分布以及学界口碑，以下摘要介绍《为中国教育寻觅曙光——陶行知教育思想研究》(郭笙)、《陶行知教育学》(何国华)、《陶行知生活教育学说》(周洪宇)、《陶行知教育思想概论》(虞伟庚)和《陶行知教育思想教程》(王尚义)五本著作。

郭笙著的《为中国教育寻觅曙光——陶行知教育思想研究》是一部较早出版且水准极高的陶行知教育思想研究著作，它是国家教委教育科学研究"七五"规划"陶行知系列研究"之子课题，作者将陶行知教育思想分为生活教育思想、普及教育思想、儿童教育思想、师范教育思想以及成人教育思想这 5 个方面[②]；何国华著的《陶行知教育学》将陶行知教育思想分为生活教育理论、普及教育思想、幼儿教育思想、成人教育思想、师范教育思想、高等教育思想、劳动教育思想、科学教育思想、创造教育思想、家庭教育思想等 18 个方面[③]；周洪宇著《陶行知生活教育学说》直接在书名中点出了陶行知教育思想的核心，他认为陶行知的生活教育学说包括三大原理，生活即教育(本体

---

① 黄亚栋、周文鼎：《近年来陶行知研究综述(2010—2016)》，《教育科学研究》2016 年第 12 期第 18 页。

② 郭笙：《为中国教育寻觅曙光——陶行知教育思想研究》，辽宁教育出版社，1991，目录。

③ 何国华：《陶行知教育学》，广东高等教育出版社，1999，目录。

论)、社会即学校(场域论)、教学做合一(方法论),具体主张包括乡村教育、师范教育、创造教育、终身教育等[1];虞伟庚主编的《陶行知教育思想概论》教材将陶行知教育思想总结为生活教育理论、教师教育思想、乡村教育思想、普及教育思想、儿童教育思想、终身教育思想、道德教育思想和创造教育思想这8个方面[2];王尚义主编的《陶行知教育思想教程》重点挖掘了陶行知的"真人"教育思想、生活教育思想、师范教育思想、乡村教育思想、科学教育思想以及廉洁教育思想等[3],该著作既有对陶行知教育思想的挖掘整理,也分析了陶行知教育思想与当今教育改革发展之关系。

上述五本陶行知教育思想研究著作各有特色,有的著作注重阐述陶行知教育思想的全面性,有的著作注重推介陶行知教育思想的应用性,但五本著作无一例外地将生活教育思想作为陶行知教育思想的核心或者说是主线。五本著作仅周洪宇在著作中说明了生活教育思想与其他教育思想的关系,周洪宇认为陶行知生活教育思想是陶行知教育思想的基本原理,其他各种具体教育主张都是在陶行知生活教育理论下的演绎,笔者认为周洪宇教授的这一发现是极有价值的,对深刻理解陶行知教育思想极具指导价值。本书在阐释陶行知教育思想时,深受周洪宇教授的启发,参考了周洪宇教授的认识范式。实际上,关于陶行知生活教育思想与其他教育思想的关系问题,深受陶行知器重的汪达之先生曾在一封回信中有所论述,有人曾问陶行知生活教育与乡村教育的关系,汪达之认为:"生活教育与乡村教育无分别!生活即教育,他是教育的大前提,他的理论和方法,是从现实生活出发,向人类合理的生活进行。乡村教育,是目前中国特殊现象,是暂时的,他是不能来和大前提的生活教育比拟的,也可以说是乡村教育的一部分。[4]"这里体现了鲜明的辩证主义和历史唯物主义思想,生活教育思想与其他教育思想之间的关系是"你中有我,我中有你"的关系,但生活教育是大前提。

---

① 周洪宇:《陶行知生活教育学说》,湖北教育出版社,2011,目录。
② 虞伟庚:《陶行知教育思想概论》,武汉大学出版社,2012,目录。
③ 王尚义:《陶行知教育思想教程》,中央编译出版社,2017,目录。
④ 刘友开:《汪达之教育文集》,中国工程出版社,2003,第48页。

二、关于陶行知教育思想与山区学校发展关系的研究

陶行知教育思想对山区学校发展具有较强的指导价值,国内许多山区乡村学校自觉以陶行知教育思想为指导,打造陶行知特色学校,但大多数山区学校由于各种主观或客观原因,疏于经验的总结与提炼,较少公开发表相关理论成果。同样,教育学术界也较少关注山区学校如何利用陶行知教育思想提高办学水平。仅笔者所知的浙江省丽水市行知特色学校就有丽水学院、莲都区人民路小学、青田县贵岙乡小学、缙云县长坑小学等多所,如果不是长期在浙江丽水工作,多次亲临莲都区人民路小学、青田县贵岙乡小学进行现场考察,仅从公开报道及有关文字材料记录,笔者无从得知这三所学校是优秀的行知特色学校。

笔者利用百度搜索引擎,在国家图书馆、各大学图书馆以及当当网、孔夫子旧书网、淘宝网、中国知网等查阅国内陶行知教育思想与山区学校发展关系的研究成果,仅见零散的几篇新闻报道。在为数不多的陶行知教育思想与山区学校发展关系的研究著作中,浙江省丽水市缙云县长坑小学刘勇武主编的《山花烂漫——一群理想主义者的乡村教育实践》是一部不可多得的佳作。该书讲述了坐落于浙江省缙云县东渡镇陡峭的叶石山下的山区农村小学长坑小学,如何以陶行知生活教育理论为指导,在十几年间自强不息、艰苦创业,使一所濒临撤点并校的山区乡村小学赢得学校师生、学生家长以及教育主管部门认可的过程。正如为该校发展提供较多理论指导的虞伟庚教授所言:"是什么造就了长坑小学?是'生活教育'。十多年来,长坑小学先后四任校长带领全体师生有意无意但却真心实意地践行着陶行知先生的生活教育理论。可以说,长坑小学是生活教育理论的忠实践行者,也是生活教育理论的真正受益者。[①]"该书是长坑小学践行陶行知教育思想的经验总结以及媒体评价,学术深度略显不足。

近年来,华中师范大学周洪宇教授团队将陶行知教育思想进行了创造

① 刘勇武:《山花烂漫——一群理想主义者的乡村教育实践》,武汉大学出版社,2010,第1页。

性转化与创新性发展，提出了生活·实践教育思想，该团队在推广生活·实践教育活动过程中，侧重介绍城市学校践行生活·实践教育思想的案例。例如该团队实施生活·实践教育的理论成果之一《教育改革的中国方案——聚焦发展核心素养的素质教育探索》一书中所收录的晶晶国际教育集团、深圳市玉龙学校、武汉市江岸区长春街小学、武汉市光谷实验中学、南京晓庄学院附属小学、杭州科技职业技术学院①等均为大城市地区的学校，对发展愿望更为强烈的山区学校如何践行生活·实践教育思想的关注明显不足。

总之，学界关于陶行知教育思想的理论研究相对较为成熟，理论成果较为丰富，但对陶行知教育思想如何应用于山区学校并指导、引领山区学校改革发展的研究稍微薄弱，略显不足。

三、核心概念厘定

1. 陶行知教育思想

陶行知教育思想是陶行知在办学实践过程中，总结、提炼并身体力行的教育思想体系，贯穿陶行知一生。本书认为陶行知教育思想由作为其教育思想主流的生活教育思想（三大原理为生活即教育、社会即学校、教学做合一）和作为其教育思想支流的道德教育思想、乡村教育思想、儿童教育思想、师范教育思想、成人教育思想、科学教育思想、创造教育思想以及廉洁教育思想八大具体教育思想共同组成。

2. 山区学校发展

《现代汉语词典》（2002 年增补本）将“山区”定义为“多山的地区”。本书中的山区一般指我国东部山区，主要指浙江省的山区地区。山区学校一般指办学所在地处在多山地区的学校。山区学校发展从宏观层面来看，指山区学校按照国家法律法规的要求，在政府的管理下，谋求办学质量的提高或

① 周洪宇、龚苗：《教育改革的中国方案——聚焦发展核心素养的素质教育探索》，江西教育出版社，2022，第 226—340 页。

规模的扩大;从微观层面来看,主要指山区学校内部的发展,具体包括山区学校教育教学理念的更新,为了适应新形势的教育教学模式持续不断地改革,为了学生发展并契合学生的教育教学内容优化升级,山区学校教师专业发展,山区学生发展等。

第一章
陶行知生平及其教育思想形成过程

陶行知的一生是教育者的一生。随着学术界对陶行知研究的不断深入，对陶行知的认识与评价更为客观、中肯，陶行知的人物形象呈现也更为多元、多样。纵览陶行知一生，除学习求知外，其绝大部分时间都在从事教育或与教育相关的活动，他既有对教育理论的探索、创新与发展，也有身体力行的教育实践，教育者角色贯穿其始终。陶行知教育思想的形成过程大致可分为萌发、发展和成形三个阶段，包括生活教育思想、道德教育思想、乡村教育思想、儿童教育思想、师范教育思想、成人教育思想、科学教育思想、创造教育思想以及廉洁教育思想九大教育思想。生活教育思想是其他八大教育思想的统领，与其他教育思想是主流与支流的关系。

第一节　陶行知生平略述

一、出生与求学

陶行知，乳名和尚，原名文濬，后改名知行，又改名行知，曾用笔名不除庭草斋夫、行知行等。1891 年 10 月 18 日，他出生在安徽省歙县西乡黄潭源村的一个贫农之家。父亲陶长生，粗通文墨，曾经营酱园，后回乡务农。母亲曹翠仂勤俭持家，靠做帮佣补贴家用。1895 年，陶行知 4 岁，妹妹陶文渼出生。陶文渼后与陶行知金陵大学同学张枝一结婚，她们为陶行知教育事业发展提供了极大帮助。

陶行知天资聪颖，5 岁时就开始随父亲识字，7 岁时得到旸村蒙童馆方庶咸秀才赏识,免费为其启蒙。1899 年,陶行知父亲重返安徽休宁县万安镇任册书(掌管当地田赋资料),他随父前往,在当地入吴尔宽经馆伴读。陶行知 14 岁时辍学回家,在家乡程朗斋秀才处学习“四书”,后来又到塾师王藻处求师问业。1905 年,陶行知母亲做帮佣的教堂的牧师唐进贤允许陶行知免费进入崇一学堂学习英语、国文、数学、理化、医药常识等。1908 年,陶行知考入广济医学堂,该校歧视非基督徒,陶行知在入学三日后愤而退学。1909 年,陶行知走投无路之际在街头偶遇原崇一学堂校长唐进贤,唐校长推荐他到金陵汇文书院求学,其后该书院改名为金陵大学。

在金陵大学求学期间,陶行知对王阳明“知是行之始,行是知之成”非常认同,遂改名陶知行。陶行知中英文水平均极好,曾担任金陵大学《金陵光》中文报主笔,美国传教士艾迪博士到南京演讲时,陶行知担任翻译,他还将《罗斯福传》译成中文在《金陵光》上连载。1914 年 6 月 22 日,陶行知以第一名的成绩毕业,获得金陵大学文科学士文凭,时任江苏省教育会副会长的黄炎培亲自为其颁授证书。

1914 年 8 月 15 日,陶行知与陈鹤琴等乘船赴美留学。经过一个多月的航程,9 月 15 日,他到达伊利诺伊大学并寄信回家。在伊利诺伊大学,他主修政治学,辅修经济学和教育学。留学期间,他担任该校中国留学学生会干事并时常为《中国学生季刊》撰稿。1915 年 8 月,陶行知获得伊利诺伊大学政治学硕士学位。同年 9 月,他进入哥伦比亚大学师范学院学习,为其授课的教师有杜威(授课科目为《学校与社会》)、孟禄(授课科目为《教育史》)、克伯屈(授课科目为《教育哲学》)等。陶行知的博士论文指导教授为斯特雷耶,博士论文题目为《中国教育哲学与新教育》。1916 年,陶行知生活费用不足,经孟禄介绍,罗素院长帮助陶行知申请利文斯通奖学金,获得批准。1917 年,陶行知回中国收集博士学位论文有关资料,后受聘于南京高等师范学校(简称“南高师”),任教育学专任教员。

二、职业生涯

陶行知职业生活极为丰富,但贯穿其一生的职业活动主线是从事教育工作。其职业经历大致可以分为以下几个阶段：高校教师时期（1917—1922年）、平促会书记时期（1923—1926年）、晓庄校长时期（1927—1930年）、科学推广时期（1931—1932年）、山海工学团创办指导时期（1932—1934年）、文教救国时期（1932—1936年）、国民外交使节时期（1936—1938年）、生教社理事长时期（1938—1940年）、育才校长时期（1939—1946年）、社会大学校长时期（1946年）。

1. 高校教师时期(1917—1922年)

陶行知回国后受他在哥伦比亚大学师范学院的校友南高师教务主任郭秉文的邀请，担任南高师教育学专任教员。他在南高师工作期间，先后主讲《教育学》《教育行政》《教育统计》等课程。积极撰写教育理论研究文章，先后发表《试验主义之教育方法》《生利主义之职业教育》《中国建设新学制的历史》《评学制草案标准》《我们对于学制草案应持之态度》等文章。在这期间，他积极参加各种同学会活动，被推选为金陵大学同学会会长。他还多次通过演讲发表个人观点，在南高师教育研究会上演讲《教育研究法》，认为教育研究之道有二：一是提出问题；二是征求知识，解决问题[①]。在江苏省新学制讨论会上，他发表《新学制与师范教育》的演讲，指出原有师范教育存在的缺点并提出了针对性建议。“教育界要什么人才，就该培养什么人才。”“教育界各种人才要什么，就该教他什么；要多少时候教得了，就该教他多少时候。”“谁在哪里教就谁教。”[②]陶行知在南高师任教6年，先后担任过教授、教务长和教育科主任。此阶段其职业经历有三点尤其值得一书：一是邀请美国教育家杜威、孟禄来华讲学；二是改“教授法”为“教学法”；三是开放女禁，探索招收女学生并实施男女同校。

2. 平促会书记时期(1923—1926年)

1923年5月，陶行知与朱其慧、晏阳初、黄炎培等发起成立中华平民教育促进会，以期在全国推行平民教育。同年8月底，陶行知辞去东南大学教职，被推选为中华平民教育促进会董事会书记（简称“平促会书记”）。在平

① 王文岭：《陶行知年谱长编》，四川教育出版社，2012，第28页。
② 陶行知：《陶行知全集（第一卷）》，四川教育出版社，2009，第376—382页。

促会工作期间,陶行知与朱经农以陈鹤琴所著的《语体文应用字汇》为基础合编了《平民千字课》,该教材共四册,每册24课,合计96篇课文。学习的人预计96天读完,读完后可识字1200多个,基本会写白话信,会记家常账目,会读浅近书报[①]。陶行知在得知母亲已经学习了16天《平民千字课》后,便试着依据16课的生字给母亲写信,其母完全能懂。美国的推士夫人学习《平民千字课》一个月也能理解陶行知中文书信的大体意思[②]。可见其扫盲教材编撰水准之高及实施效果之优良。

陶行知在担任平促会书记期间,全身心投入平民教育推广工作,从其1923年10月近一周工作日程安排可见一斑。1923年10月3日,他致信朱其慧主席商议推动晏阳初辞去上海基督教青年会工作,专职于平促会。10月4日,与晏阳初在南京协同王伯秋开展平民教育活动。5日,陶行知报告新发现的连环教学法。6日,三人再次在南京公共演讲厅演讲平民教育。7日赴金陵大学做《孔子纪念日与平民教育》的演讲。8日,他写信向朱其慧报告推行平民教育的经过。9日,陶行知将平民教育送进南京栖霞寺。10日在致程仲沂的信中描述了前一日在栖霞寺推行平民教育的过程。11日他向胞妹陶文渼描述了近一周推行平民教育的经过。如他信中所说:"最近一星期来,我脚迹所到的地方就是平民教育所到的地方。店里、家里、旅馆里、饭馆里、学堂、私塾里,甚至于和尚庙里,我都去劝过平民教育,并且很有效验,很有乐趣。我过几天还要到军队里、工厂里、清洁堂里、监狱里、济良所里去推广平民教育。这许多地方都要亲自带学生去试验。照这样办法我就可以一面干,一面研究出好的方法来。空中造楼阁是没有用的。我也很希望你约集同志在北京这样子去干。我现在这个连环教学法是很有效力的[③]。"在此段职业经历中,有三点事迹值得重点记述:一是与朱经农合编出高水准扫盲教材《平民千字课》,该书销量达三十余万册;二是受子女启发,创造提炼了连环教学法;三是到安徽、上海、湖北、山东、江西、湖南、江苏、北京等地推广平民教育,扩大了平民教育的社会影响。

---

① 蒋纯焦:《教育家陶行知研究》,山东人民出版社,2015,第2页。

② 陶行知:《陶行知全集(第八卷)》,四川教育出版社,2009,第48—49页。

③ 陶行知:《陶行知全集(第八卷)》,四川教育出版社,2009,第11页。

3. 晓庄校长时期(1927—1930 年)

1927 年初，陶行知到南京筹备建设试验乡村师范，即晓庄试验乡村师范学校(简称“晓庄师范”)。1927 年 3 月，晓庄师范正式开学，开学仪式在山中举行，1930 年 4 月学校遭国民政府查封。它从开学至遭国民政府查封，仅仅存续了 1 124 天。晓庄师范存续的时间在历史长河中可谓昙花一现！可就是这朵一现的昙花，却以它短暂的生命，在中国现代教育史上发出了一束耀眼的光芒①。晓庄师范的创立是中国现代教育史上民办学校的一大辉煌实绩，又是五四新教育运动在经历了 20 年代中期的消沉伏歇后，再度变换形态，向乡村教育深入的一大标志②。陶行知当校长别具一格，从其招生广告、开学典礼、办学理念及办学成绩可窥一斑。

晓庄师范在招生广告中明确提出其培养目标是培养具有“农夫的身手”“科学的头脑”“改造社会的精神”的学生，考试科目包括“务农或土木工操作一日”“智慧测验”“常识测验”“作文一篇”及“五分钟演说”。该校明确劝导“少爷、小姐、小名士、书呆子、文凭迷最好不来”③。晓庄师范开学当天，据戴伯韬描述:“在劳山脚下一座坟地上，放上一张八仙桌儿，几条长凳，这些都是临时从附近村民那里借来的。太阳从劳山后面升起，照着对面的紫金山射出蓝色的光芒，充满生意的嫩草发散出一阵阵清香。村民三三五五成群的向山麓走来，其中有拖鼻涕的小孩，有梳小发结的老太婆，有杵拐杖的老头，有结实的面庞红勃勃的农村青年男女，他们是来看热闹的，也有的是被邀请来参加的。城里的来宾不多，只有陈鹤琴、江恒源、姚文采等先生。”④陶行知在开学典礼上说:“我们没有教室，没有礼堂，但是我们的学校是世界上最伟大的，我们要以宇宙为学校，奉万物为宗师，蓝色的天空是我们的屋顶，灿烂的大地是我们的根基……今天到会的农友很多，他们是我们的朋友，以后我们要他们帮助的地方很多，我们需要……向他们好好地学习。”⑤晓庄师

---

① 王文岭:《晓庄师范与民国乡村建设》，河海大学出版社，2017，徐志辉序。
② 章开沅、唐文权:《平凡的神圣——陶行知》，华中师范大学出版社，2013，第 150 页。
③ 朱泽甫:《陶行知年谱》，安徽教育出版社，1985，第 104—105 页。
④ 戴伯韬:《陶行知的生平及其学说》，人民教育出版社，1983，第 5 页。
⑤ 中央教育科学研究所教育理论研究室《陶行知年谱稿》编写组:《陶行知年谱稿》，教育科学出版社，1982，第 25—26 页。

范办学第一年仅招收学生 13 人[①],第二年增至 108 人,到 1929 年学生人数增加到 214 人,学校办学规模迅速扩大后,陶行知与张宗麟等讨论学校组织机构改革并推动各项改革措施落实,实施成效良好。

陶行知担任晓庄校长期间工作极为繁忙,从他 1930 年制定的《我今年的计划》中可以窥知陶行知担任晓庄校长时的生活。从时间分配上看,陶行知是工作狂,六天工作一天玩,对吃饭、睡觉和走路等都做了大致计划;从重要工作来看,除了晓庄学校的工作外,还兼有其他社会事务,如参与中华教育改进社社务等,他为晓庄聘任人员、筹款,进行文字创作工作,支持晓庄刊物建设,如为《乡村教师》投稿 48 篇,为《晓庄战报》投稿 96 篇等;在个人著译方面,编《知行诗歌集》《知行白话文集》《知行演讲集》,著《农人传》《大同之路》,译书三十万字;在个人生活与学习方面,学烧菜四样,学骑马,看书一千八百万字,还债 1 000 元等;在研究方面,包括面包问题、恋爱问题、农业文明向工业文明发展问题以及生活教育理论彻底实现问题等[②]。陶行知在担任晓庄校长时期,真正按照自己的设想开展乡村教育试验,开创性地实践个人教育思想,取得了显著的办学成绩,同时也使生活教育理论经过了实践检验逐渐臻于完善。

4. 科学推广时期(1931—1932 年)

1930 年,晓庄被国民政府查封后,陶行知逃亡日本避乱。1931 年,陶行知秘密潜回上海,史量才出资 10 万元,支持陶行知创办"自然科学园",编写《儿童科学指导丛书》,开展"科学下嫁"运动,推广科学普及工作。此阶段,陶行知主要从事两项重点工作:一是编辑出版《儿童科学丛书》,他打算把近代生物、化学、物理、天文、矿物、数学、农业、生理卫生等方面的知识都包罗进去,大约出三五百本[③],最终只出版了 108 册[④]。陶行知编辑此套丛书的目的是引导小朋友把自己造成科学的孩子。科学的孩子必得动手去做,用脑

---

① 这 13 位同志是操震球、戴伯韬、王洞若、王琳、李楚材、程本海、季雪云、徐企周、陈昌嵩、谢纬棨、葛尚德、李相维、裴志发等,他们来自江苏、上海、安徽、江西、湖北、浙江等地。

② 陶行知:《陶行知全集(第二卷)》,四川教育出版社,2009,第 405—407 页。

③ 戴伯韬:《陶行知的生平及其学说》,人民教育出版社,1983,第 56 页。

④ 蒋纯焦:《教育家陶行知研究》,山东人民出版社,2015,第 175 页。

去想，所以这部书是科学的孩子实验、观察、思想的指南，而不是静坐在那儿诗云子曰一样地读的书①。二是创办儿童科学通讯学校，该校由自然科学园、儿童书局合办，经上海市教育局批准登记，主要参与人员有陶行知、丁柱中、陈鹤琴、胡宣明等，创校宗旨是“造就科学的儿童与科学的民众，使中华民族成为科学的民族，以适应科学的世界。”②儿童科学通讯学校办了三四年，参与工作的人员都是尽义务，后来连讲义印刷费也付不出来了，只好停办③。

5. 山海工学团创办指导时期(1932—1934 年)

陶行知在《申报》工作期间，自由创作的时间相对较为充裕，他以连载形式发表了教育小说《古庙敲钟录》，形象化地阐明了“生活即教育”“社会即学校”“教学做合一”“行是知之始”“在劳力上劳心”“工学团”“小先生”等教育主张及措施④。他在试图恢复晓庄师范无望的情况下派遣两组人员寻找新办学地址。1932 年 9 月 15 日，陶行知与马侣贤、戴自俺等到上海孟家木桥考察，发现孟家木桥适合扎根办乡村教育。孟家木桥的山海工学团与其他学校相比，特色鲜明。它既是一个小工厂，也是一个小学校、一个小社会组织。山海工学团主要由陶行知筹款、指导学生创办，基本按照陶行知的教育设想开办，倡导社会即学校；生活即教育；相学相师，会者教人，不会者跟人学；先生在做上教，学生在做上学，教与学都以做为中心；在劳力上劳心；行是知之始；与大众共甘苦，同休戚，以取得整个中华民族之出路⑤。在此期间，陶行知主要以理论指导、人事安排及经费支持方式予以支持。他对山海工学团进行了全面深入的理论探索，他认为山海工学团的宗旨是“自动地实行工以养生，学以明生，团以保生的教育”，实施“六大训练”，探索“小先生制”以补师资之不足。据戴自俺回忆：“劳工幼儿团创办起来以后，陶师又考虑到要创办一个乡村幼儿园。这是他一生不断创造的具体表现。五月初，在陶师的安排下，铭勋继续主持劳工幼儿团的实验，我到山海工学团去创办

① 陶行知：《陶行知全集(第五卷)》，四川教育出版社，2009，第 640 页。
② 陶行知：《陶行知全集(第十一卷)》，四川教育出版社，2009，第 398 页。
③ 蒋纯焦：《教育家陶行知研究》，山东人民出版社，2015，第 176 页。
④ 朱泽甫：《陶行知年谱》，安徽教育出版社，1985，第 217 页。
⑤ 陶行知：《陶行知全集(第三卷)》，四川教育出版社，2009，第 434 页。

乡村幼儿团。”[①]据徐明清回忆,陶行知工学团中的晨更工学团的活动经费是“陶先生通过商务印书馆黄警顽向各界进步人士募捐解决的,每月多少经费,没有固定数字。往往揭不开锅的时候,陶先生把他卖字卖稿所得的钱,接济我们。”[②]

6. 文教救国时期(1932—1936年)

1931年九一八事变发生,日本侵略者公然发动侵华战争。陶行知接连发表《战神前之对话》《敬赠马占山主席》《一出历史戏的开场白》《敬告国民》等多篇文章表达对日本侵略者的愤慨,申明抗日立场,号召全体国民共同抗日。1932年8月,陶行知在沪江大学演讲《国难与教育》,他认为,“教育的目的,在于解决问题。所以不能解决问题的,不是真教育。不能解决国难问题的,尤其不是真教育。”[③]1934年10月,陶行知在济南与教育界人士谈普及教育,并将普及教育与国家命运联系起来。他认为,“非使全国大众教育普及而现代化不能发挥力量,以救危亡。比如东北四省,日人现竭全力推行日语,数年以后东北四省同胞将不知国语,是乃真亡。假使教育早已普及,则国土虽亡,文化不亡,将来恢复比较容易。”[④]1935年12月21日,陶行知与马相伯、沈钧儒等上海文化界281人认为,“文化界应当立刻奋起,站在民众的前面,领导救国运动。”救国会联名发表了《上海文化界救国运动宣言》,明确提出八点抗日主张。几天后,上海文化界救国会又发表第二次宣言。二次宣言对国民政府的外交政策提出了质疑,要求政府停止内战,组建救亡统一战线,开放民众组织,保护爱国运动等。1936年元旦,陶行知文教救国意识进一步浓厚,直接批判政府教育官员“救国不忘读书”的口号。1月6日,上海文化界救国会通过了陶行知草拟的《上海文化界救国会国难教育方案》,该方案对国难教育之目标、对象、教师、非常课程、组织、文字工具、方法以及相关同志的几点认识等进行了具体化。2月10日,陶行知致信冯玉祥,阐述如何对士兵进行国难教育。2月23日,陶行知在上海发起成立国难教育社

① 朱泽甫:《陶行知年谱》,安徽教育出版社,1985,第249页。
② 朱泽甫:《陶行知年谱》,安徽教育出版社,1985,第223页。
③ 王文岭:《晓庄师范与民国乡村建设》,河海大学出版社,2017,第302页。
④ 陶行知:《陶行知全集(第三卷)》,四川教育出版社,2009,第508页。

并在上海召开成立大会，大会审议通过了《国难教育社成立宣言》《国难教育社简章》和《国难教育社工作大纲》。5 月初，陶行知到广州拜访胡汉民，探讨发动民众抗日问题，随后又到达广西，与国民党军政要员李宗仁、白崇禧等会晤，共商抗日救国问题。在文教救国职业阶段，陶行知主要通过参与救国组织，通过公开发表宣言、文章、演说等宣传抗战救国的思想。

7. 国民外交使节时期(1936—1938 年)

陶行知的救国理念与当时国民政府的抗战救国理念不一致，国民政府认为应“自力更生”，陶行知则认为应“联合世界以平等待我之民族共同奋斗”，体现了较强的全球视野。1936 年 6 月，冯玉祥给予陶行知 2 000 元银圆支持他到英国参加世界新教育会议。陶行知认为，欧美之行“不能只图个人清高，闭着眼睛不管事……我特别注意的是向国际报告中国的现状，中国大众文化运动、救亡运动现阶段的实况以及中国大众当前英勇斗争的事实。我要借此次国际会议，粉碎帝国主义者国际间的武断宣传，让世界公正的人士，明了中国的一切。”①7 月，陶行知第一站抵达新加坡，短暂停留期间做了新教育及抗日救国统一战线方面的演讲。8 月 7 日，陶行知与中国代表张彭春到达英国伦敦，陶行知做了《中国救亡运动与小先生普及大众教育运动实践情况》的报告。在听完陶行知的报告后，印度代表恳切请求陶行知去印度宣讲他的教育主张②。1936 年 11 月，陶行知到达美国，拜访克伯屈、杜威和孟禄等人，随后他又拜访世界电讯社、美国作家协会等组织，积极参加各种社会活动，发表演说，揭露日本政府侵略中国的暴行。1938 年 8 月，陶行知返回香港。在两年零一个月的时间里，5 次进英国、7 次进美国、6 次进法国、4 次进加拿大、3 次进比利时、3 次进德国、3 次进斯里兰卡、2 次进埃及、2 次进印度、2 次进新加坡，到过 1 次的国家有墨西哥、爱尔兰、荷兰、瑞士、意大利、奥地利、匈牙利、保加利亚、南斯拉夫、希腊、巴勒斯坦、黎巴嫩、吉布提、英国、越南、马来西亚③。陶行知在担任国民外交使节期间，主要与教育界人士、当地华侨及社会民主人士会晤，通过发表演说、撰写文章等方式阐释教

① 陶行知:《陶行知全集(第四卷)》,四川教育出版社,2009,第 99 页。
② 戴伯韬:《陶行知的生平及其学说》,人民教育出版社,1983,第 98 页。
③ 周毅:《陶行知环行世界录》,江苏教育出版社,1989,第 176 页。

育与抗战救国之间的关系。如在新加坡所做的演讲《新中国与新教育》;在加拿大威廉堡技术学校做的第二次演讲,吸引800多人听讲。陶行知以国民外交使节身份,在漫长而又艰苦的环球宣传行程中,广交各国朋友,唤醒海外侨胞,实践了行前的承诺。他是中国历史上唯一不受政府派遣,但正确地代表了中国民意的外交家①。为中国抗日救国争取国际社会的同情与理解发挥了重要作用。

8. 生教社理事长时期(1938—1940年)

陶行知回国后对香港报界人士透露了三个教育愿望:一是创办晓庄研究院,培养高级抗日建国人才;二是创办难童学校,收容、教养在战争中流离失所的人才幼苗;三是在香港创办店员职业补习学校,动员侨胞抗日救国②。陶行知继续开展教育救国运动。基于前期的教育实践经验积累,陶行知首先谋划晓庄复校,时任教育部部长的陈立夫明确答复"不拟复"。第一个愿望落空后,陶行知继续以其他方式实践自己的教育救国理想,他于1938年12月在广西桂林谋划成立生活教育社,陶行知在生活教育大会上被选为理事长。

陶行知担任理事长后,积极履行理事长职务。在1939年3月15日的社员代表大会上,陶行知全面总结了近十二年来生活教育运动的经验并对今后的生活教育运动提出了新的思路。他认为生活教育社要继续以往的工作,反洋化教育、反死读书、反各种八股;要负起当前的任务,即展开全面教育以配合全面抗战而争取全面的最后胜利。把教育展开到前方,展开到边疆,展开到敌后方,展开到华侨所在地,展开到全世界凡是有敌人斗争的地方去;要加强自身力量,即加强学术力、组织力和行动力建设③。陶行知说到做到,在加强学术力方面,晓庄研究所开展了国产特效药的研究并取得了成功;在组织力建设方面,生活教育社在延安建立了分社。1940年3月15日,陶行知对生活教育社过去一年来的工作进行了总结,即"一是已建成晓庄研究所,并推出几个研究报告与教育及科学界人士交流;二是育才学校已开学

---

① 章开沅、唐文权:《平凡的神圣——陶行知》,华中师范大学出版社,2013,第285页。
② 朱泽甫:《陶行知年谱》,安徽教育出版社,1985,第369页。
③ 陶行知:《陶行知全集(第四卷)》,四川教育出版社,2009,第302—303页。

并成立多个学科组;三是新安旅行团在伤病难民及保卫大西南的工作上成绩很好;四是云和、英山等地试行生活教育理论开展战时教育,学生人数倍增;五是生活教育社社员一年中殉国者多达四十余人。”①在陶行知的领导下,生活教育社不仅仅是一个民间的教育学术团体,同时也是一个争取自由与进步的政治团体、爱国团体和革命团体。

9. 育才校长时期(1939—1946 年)

陶行知回国时即提出要创建一所收容难童的育才学校。1939 年 4 月,陶行知开始在重庆筹办育才学校,草拟了可能赞助育才学校的人员名单。6 月份,陶行知在《嘉陵江日报》上做广告为育才学校募集图书,与王洞若等人商讨育才学校筹办进展。7 月 20 日,育才学校正式录取 40 余名学生,举行开学典礼。吴玉章、邵力子、邹韬奋、钱俊瑞、章乃器、冯玉祥等名流受陶行知邀请前来授课。

陶行知创办育才的目的是培育人才之幼苗,使得有特殊才能的幼苗不致枯萎,他亲自制定《育才学校教育纲要草案》。提出育才学校根据中华民国教育宗旨及抗战建国需要,用生活教育之原理与方法,培养难童中之优秀儿童,使之成为抗战建国之人才②。陶行知认为育才学校办的既是抗战教育也是建国教育、人才教育,学校按照音乐、戏剧、绘画、文学、社会、科学等学科分组教学;育才学校既注重知识学习,也注重知情意合一、智仁勇合一;育才学校以集体生活为载体,要求学生过集体的劳动生活、健康生活、政治生活和文化生活;育才学校倡导学校生活、学习与工作打成一片,教师与学生共学,学生受先生的教育,先生也受学生的教育,实现真正的教学相长。育才学校从 1931 年开办到 1946 年陶行知还健在时,共招收学生 410 人。学生后来的去向,据不完全统计,去延安革命圣地的有 76 人,去川东华蓥山同江姐开辟革命根据地的有 23 人,参加《新华日报》社工作的工人,在成渝一带参加地下革命斗争的有 13 人。总计有 140 多人直接走上了革命工作岗位,超过总人数的三分之一③。育才学校还培养了国务院原总理李鹏等杰出学生。

---

① 陶行知:《陶行知全集(第四卷)》,四川教育出版社,2009,第 372 页。

② 陶行知:《陶行知全集(第四卷)》,四川教育出版社,2009,第 381 页。

③ 童富勇、胡国枢:《陶行知传》,教育科学出版社,1991,第 446 页。

10. 社会大学校长时期(1946 年)

1946 年,陶行知开始涉足高等教育领域,旨在以生活教育理论为指导创办一所社会大学。陶行知认为社会大学应该"自己来发起,自己来筹款,自己选校董,自己选校长"。经过精心筹备,冯玉祥被推为社会大学董事长,陶行知为校长,李公朴为副校长兼教务长。1946 年 1 月 15 日,社会大学在重庆管家巷 28 号院内开学。冯玉祥、张澜、沈钧儒、史良等到会讲话,周恩来也出席了此次会议。社会大学开办后,翦伯赞、邓初民、侯外庐、章乃器、藩菽、田汉、巴金、邓颖超、乔冠华等都曾应邀做专题讲座。社会大学学生遍布全国 17 个省,影响波及南洋和朝鲜。

1946 年 7 月,陶行知友人李公朴与民主人士闻一多相继被国民党暗杀,当时盛传陶行知是国民党暗杀黑名单上的"第三枪",陶行知坦然以对,继续忘我工作。7 月 25 日,他在上海的朋友家突发脑出血去世。陶行知遽逝后,社会各界予以深切的悼念。周恩来说"陶先生的确是死于劳累过度,健康过亏,刺激过深。这是中国人民又一次不可补偿的损失。十年来,陶先生一直跟着毛泽东同志为代表的党的正确路线走,是一个无保留追随党的党外布尔什维克。"①除周恩来外,远在延安的毛泽东、朱德等中共高层也参加了在延安举行的陶行知追悼大会。

纵观陶行知的职业履历,堪称极为"华丽",他为国家强盛、民族解放、百姓启蒙而不辞辛劳,无论国民政府是否认可他的所作所为,他依然故我,始终坚定以教育造就一个民主国家的信念,坚持默默付出,矢志不渝,最终因"劳累过度,健康过亏,刺激过深"而奉献了生命。

第二节　陶行知教育思想之萌发

陶行知出生在徽州文化的发祥地——安徽歙县,自幼深受徽州文化影响。幼时受父亲启蒙,随后到吴尔宽经馆、秀才程朗斋以及晚清贡生王藻处

① 中共中央文献编辑委员会编:《周恩来选集》,人民出版社,1984,第 238 页。

求学，打下了坚实的传统儒家文化的基础。在金陵大学求学期间，陶行知接受了王阳明的“知是行之始，行是知之成”的学说，改名为陶知行。除王阳明思想外，墨家的亲知、闻知和说知的三种知识观对陶行知也产生了影响。陶行知认为墨子最看重亲知，认为直接经验比间接经验更重要、更可靠。闻知、说知作为获取知识的途径是不容忽视的，但闻知与说知发生效力的前提是必须植根于亲知，也就是说，只有亲知才是一切知识的根本①。同样，陶行知对孟子的“劳心者治人，劳力者治于人”思想也进行了批判性转化，他认为劳力而不劳心的人，则一切动作都囿于故常；劳心而不劳力的人，则一切思想难免玄之又玄，不能印证于经验。如果劳力与劳心分家，则一切进步发明都是不可能了②。他倡导“在劳力上劳心”，用心以制力。中国的优秀传统文化奠定了陶行知的实践哲学基础，为他日后教育价值的实践取向埋下了伏笔。

1914 年，陶行知在本科毕业论文《共和精义》中论及了教育与共和的关系，他说：“人民贫，非教育莫与富之；人民愚，非教育莫与智之；党见，非教育不除；精忠，非教育不出。教育良，则伪领袖不期消而消，真领袖不期出而出。而多数之横暴，亦消于无形。况自由平等，恃民胞而立，恃正名而明。同心同德，必养成于教育；真义微言，必昌大于教育。③”陶行知宣读完论文后，亲自将此文赠予当时的江苏省教育司司长黄炎培，黄氏后来称此文“秀绝金陵第一声”。此段教育与共和关系之论述，似乎可以与《论语》中孔子关于“富庶教”的论述相媲美。

陶行知大学毕业后，与陈鹤琴同船赴美留学，博士就学于美国哥伦比亚大学，导师为斯特雷耶。由于陶行知家境贫寒，在当时哥伦比亚大学师范学院院长罗素的帮助下，顺利申请到利文斯通奖学金。陶行知非常懂得感恩，在给捐赠人的答谢信中说：“余今生之唯一目的在于经由教育而非经由军事革命创造一民主国家。鉴于我中华民国突然诞生所带来之种种严重缺陷，余乃深信，如无真正之公众教育，真正之民国即不能存在。余矢志以教育管

① 吴昕春、孙德玉：《陶行知教育思想与实践》，安徽师范大学出版社，2018，第 3 页。
② 陶行知：《陶行知全集（第一卷）》，四川教育出版社，2009，第 108 页。
③ 陶行知：《陶行知全集（第一卷）》，四川教育出版社，2009，第 189 页。

理为终身事业。[1]”在哥伦比亚大学师范学院求学期间,陶行知修学了康德尔的《各国学校制度的行政和社会基础》、杜威的《学校与社会》、克伯屈的《教育哲学》《基础方法》、孟禄的《教育史》、斯列丁的《教育社会学》《进步社会的发展》等课程,受杜威等教育学名师讲授的教育理论的熏陶。

独特的家庭环境影响、徽州地域文化的涵养、中华优秀传统文化的熏陶及西方教育学术之训练为陶行知教育思想萌发提供了理论渊源。陶行知教育思想最显著的特征是平民性与实践性,这与他早年所受教育之影响不无关联。

第三节　陶行知教育思想之发展

1917 年,陶行知回国就职于南高师,在南高师先后主讲《教育学》《教育行政》《教育统计》等课程。在担任大学教师期间,陶行知边教学边研究,在《南京高等师范学校教育研究会会刊》第一期发表《试验主义之教育方法》,由于他早年深受王阳明思想影响较深,与王阳明一样,陶行知对中国传统的致知之法提出了批评。在对中西教育传统进行比较分析之后,他认为中国传统教育没有找到格物致知的正确方法,要学习借鉴西方的试验主义教育方法以革中国教育之弊。“故试验者,发明之利器也”“非试验的教育方法,不足以达救国之目的也”[2]。此文表面上看是借西批中,实则是援西补中、融通中西,以试验之方法,刷新中国之教育。从此文可以窥探出陶行知日后的教育事业轨迹,永不停歇的教育“试验”是他一生教育活动的主线。

陶行知对“知行观”、实用主义哲学有着深厚理解,他的教育思想并不是纯粹的理论建构,而是基于实践的探索、理论的升华,再加以实践探索和理论升华的循环往复过程。陶行知在撰写博士学位论文时曾委托黄炎培协助其收集江苏省教育资料,由于火灾等原因,后世无法阅知陶行知博士学位论

---

① 陶行知:《陶行知全集(第六卷)》,四川教育出版社,2009,第 456 页。
② 陶行知:《陶行知全集(第一卷)》,四川教育出版社,2009,第 207—210 页。

文之全貌。从他撰写的《江苏市乡教育状况之一斑》《江苏学务委员会之调查》等文章中可知陶行知从事教育学授课并不是“空对空”的理论阐述，而是了解教育实际状况的。1918 年，陶行知在南高师教育研究会做《都市教育调查法之商榷》的演讲，强调研究教育改良教育必须以调查为根据，这与毛泽东“没有调查就没有发言权”的道理相同。陶行知认为调查方法大致有四种：一是交谈得知，二是观察得知，三是从教育机关所备之表册得知，四是自行造表请教育机关照填。教育研究之道有二：一是提出问题，二是征求知识，解决问题。“旧知识可通过交谈问答、读书得之，但‘专事征求旧知识，则世界无进化’，世界之进步贵在借助旧知识，经观察、试验，从而探获新知识。①”再次展现出陶行知教育思想的实践实证价值取向。

从陶行知的生活经历、学习经历以及知识结构来看，作为教育学者的陶行知除关注教育问题外，也热衷参与社会活动，并从有助于社会发展的视角审视教育，持续开展教育实践活动，发展并完善其教育思想。1919 年 2 月，陶行知在《新教育》创刊号上发表《试验主义与新教育》，同年 4 月，再度发表《试验教育的实施》文章，重申试验的重要意义。陶行知教育思想的发展是在不断地“试验”中逐渐形成的，在试验过程中，他也对《第一流的教育家》提出了自己的预期，认为第一流之教育家须敢探未发明的新理，敢入未开化的边疆。陶行知认为教师与学生在人格上是平等的，教师与学生的关系是教与学的关系，“教授法”的表述过于强调教师“教”的作用，对突出学生“学”的力度不够，他建议改“教授法”为“教学法”。

陶行知在南高师工作期间，积极推行教育教学改革，倡导男女同校，探索学分制，邀请名师讲学等，在近现代中国高校掀起一股改革新风。同时，他热心社会活动，与教育界名人交往密切，经常参加各种各样的纪念会、讲演会、联合会等，不断拓展人脉资源。按照刘大伟的观点，陶行知对杜威的教育思想进行改造，创造出“生活教育”理论，是其成功的内在因素；而通过各种各样活动推进教育办学并登上巅峰，是他成功的外在因素②。陶行知的

---

① 王文岭：《晓庄师范与民国乡村建设》，河海大学出版社，2017，第 28 页。

② 刘大伟：《陶行知新传——布尔迪厄资本理论的视角》，河海大学出版社，2017，第 3 页。

一生是教育资本积累、形成、破产与再形成的过程。陶行知教育思想从萌发到发展的过程既有个人学习的内在积淀,也有持续不断的教育交往、社会交往以及教育实践锻炼,他参与中华教育改进社,推广平民教育,创办晓庄师范,推行“科学下嫁”运动,创办工学团、生活教育社、创办育才学校和重庆社会大学等各种民间教育组织或学校,验证了他教育思想的科学性、先进性和超越性。陶行知教育思想究竟包括哪些内容,学界尚存争议,董宝良认为陶行知教育思想包括民主教育思想、全面教育思想和终身教育思想三个方面[①];何国华认为陶行知教育思想包括生活教育理论、普及教育思想、幼儿教育思想、成人教育思想、职业教育思想、师范教育思想、高等教育思想、道德教育思想、劳动教育思想、科学教育思想、创造教育思想、人才教育思想、家庭教育思想、教育评估思想等[②]。一般认为生活教育思想是陶行知教育思想的核心。周洪宇认为陶行知生活教育学说包括生活即教育、社会即学校、教学做合一三大原理,具体主张包括民主教育、科学教育、乡村教育、师范教育、教育实验、创造教育和终身教育等[③]几个方面。陶行知教育思想究竟包含哪些内容,见仁见智,本书考察陶行知教育思想从发展到成型的过程,不求完整包罗陶行知教育思想所有方面,而是重点挖掘陶行知教育思想中对山区学校发展有重要启发的九大教育思想。

第四节　陶行知教育思想之成形

陶行知教育思想内涵丰富,宏观来看,他的教育思想以生活教育为中心,统领并凝聚其道德教育思想、乡村教育思想、儿童教育思想、师范教育思想、成人教育思想、科学教育思想、创造教育思想和廉洁教育思想,在其他诸多教育思想中都能发现生活教育思想之元素;道德教育思想是陶行知教育思想之灵魂,是其人格魅力与道德形象之彰显;乡村教育思想是陶行知教育

① 董宝良:《陶行知教育学说》,湖北教育出版社,1993,第 2 页。
② 何国华:《陶行知教育学》,广东高等教育出版社,1999,目录。
③ 周洪宇:《陶行知生活教育学说》,湖北教育出版社,2011,第 4 页。

思想丛林中最亮眼的明珠；儿童教育思想、师范教育思想、成人教育思想、科学教育思想、创造教育思想与廉洁教育思想等共同构成了陶行知教育思想的完整体系。

生活教育思想是陶行知教育思想的核心，也是山区学校发展的最核心指导思想。生活教育思想之成型既有对杜威教育思想的积极借鉴与改造，也受到王阳明"知行合一"思想的启发，尤其是他深入中国教育生活现实，基于中国社会教育发展实际，不断对其进行反思总结，多次与教育时贤交流探讨，持续进行教育实践锻炼，最终提炼而成。笔者认为，晓庄师范的成功创办对陶行知生活教育思想的形成给予了极大鼓舞，并最终促成其生活教育思想的成型、成熟。

陶行知在创办晓庄师范之前，对生活教育理论就已经有所探讨。他在《中国师范教育建设论》中指出："师范学校是要运用环境所有所需的事物，归纳于他所要传布的那种学校里面，依据做学教合一原则，实地训练有特殊兴味才干的人，使他们可以按着学生能力需要，指导学生享受环境之所有并应济环境之所需。①"王文岭认为该文描绘了理想的师范学校，并为即将创办的晓庄师范设计了架构②。晓庄师范从首次招生考试，到建校办学，到学校不断发展，完全基于生活开展教育，在生活中开展教育，学生自建教室、自建浴室、自建食堂、自建茅房、自建图书馆，甚至还要由学生自行接待各级各类人士来访。晓庄师范的师生除了学习理论知识之外，还边工边学，工学结合，学生既需要科学的头脑，也需农夫的身手和改造社的精神。经过晓庄师范将近三年的办学实践，陶行知生活教育思想的三大核心"生活即教育""社会即学校""教学做合一"原理逐渐明晰。蔡元培到晓庄参观考察时盛赞晓庄师范"教学做合一"的校训。1928 年，在晓庄师范创办一周年之际，陶行知将其自选教育论文集以《中国教育改造》一书出版，他在该书序言中阐释了其教育思想的形成过程，他说："这部书代表我在中国教育里摸黑路所见着的几线光明。从'教授'写到'教学'，从'教学'写到'教学做'，人家怕要疑我

① 陶行知：《陶行知全集(第一卷)》，四川教育出版社，2009，第 77 页。
② 王文岭：《陶行知年谱长编》，四川教育出版社，2012，第 183 页。

前后思想矛盾。其实我的矛盾处,便是我的长进处。当选择旧稿时,我曾下了一个决心,凡是为外国教育制度拉东洋车的文字一概删除不留,所留的都是我所体验出来的。所以我所写的便是我所信的,也就是我所行的。”[①]1929年,陶行知在晓庄师范举行的乡村教师讨论会上重点阐释了“生活即教育”与“社会即学校”之间的关系。他认为“好生活是好教育,坏生活是坏教育”,有什么样的生活就有什么样的教育,与“生活即教育”有连带关系的就是“社会即学校”,主张“社会即学校”可以大大增加教育材料、教育方法、教育工具和教育环境;坏的社会也有教育的价值,学生认识了坏的社会就能有所准备,生出抵抗力,进入社会后不至于手忙脚乱。在阐述完“生活即教育”“社会即学校”后,陶行知接着论述了“教学做合一”与生活教育之关系。陶行知认为“教学做合一是生活现象之说明,即是教育现象之说明。在生活里,对事说是做,对己之长进说是学,对人之影响说是教。教学做只是一种生活之三方面,而不是三个各不相谋的过程。教学做合一是生活法,也是教育法。教的方法根据学的方法,学的方法根据做的方法。事怎样做便怎样学,怎样学便怎样教。教与学都以做为中心。在做上教的是先生,在做上学的是学生。[②]”从陶行知在晓庄师范工作期间撰写的文章、发表的演说、所开展的教育实践活动等基本可以判定其生活教育思想在此时期已经基本成形。

道德教育思想是陶行知教育思想最重要的组成部分。他认为道德是做人的根本,根本一坏,纵然有一些本领与学问,也无甚用处。没有道德的人,学问与本领越大,为非作歹的可能性越大。要建筑人格长城,其基础就是道德。道德教育的路径是倡导学生自治。从陶行知短暂的一生来看,其个人形象就是一个师德高尚的教师形象。他放弃大学优渥的教职待遇,走入乡村,与村民为伍,为农民烧心香,为维持办学,他不惜放下身段,公开卖文卖字以补贴教育之用,甚至以武训自比,讨饭也要办教育。不同时代有不同的德育价值取向,陶行知生活的年代,内部军阀割据,外敌入侵,百姓生活苦不堪言,国家积贫积弱,对于普通人来说,在战乱年代求得生存已属不易,陶行

① 陶行知:《陶行知全集(第一卷)》,四川教育出版社,2009,第3页。
② 陶行知:《中国教育改造》,商务印书馆,2014,第171页。

知的教育实践活动是帮助国民求生存基础之上的生活，生活之上的发展，于国家来说是造就一个民主国家，其个人道德形象及格局超越了时代与时人。考察梳理陶行知的道德教育思想不是仅仅摘录、阐释陶行知关于道德教育的只言片语，语言虽是思想承载的载体，但“观其言更要观其行”，因此，本书认为陶行知道德教育思想形成于南高师从教开始至遽然离世为止。

乡村教育思想是陶行知教育思想丛林中的一颗最亮眼的明珠，生活教育思想的形成与其乡村教育实践密切相关，甚至可以说陶行知生活教育思想的形成是以乡村教育为实践基础的。陶行知乡村教育思想从发展到成型的过程可以初步判定为在开展平民教育运动到创办山海工学团期间。在此期间，陶行知积极走入乡村，了解乡村教育现实，开展平民教育实践、创办晓庄师范和山海工学团，其乡村教育思想的形成受到了乡村教育专家赵叔愚等同事及其他时贤的影响，其中最为重要的是他个人的教育实践与经验总结。自 1926 年 10 月底，陶行知连续发表《中华教育改进社改造全国乡村教育宣言书》《我们的信条》《中国乡村教育之根本改造》《试验乡村师范学校答客问》等重要文章，提出“教育必须下乡”的主张，并提出了一个通过乡村教育改造乡村社的伟大设想。在开展乡村教育实践过程中，陶行知还探索出即知即传人的“小先生制”①。他的乡村教育思想与实践成效可以媲美当时的乡村教育领袖梁漱溟、晏阳初，部分做法也引起了中共延安的关注与借鉴。

儿童是教育的对象，有学者认为陶行知儿童教育思想的发展变迁主要经历了五个发展阶段，基本伴随着陶行知教育思想的发展变迁。概括来看，陶行知儿童教育思想分别经历了乡村幼稚园阶段、小先生阶段、儿童科学教育阶段、难童教育阶段和民主儿童教育阶段②。这种五阶段的划分方法有其合理性，本书认为陶行知儿童教育思想实际上是他全人教育思想的一环，它关注儿童，认为教育要从小抓起，要解放儿童的头脑、双手、眼睛、嘴巴、空间和时间，要相信儿童、关爱儿童、尊重儿童，要善于引导儿童参与到社会生活

① 曲铁华：《民国乡村教育研究》，湖南教育出版社，2018，第 361 页。
② 杨冰：《陶行知与儿童教育》，东北师范大学出版社，2020，第 75 页。

中来,因此他发明了“小先生制”。鼓励并支持新安旅行团活动。本书认为陶行知儿童教育思想的形成阶段可以初步判定为处于育才学校成功创办的时期,育才学校与原来的晓庄师范和山海工学团有很大的不同,三次办学都是以生活教育理论为指导,育才学校的办学更侧重儿童本性,旨在为新中国培育人才的幼苗。

我国师范教育是在鼓民力、启民智、教育救国的时代背景下产生的,创办师范教育的目的是为社会培养更多合格的教师,加速提高民众的科技文化素质。陶行知是中国近现代著名教育家之一,办学成果显著,对师范教育有深刻的阐释。1917 年,陶行知回国后,担任南高师教导主任,着手培养师范生,并屡屡就师范教育发表高见,他认为“教育是立国的根本”“师范教育可以兴邦,也可以促国之亡”“师范学校负培养改造国民的大责任,国家前途的盛衰,都在它手掌之中”。师范生应秉持“教育乃最有效力之事业”“教育乃一种快乐之事业”“各种教育之职业皆须视为平等”“教育为给儿童需要之事业”“教育为制造社会需要之事业”“教育为师范生终身之事业”[①]的观念。陶行知在多个场合以多种方式阐述了个人的师范教育思想,他对学制中的师范教育规定、乡村师范教育以及师范教育实况等都提出了批评及建议。他认为相对于城市师范教育来说,乡村师范教育更为迫切,尤为稀缺。学校的师范教育应根据教育界需要什么人才,学校就培养什么人才,当时现行的师范教育主要培养中小学教员,对教育行政人员、中小学校长及职员、各种指导员的培养严重不足。经过前期积累及慎重决定,1927 年陶行知按照个人的师范教育理想创办了晓庄师范。可以认为,陶行知师范教育思想是通过理论研究与实践升华而形成,至晓庄师范时期的实践,他的师范教育思想逐渐成形。

1946 年 3 月,陶行知观察到中国社会有许多成人亟须接受再教育,也包括领导者。他在《领导者再教育》一文中说:“领导者应该自己觉得需要再教育,要多方学习,要跟老百姓学习。只有肯跟老百姓学习的人,才能做老百

---

① 陶行知:《陶行知全集(第一卷)》,四川教育出版社,2009,第 218—221 页。

姓的真正领导者。”[1]许多未能进入大学的青年也需要接受成人教育，因此他在重庆创办了社会大学。陶行知认为社会大学与其他类型的学校有不一样之处，相对来说较为“简单”，只需要三个因素即可：第一是有热心的教授；第二是有好学而有大学力的失学青年；第三是要有大学之道[2]。大学之道是联系教授与学生的关键。陶行知的成人教育思想有其独特之处，他认为创办社会大学的目的，即开展成人教育的目的是使人民头脑觉悟，用陶行知自己的话说则是“大学之道，在明民德，在亲民，在止于人民之幸福”[3]。换句话说就是要明白人民的大德，要亲近老百姓，要为人民创造幸福。陶行知成人教育思想在其创办重庆社会大学期间成形。

中国传统社会偏重人文艺术学科，科学教育未得到专门、有效的传承和研究。一般认为自然学科知识从近代西方引进到中国，尤其是“癸卯学制”“壬子癸丑学制”等学制中新增了数学、物理、化学、生物(时称博物)、地理(时称舆地)等自然科学知识，使科学教育内容名正言顺地进入中小学课堂，科学教育引起国人更大的关注热情。陶行知回国第一件事就是秉持科学家精神开展教育试验及教育研究。晓庄师范被查封后，陶行知栖身商务印书馆，撰写了大量科学普及读物，亲自编写儿童科学指导。陶行知在《科学的孩子》一文中说：“你们知道现在是一个科学的世界。科学的世界里应该有一个科学的中国，科学的中国要谁去创造呢？要小孩子去创造！等到中国的孩子都成了科学的孩子，那时候，我们的中国便自然而然地变为科学的中国了。[4]”陶行知的科学教育思想实际上是一种科学救国思想，其成形的科学教育思想主要在其编写的大批科学普及读物及科学教育文章中体现。

陶行知是我国近现代原创力最强的教育家之一，创造教育思想是他教育著述的主线，也是他创造性地培养人才的实践经验总结。何国华认为陶行知是中国创造教育理论和实践的奠基人[5]。陶行知认为行动是中国教育

---

① 陶行知：《陶行知全集(第四卷)》，四川教育出版社，2009，第512—514页。
② 陶行知：《陶行知全集(第四卷)》，四川教育出版社，2009，第518页。
③ 陶行知：《陶行知全集(第三卷)》，湖南教育出版社，1985，第586页。
④ 陶行知：《陶行知全集(第二卷)》，四川教育出版社，2009，第106—107页。
⑤ 何国华：《陶行知教育学》，广东高等教育出版社，1999，第261页。

的开始,创造是中国教育的完成。创造教育的目的是"征服自然,改造世界",要坚持"处处是创造之地,天天是创造之时,人人是创造之人"的教育理念,鼓励学生发明创造并运用现代科学技术来征服自然、改造社会、服务国家、增进人类的幸福。周洪宇认为陶行知创造教育思想的基本内容包括三点:一是应该承认儿童身上蕴藏着创造力;二是应该从六个方面去解放儿童创造力;三是应该从三个方面去培养儿童的创造力。陶行知的创造教育思想集中体现在《创造的儿童教育》《实施民主教育的提纲》《民主教育》《小学教师与民主运动》等文章中[①]。创造教育思想贯穿陶行知一生,无论何时何地,只要有条件,他总是创造性地开展教育实践活动。

陶行知是廉洁从教的典型代表,他在不同场合以不同形式论述了其廉洁教育思想。1926年,陶行知在《尊重公有财产》中提出要财务公开,爱护公共财产,公私分明。他说要确保"三个十分,第一公务要有预决算,第二财务要公开""保管财务的人,务要把他保管得十分稳妥;支配的人,务要把他支配得十分适宜;使用的人,务要把他使用得十分当心""公私之间应当划条鸿沟,绝对隔离,不使他有毫厘交通。私账混入公账,公账混入私账,就是混账。公民不但自己不混账,并且要反对一切混账的人"。陶行知在《每日四问》中指出,"私德最重要是廉洁,一切坏心术、坏行为都由不廉洁而起"[②]"公家一文钱,百姓一身汗"。陶行知对公务经费的理解极为透彻,在办理过程中,节俭着使用每一分钱,"捧着一颗心来,不带半根草去"。陶行知廉洁教育思想的成形主要体现在他独立办学阶段。

① 周洪宇:《陶行知生活教育学说》,湖北教育出版社,2011,第230页。

② 黄凤芝:《陶行知廉政文化教育读本》,中国方正出版社,2011,第2页。

第二章
陶行知生活教育思想与山区学校发展

陶行知生活教育思想由“生活即教育”“社会即学校”“教学做合一”三大部分构成，“生活即教育”探究了生活与教育之间的关系，对山区学校开展生活教育具有参考价值；“社会即学校”探究了学校与社会之间的关系，对山区校地融合发展具有启发价值；“教学做合一”提出了课程变革新理念，对山区学校课程改革具有较大理论指导价值。生活教育思想对山区学校发展具有宏观及核心指导价值。

第一节 “生活即教育”——山区学校生活教育

“生活即教育”在陶行知教育思想的整个理论体系中占据中心位置，居于主导性地位[①]。它受杜威“教育即生活”观点启发，但与杜威思想完全不一样，杜威提出“教育即生活”观点是针对当时美国教育脱离社会生活实际，倡导教育与生活结合，他希望教育的过程是接近生活的过程，教育是生活之简化或浓缩。陶行知生活的时代以及中国当时的社会背景与美国当时的社会背景完全不一样，陶行知希望通过教育来构建一个学习型社会，以教育力量来造就一个民主国家。

一、生活即教育

陶行知的“生活即教育”包含以下几层含义。一是生活含有教育的意

① 周洪宇：《开拓与创建：陶行知与中国现代文化》，山东教育出版社，2010，第 257 页。

义。用陶行知的话说即是,“康健的生活便是康健的教育;劳动的生活便是劳动的教育;科学的生活便是科学的教育;艺术的生活便是艺术的教育;社会革命的生活便是社会革命的教育。”由此推导出“是生活便是教育;是好生活便是好教育,是坏生活便是坏教育;不是生活便不是教育;所谓之‘教育’,未必是生活,即未必是教育。[①]”二是教育以生活为中心。陶行知反对仅进行书本的教育,他认为与生活隔绝的书本教育力量极小,承认一切非正式的东西都在教育范围以内是极有力量的。例如,与农民做朋友是极好的教育。在生活即教育思想指导下,“书是有地位的,过什么生活就用什么书,书不过是一种工具罢了。书是不可以死读,但是不能不用。[②]”三是生活决定教育,教育改造生活。生活决定教育即是说过什么样的生活就受什么样的教育,如果“过的是少爷生活,虽天天读劳动的书籍,不算是受着劳动教育;过的是迷信生活,虽天天读科学的书籍,不算是受着科学教育;过的是随地吐痰的生活,虽天天写卫生的笔记,不算是受着卫生的教育;过的是开倒车的生活,虽天天谈革命的行动,不算是受着革命的教育。我们要想受什么教育,便须过什么生活”[③],教育可以培养学生具有“农夫的身手”“科学的头脑”“艺术的兴趣”“改造社会的精神”,从而提高受教育者素质,进而改变受教育者的生活。

按照“生活即教育”思想的指导,山区学校要转变教育发展理念,充分挖掘山区生活中的教育元素,化山区资源为办学资源,化山区特色为办学特色;将教育作为山区生活的中心,把山区学校打造成乡村的文化中心;依据山区生活实际,组织、实施教育,以教育来改造乡村生活。“生活即教育”并不拒斥山区学校利用国家政策,推动山区学校进行教育现代化建设。相反,在山区开展“生活教育”的另一种解释是拓展办学资源。肯定生活的教育价值,实际上是丰富山区教育内涵,拓宽山区教育领域,盘活山区教育资源的办学新取向。山区学校开展生活教育前需要厘清山区学校生活教育的本质、山区生活与山区学校教育之间的关系。在山区学校生活教育本质方面,

---

① 陶行知:《陶行知全集(第二卷)》,四川教育出版社,2009,第7—8页。
② 陶行知:《陶行知全集(第二卷)》,四川教育出版社,2009,第401页。
③ 陶行知:《陶行知全集(第二卷)》,湖南教育出版社,1985,第634页。

究其本源是生活教育本质叠加山区学校之特质。山区学校与城市学校、平原学校、海岛学校相比有不同特色。一般来说，山区学校规模相对较小，学校辐射半径相对较大，学生家庭教育支持条件相对较弱，学生多数为留守儿童，或为祖辈隔代照看子女。山区也有山区的特色与优势，例如山区空气清新，水质优良，动植物种类繁多，是一个天然的自然博物馆。因此，山区学校生活教育要充分认清山区学校的实然状态，基于山区教育的现实基础开展生活教育。按照传统观念理解，山区生活与山区学校教育之间的关系是包含关系，山区生活的范围大于山区学校教育，山区学校教育生活是山区生活的重要组成部分之一。按照陶行知的观点，山区生活也具有教育的意蕴，山区教育不能脱离山区生活，山区生活决定着山区教育，山区教育反作用于山区生活，提高山区居民的科学文化素质，能提高山区生活品质。

二、山区学校生活教育

山区学校开展生活教育可以提升山区学校的办学品质，打造山区学校的特色文化，推动山区学校高质量发展。具体来说，山区学校开展生活教育可以从以下几个方面着力。

第一，建设陶行知特色文化校园，凝聚山区生活教育共识。行知文化既是以陶行知元素为文化符号的具体的文化，本质上也是一种知行哲学思想，因此对整个校园文化建设具有宏观指导价值。陶行知思想受基督教博爱主义、美国杜威的实用主义、中国传统心学代表人物王阳明知行合一思想的综合影响。陶行知早年价值观形成的关键期主要受传统知行哲学观影响。这种哲学观重实用，注重躬身践行。中国传统文化中的实践哲学与马克思实践论存在通联性。陶行知在欧洲期间，曾三谒马克思马墓，据黄冬推测，陶行知可能通晓德文，直接阅读过德文版马克思著作；因为陶行知曾在育才学校亲自教授德语课，自己购买了德文书籍《资本论》等[①]。陶行知对马克思的关注不自觉地影响到他的哲学观念。据周洪宇研究考证，陶行知后期在哲

① 周洪宇、申国昌、余子侠：《陶行知与中外文化教育再探》，华中师范大学出版社，2020，第 25 页。

学的根本问题上与王阳明、杜威"分了手",而是以马克思的辩证唯物主义哲学观作为其教育学说的认识论基础①。因此,陶行知的教育思想与教育实践活动与中共早期的教育理念及实践存在某种精神实质上的相通性。周恩来评价陶行知是一个毫无保留追随党的党外布尔什维克。周恩来把烈士子女李鹏安排在陶行知创办的育才学校上学。中共在自身极度困难的情况下仍然给予育才学校办学经费资助,可见陶行知教育理论、实践与中共教育理念、教育实践活动之间有相通性。陶行知逝世后,中共延安举行了隆重的追悼纪念活动。毛泽东亲自题写"痛悼伟大的人民教育家陶行知先生千古",朱德说要"学习陶行知先生全心全意为人民服务,不屈不挠的为独立和和平民主而斗争的精神",陕甘宁边区政府主席林伯渠说"为纪念陶行知先生,边区政府已决定将延安中学改名为行知中学,并设立行知奖学金",陆定一代表中共中央说:"陶行知的主张,他的行动,他的作风,他的刻苦耐劳、坚强不屈、视死如归,都是人民的模范,不仅仅别人应该把它们作模范来学,我们二百万中共党员也要把它们作模范来学习。"②陶行知的教育思想与中华人民共和国教育理念具有高度契合性和内在一致性。在弘扬中华优秀传统文化及全党、全社会学习"四史"的时代背景下,学习、研究陶行知教育思想十分符合深入学习"四史"的时代主题。

陶行知教育思想具有自身的独特性,既符合当时中国社会现实的教育需要,也符合今天大力弘扬中国传统文化,挖掘本土大教育家的现实需要。何为大教育家?周洪宇认为"大教育家必须具备六个条件,即教育家要具有坚定不移的教育信仰和丰沛的教育激情,从事过丰富多样、持续不断的教育实践,创立了具有原创性的教育思想和学说,培养造就出一大批各具风采、各领风骚的杰出人才,具有感人至深的人格精神和人格魅力,对当时及后世教育产生长远而深刻的影响并得到人们的广泛认可"。③ 从陶行知一生的教育实践活动与教育成绩来看,陶行知完全具备上述六大条件,日本学者斋藤秋男称陶行知为中国现代教师之父,哈佛大学汉学家费正清赞许陶行知是

---

① 周洪宇:《开拓与创建:陶行知与中国现代文化》,山东教育出版社,2010,第 57 页。

② 周毅、向明:《陶行知传》,四川教育出版社,2011,第 9 页。

③ 周洪宇、申国昌、余子侠:《陶行知与中外文化教育再探》,华中师范大学出版社,2020,第 3 页。

杜威先生最具创造力的学生，美国前总统华莱士说："陶行知不仅仅属于中国，而且是属于全世界的。"在笔者看来，陶行知之所以获得诸多高层次评价，是因为他善于学习但不囿于陈见，敢于创新又基于实践。现在我们无法详细统计出国内外究竟有多少所行知小学或者与陶行知直接、间接相关的各类学校，可以肯定的是陶行知文化进校园符合新时代党和国家的政策精神，符合本土教育家进校园的价值引领，陶行知丰富的教育理论可以指导山区学校错位发展，特色发展。当然，在山区学校建设陶行知特色文化校园时，并不是一定要耗费资金在山区学校竖一座陶行知雕像，挂一些陶行知语录，更重要的是营造一种行知文化氛围，山区教师要像陶行知一样信任学生、关爱学生、鼓励学生、教育引导学生，山区教师要鼓励学生不做"读死书、死读书、读书死"的书呆子，而是以生活教育理论凝聚育人共识，团结教师、凝聚人心，引导山区师生密切接触社会，"读活书、活读书、读书活"。

第二，贯彻陶行知教育管理思想，提高山区学校管理品位。陶行知的教育管理思想实质上是生活教育管理思想。陈学军认为陶行知并非严格意义上的"学问中人"或者"问题中人"，却是出色的思想家、果敢的行动者。陶行知怀着对教育的信仰与期待，将"民主政治问题"转化为"教育问题"，实现了从"民主政治"到"教育"再到"生活教育"的问题转换。陶行知的教育管理思想体现出鲜明的民主精神、实践性格、主体意蕴、参与意识、道德情节和解放旨趣。作为知行合一的典范，陶行知教育管理思想体现在其办学治校实践中，又体现为构建"教育共同体"与力行"道德领导"这两条主线上①。陶行知的具体教育管理思想包括校长领导思想、道德领导思想、学生管理、教学管理、经费管理、物资管理等。在校长领导思想方面，即"校长是学校的灵魂，务必有高尚的品行；要有使命感、责任心和同情心；要有独立的学校观；要敏于行；要有创造意识和创造能力；要做民主的倡导者和领导者；要将领导工作作为专门事业"。② 在道德领导思想方面，其内涵主要包括"爱满天下的领导情怀""民主、自由、平等的领导价值取向""人本、服务、创新的领导方式"

① 张新平、陈学军等：《陶行知的教育管理思想与实践》，上海教育出版社，2014，第 1 页。
② 张新平、陈学军等：《陶行知的教育管理思想与实践》，上海教育出版社，2014，第 80—97 页。

“真、善、美的领导目标”“公德与私德兼备的领导内容”[①]等;学校管理要民主、法治;学生管理以自治为主;教学管理倡导“教学做合一”的过程管理,教科书管理着眼于“用”;办学经费管理量入为出;物资管理减少闲置,合理提高利用效率等。

陶行知的教育管理思想对山区学校提高管理品位价值尤大。具体来说,体现在三个方面。一是山区学校的办学条件、生活舒适度、交通便利度、住房、工资待遇、发展机会相对于城市学校来说偏少,陶行知的人格魅力能够激励、凝聚一批爱山区、讲奉献的教师投入山区教育事业。从陶行知的办学经历中,可以读到许多优秀教育人放弃城市优厚待遇投入乡村教育事业的典型事迹。例如,陶行知率先垂范,他本人原本就可以在南高师享受教学、科研与管理“三肩挑”的优厚待遇。但他放弃了“西装革履”式小资产阶级生活方式,穿上“草鞋”化农民,积极创办晓庄师范,投入乡村学校建设,甚至不惜与“牛大哥”为伍。他在晓庄师范的学生操震球放弃了即将到手的清华大学文凭,不远万里追随陶行知,投身乡村教育事业;有一位从事教育行政工作的领导放弃了“公务员”身份,跟随陶行知进行乡村教育改造。教育是讲究情怀的。虽然物质生活条件是教师生存发展的必要条件与基本保障,但教师如果将“讲待遇、讲条件、讲工作环境”作为事业追求与价值体现,山区学校必然不是首选。二是陶行知教育管理思想中的实践智慧能够帮助山区学校解决办学过程中的具体问题,提高山区学校管理实效。陶行知在具体办学过程中,积累了丰富的教育管理经验,形成了独具一格的教育管理实践智慧。陈学军等学者挖掘出陶行知教育管理思想中的“教育共同体”建设思想和道德领导两条教育管理主线,他们认为陶行知教育管理思想中的教育共同体内涵十分丰富,超越了滕尼斯的共同体理念和萨乔万尼的教育共同体思想。笔者认为,概括来说,陶行知的教育共同体思想既有实体教育人的教育共同体,也有教育与社会合作的育人共同体,甚至包括各种无形的教育精神共同体。

从陶行知的教育实践来看,陶行知的四段办学经历,实际上都是他个人

① 张新平、陈学军等:《陶行知的教育管理思想与实践》,上海教育出版社,2014,第99—116页。

与学生组成的教育共同体，每个阶段学生最终都发展出了不同的优秀群体，其实质是前期教育共同体作用的结果。陶行知早在晓庄师范时期就力行开放的办学思路，晓庄教育共同体规模不断扩大，从最初的一片荒地和 13 个学生，到最终创办了中心小学、中心幼稚园、民众夜校、乡村医院、联村救火会、中心茶园组织等；山海工学团时期，陶行知坚持“工以养生，学以明生，团以保生”的办学理念，将工作、生活、学习和安全联结起来了，演变成为大教育观视角下的社会教育共同体。三是陶行知的道德领导思想体现出对教师、对学生的充分信任，在事上磨砺、锻炼教师和学生，有利于发挥教师等办学主体的主观能动性和创业积极性，这对山区学校来说十分重要。今天的山区学校属于教育行政主管部门领导、管理，由校长与各层级干部直接管理的领导模式。毋庸置疑，学校领导是教育事业发展的重中之重，但山区学校发展要想取得最优化成绩，不能仅靠教育行政部门领导或者以校长为代表的学校干部。山区学校发展的根本在教师和学生。在现代化建设国家治理体系的背景下，教育领域的治理能力建设以及教育高质量发展，要求教育系统上级给下级做出表率，一级跟着一级干，领导干部带头干事、创业，与师生打成一片才能更好激发师生活力。如果领导干部“官本位”思想浓厚，整天一副“官架子”，不能从内心深处吸引师生、打动师生、感染师生，学校教育管理工作成效将大打折扣。

第三，开发陶行知特色校本课程，丰富山区课程内涵建设。课程是育人的最重要载体。山区学校课程建设包括课程规划、课程实施、课程评价和课程管理四个方面。山区学校课程建设的首要任务是实施好国家和地方课程的校本化，其次是根据山区学校教育特点、区域特色组织设计、编写并实施具有鲜明地方特色的校本课程。陶行知教育思想中蕴含着丰富的课程建设思想，他本人也有丰富的课程教材编写实践，曾经亲自编写《平民千字课》《老少通千字课》等语文教材读本，亲自组织出版《儿童科学丛书》等科学普及类书刊。以陶行知的语文课程教材建设思想为例，刘立德认为陶行知的语文课程思想在服务面向上是服务大众的，在课程目标上是文道统一的，在内容选择上是以生活为中心的，在编写和使用上是“活”的，在教学方法上提倡“教学做合一”[①]。

山区学校发展最大的特色是开发并实施具有鲜明山区特征的校本课程。陶行知教育思想中的许多有益元素可以渗透到山区学校校本课程。近年来,国内外已公开出版大批陶行知相关的研究成果,以现有的各种全集、年谱和传记为文献依托,采取专兼职相结合的方式,山区学校或可探索“高校+中小学”这一共同开发校本课程的新模式。就校本课程内容来说,山区学校可以尝试编写《陶行知学习故事》《陶行知诗歌赏析》《陶行知教育名句精读》等,丰富山区校本课程内涵建设。

第二节 “社会即学校”——山区校地融合发展

社会与学校的关系是什么?传统观点认为社会是社会,学校是学校。杜威在批判传统社会与教育割裂的基础上提出了“学校即社会”,陶行知将杜威的“学校即社会”“翻了个跟斗”,变为“社会即学校”。侯怀银等学者认为陶行知“社会即学校”既是生活观,也是教育法,它经历了萌芽、形成、成熟、批判、重评及运用六个阶段[②]。关于“社会即学校”的理解,周洪宇提出:“‘社会即学校’是紧随‘生活即教育’而来的,它是‘生活即教育’在理论上的自然延伸,指示着‘生活即教育’的范围,是‘生活即教育’的横向拓展,是陶行知教育学说的领域论(或曰场所论、范围论)。[③]”

一、社会即学校

对陶行知“社会即学校”思想的理解可以重点从两个方面来进行阐释,一是社会具有教育的价值,社会就是一所“大学校”。陶行知之所以如此解

① 周洪宇、申国昌、余子侠:《陶行知与中外文化教育再探》,华中师范大学出版社,2020,第278—298页。
② 侯怀银、雷月荣:《“社会即学校”述评》,《南京晓庄学院学报》2022年第1期第1页。
③ 周洪宇:《开拓与创建:陶行知与中国现代文化》,山东教育出版社,2010,第278页。

释，源于他对当时学校教育现实的批判，他既反对复古的、封建的传统教育，也反对"仪型他国"、食洋不化的"洋教育"。近代中国，儿童青少年有机会进入正规学校学习自然是好事，但在军阀混战时代，老百姓生存都有较大困难，存活下来已实属不易，能够走入学堂安心学习的人少之又少。他从当时中国社会的教育现实出发，以当时国力计算，在百分之九十以上国民是文盲的国度开展普及教育何其艰难。陶行知在其终身志愿中提及，要靠教育而非军事造就一个民主国家，民主国家的显著标志之一就是普通民众具有较高的文化科学水平，整体社会素质相对较高，在绝大部分儿童、青少年无法进入学校学习的现实困境下，提高整体国民素质同样何其艰难。因此，挖掘、发挥社会的教育功能实则是教育家的无奈之举。

社会即学校的关键是发挥社会的教育作用，一是发挥社会上有特长之人的教育作用，教会其他人新技能；二是鼓励社会成员之间相互学习，相互砥砺，共同提高。"三人行，必有我师焉"，不同社会个体的生活经历与人生阅历不同，他人身上总有值得学习之处。晓庄师范在创办时没有教师，只有指导员。他们认为："先生不是全知全能的，先生可以教学生，学生在某一方面有专长，也可以教先生。老翁可以向小孩子学习，大学教授也可以向老农学习。所以晓庄师范没有教师，只称指导员，既可指导学生，也可以指导其他指导员；学生可以指导其他学生，也可以指导其他指导员。①"用陶行知自己的话说，即是"我们相信没有专能教的老师，只有经验稍深或学识稍好的指导，所以农夫、村妇、渔人、樵夫都可以做我们的指导员，因为我们很有不及他们之处。②"

二是教育要与社会紧密协作，学校要与社会融合发展。现代教育理论认为教育具有促进个体社会化和社会个性化的功能。就教育与社会关系来看，叶澜在《教育概论》中对教育与社会间的关系进行了系统论述，她认为教育是复杂、开放的社会系统，教育与自然社会、社会物质生产、社会政治、社会经济、社会文化以及人口等子系统均有密切关系。教育是控制人口增长

---

① 王文岭：《晓庄师范与民国乡村建设》，河海大学出版社，2017，第38页。

② 陶行知：《陶行知全集（第二卷）》，四川教育出版社，2009，第282页。

的手段之一,是提高人口质量的基本手段,是使人口结构趋向合理化的手段。教育是实现劳动力和生产中所必需的各种人员“再生产”的重要手段,是提高劳动者生产能力的重要手段;是加速现代社会物质生产技术更新的有利因素。通过教育,可以宣传一定的政治、理论、方针、路线,制造舆论;教育可以培养合格公民和各种政治人才,助力政治改革;通过教育制度,可以实现受教育者的阶级或阶层上升,使原有的社会政治关系得以延续和发展或者加速改变旧的社会政治关系;学校可以组织学生直接参加社会政治活动。教育是文化延续和更新的必不可少的手段,是文化发展过程中必不可少的一环①。考察陶行知的教育活动人生,他的理论探索与实践活动关涉教育与社会关系的方方面面。在教育与自然关系方面,他认为人与自然是和谐相融的,物我同一的,他认为“晓庄的校舍上面盖的是青天,下面踏的是大地,我们的精神一样要充溢于天地间”②,在晓庄师范处处能看到教育与自然和谐相处的对联、标语,如“以宇宙为教室,奉自然作宗师”“从野人生活出发,向极乐世界探寻”“和马牛羊鸡犬豕做朋友,对稻粱菽麦黍稷下功夫”等。在教育与经济、政治关系方面,陶行知早在金陵大学的毕业论文《共和精义》中做了较为精辟的论述,他认为:“人民贫,非教育莫与富之;人民愚,非教育莫与智之;党见,非教育不除;精忠,非教育不出。教育良,则伪领袖不期消而消,真领袖不期出而出。……教育是建设共和最要之手续,舍教育则共和之险不可避,共和之国不可建,即建亦必终归于劣败。③”在教育与人口关系方面,他较早提出了计划生育概念,认为应该少生、优生,生育结合,努力提高人口质量。在教育与文化关系方面,他既反对返照复古,也反对生搬硬套“拉洋车”,他认为中国文化的出路是在继承中创新,要走劳苦大众路线,贴近农民、适合农民,有益于农民。如果将陶行知早期作品与他晚期作品进行对比,可以明显发现他晚期作品,无论是文章还是诗歌,更接地气,更深入浅出,更通俗易懂。

在学校建设方面,无论是晓庄师范、山海工学团,甚至是育才学校抑或重庆社会大学,可以发现陶行知所创办的四所学校都没有将社会与学校割

① 叶澜:《教育概论》,人民教育出版社,2006,第98—165页。
② 陶行知:《陶行知全集(第二卷)》,四川教育出版社,2009,第282页。
③ 陶行知:《陶行知全集(第一卷)》,四川教育出版社,2009,第189页。

裂开来，而是紧密结合。四所学校都是与社会协同发展、相生发展、融合发展的。以晓庄师范为例，在创办之初，他就融入晓庄当地的村庄。在创校初期，学校无一砖一瓦，无一间茅屋，陶行知在农民家牛棚借宿，与“牛大哥”同寝，开局就与社会建立了紧密联系。晓庄师范走上正轨后，陶行知进一步密切了与学校所在地农民的交往，如小学每天下午由教师带学生到农民家访问学生家长及年长农民，这也被称为“会朋友去”，使学校与附近农民建立更紧密的关系①；晓庄师范举办民众学校，开展农村扫盲及教育普及运动；建设农艺陈列馆，宣传农业科学知识；开设商店，建医院，开木匠店，办中心茶园，举办联村运动会，组织联村自卫团，建立“会朋友”制度等都是陶行知打通学校与社会围墙之隔的具体举措，也是其发挥社会教育功能的具体实践。

“社会即学校”思想承续了陶行知“生活即教育”思想，因此陶行知认为，“到处是生活，即到处是教育；整个的社会是生活的场所，亦即教育之场所。因此，我们又可以说：‘社会即学校’。②”笔者认为发挥社会教育作用的前提是社会成员自身首先要树立学习意识，以空杯心态参与社会活动，在与人交往过程中，多听、多看、多问，敏而好学，不耻下问。山区学校校长要主动摒弃将学校与社会隔绝的自我孤立的发展意识，主动融入乡村，转变学校功能，积极接纳乡村群众，与乡村社会协调发展、融合发展，构建乡村教育共同体。

二、山区校地融合发展

山区经济发展相对滞后，山区学校所处地理位置相对较为偏远，交通不便，地广人稀。近年来，国家出台了《教育部等六部门关于加强新时代乡村教师队伍建设的意见》等各种支持乡村（山区）学校发展的支持政策，山区学校在校园建筑等硬件建设方面获得了较大发展。山区学校下一步的发展方向是变革学校建设理念，加强学校软件建设，着力提高山区学校教育教学质量，提高山区学生培养质量，赢得更多社会口碑，助力乡村教育振兴并以教

---

① 童富勇、胡国枢：《陶行知传》，教育科学出版社，1991，第130页。

② 陶行知：《陶行知全集（第二卷）》，湖南教育出版社，1985，第633—634页。

育振兴乡村。加强山区学校软件建设的重要举措之一是促进山区校地融合发展。具体来说,可从以下两方面努力。

第一是将山区学校建设成山区文化中心,发挥山区学校文化辐射作用,助力乡村振兴。山区经济条件相对较差,经济形态一般以农业、林业或旅游业为主,区域面积大,居民居住分散,学生家长学历较低,文化程度有限,基本上不太重视或不太关心教育,个别家长重视子女教育,但教育观念落后,教育的方式方法不够科学,对高水平教育子女有心无力。一般来说,留在山区学校就读的学生家庭经济实力相对较弱,稍有能力的父母大多数想办法将子女带到城市或城镇就学。在城市化、城镇化大潮下,山区学生流失、山区教师流失、山区学校撤校等加速了山区(乡村)的衰落。山区(乡村)衰落现象已引起党和国家高度重视,党的十九大提出"乡村振兴战略",2018 年 1 月中共中央、国务院联合印发《中共中央　国务院关于实施乡村振兴战略的意见》,提出实施乡村振兴战略的目标任务,到 2020 年基本形成乡村振兴的制度框架和政策体系,到 2035 年农业农村现代化基本实现,到 2050 年乡村全面振兴"农业强、农村美、农民富"[①]全面实现。同年 5 月,《乡村振兴战略规划(2018—2022 年)》颁布实施,进一步阶段性细化落实乡村振兴战略。乡村振兴不能忽视乡村教育振兴。在规范及加强山区教育方面,国务院出台了《国务院办公厅关于全面加强乡村小规模学校和乡镇寄宿制学校建设的指导意见》;《乡村教师支持计划(2015—2020 年)》实施到期后,《教育部等六部门关于加强新时代乡村教师队伍建设的意见》紧接着再度出台,支持乡村教师队伍建设。三部专门支持乡村教育文件的颁布实施为山区学校办学及山区教师专业发展提供了政策保障,对山区学校存留标准、办学标准、学校标准化建设、经费来源、师资队伍建设等进行了明确指导,为山区学校未来发展指明了方向。

从目前政策环境来看,在经过前期大规模"撤点并校"后,山区学校"当留则留"已成为政策共识。山区学校基本生存问题得到有效保障。那么,山

① 中国政府网:《中共中央　国务院关于实施乡村振兴战略的意见》,http://www.gov.cn/zhengce/2018-02/04/content_5263807.htm,访问日期:2022 年 7 月 22 日。

区学校如何发展？向何处转型呢？初步来看，山区学校转型重点要做好三件事：一是摸清山区学校“家底”，山区学校有哪些硬件资产、软件资源可以向学校所在地村民开放？二是转变对学校功能的认识，从学校原有功能来看，山区学校主要针对山区儿童和青少年开展义务教育，学习时间一般为正常学期内。但是，山区学校仅仅是儿童、青少年学期内学习的场所吗？就山区学校的运行现实来看，节假日及寒暑假期间，校园基本闲置，降低了校产使用效率。山区学校资产主要为公共资产，拥有较大操场，较多教室，部分实验实训室等，在学生人数急剧减少的背景下，部分山区学校显得特别空荡、特别冷清，这不是学校应有的状态。因此，在转变学校单一教育教学场所功能的认识前提下，山区学校或可拓展更多用途。例如，山区学校可以在学生休假期间为附近群众组织重大活动提供场所，寒暑假期间可以将山区学校打造成乡村旅游的校园景点。山区学校要尽可能多想办法，有效盘活校产，聚集人气，使校园“热闹”起来，发挥校园公共文化辐射功能。具体来说，山区学校可以定期开放校园，引导附近村民走进校园，了解校园，共用校园，或可将山区学校操场改造成附近居民寒暑假休闲、娱乐的公共广场，有针对性设计“山区访学”“山区留学”项目，吸引城市学生短期体验乡村生活。三是做好山区未来可能就读学生的人数预测，山区学生流失不为办学者意志所控制，山区学校如果真的到了因无学生就读而不得不撤销的局面，山区学校所有者、举办者应迅速行动，将山区学校转变成乡村文化礼堂或者其他公共文化设施，避免山区校产闲置浪费，为村民存留一块精神栖居地。

第二是将山区发展元素引入山区学校，完善山区学校管理机制，加强山区学校课程内涵建设，助推山区学校发展。山区学校学生流失，山区学校自然消亡的主要原因是山区学校教育教学质量偏低，乡村教师责任心不足，乡村教师工作成就感偏低，部分学生流失是家长的无奈选择。办好山区学校的关键要靠乡村教育共同体的理想和情怀，需要好校长的实践智慧。现实中不乏一些优秀的山区学校成功办学的典型案例。例如，浙江省缙云县的长坑小学就是一所山区学校成功办学的典型。该校地处缙云县与莲都区交界的大山中，是典型的山区农村小学，曾经也面临生源大量流失，学校或去或留的生存抉择。在多位有理想、有信念、有情怀、有智慧的校长执意坚持下,学校以陶行知教育思想为指导,打造“生活德育新模式”,因地制宜,因陋就简,实施寄宿制办学,化山区资源为办学资源,变山区特色为学校特色,在全面落实国家课程和地方课程要求的前提下,开展了系列校本课程探索,较早地实施了卓有成效的劳动教育,师生学习之余在校园内养猪、养鸡,自产自销,自制乐器,创造性开展教育教学活动,丰富课外生活。学生德智体美劳全面发展,办学成绩赢得附近学生家长、各级教育行政主管部门以及参观者、研究者一致好评。2019 年教育部原部长陈宝生莅临该校视察,对长坑小学的发展成绩给予高度肯定,他认为生活在长坑小学的师生是幸福的,长坑小学走出了一条山区学校特色办学的新路子,符合中国乡村教育发展潮流。该校之所以成功,秘诀是陶行知“社会即学校”思想在该校的成功运用,大大拓展了山区乡村学校功能,诚如指导该校发展二十余年的虞伟庚教授所言:“长坑小学将‘小众’的教育变成‘大众’的教育……积极引入第三方力量参与办学,办学资源得到有效拓展。”具体来说,“学校的办学场地或租用村里,或与村委会合用;学校的教室既是学生上课的场所,又是村民学习文化的地方;学校的特色项目指导教师或聘请艺有专精的村民直接担任,或让教师先跟有特长的村民学习再回到学校教给学生;学校的活动内容选自村民中最流行、学生最容易接受的民乐、棋类和乒乓球运动;学校的教学成果及时展示给村民。[①]”学校成功实现将山区资源转化为山区学校办学资源,创新管理模式,完善运行机制,丰富课程建设,学校内涵发展效果显著,赢得了社会尊重。

由此观之,将山区资源转化为山区学校办学资源,助推山区学校转型发展,特色发展,高质量发展不是不可能,而是大有可为,大有作为。那么,山区学校如何转化,或者说转化路径是什么呢?概括来讲,可以从以下三个方面努力。首先,拆除山区学校围墙,打破山区学校与山区社会之间的物理隔阂。从资产归属来看,山区土地属于集体所有,山区学校资产属于国有公共资产,山区学校围墙的拆除需要按照规定程序上报、审批。现在的问题是,拆除山区学校围墙不是政策的限制性规定,而是山区学校领导的思想问题。山区学校担心山区学校围墙拆除后,学生就学期间存在安全风险,学校资产

---

① 刘勇武:《山花烂漫:一群理想主义者的乡村教育实践》,武汉大学出版社,2010,第 2 页。

存在遗失风险，因此不太愿意拆除学校围墙。其实，此种顾虑大可不必。山区学生进入学校学习前并不是在家“圈养”的，相反他们经常上山下河地活动，对山区地形已然十分了解，具备一定安全意识。在防盗方面，拆除有形的围墙屏障后，可以借助无形的现代监控设备，将贵重资产置于24小时监控设备之下，即使资产丢失也能迅速找回。另外，山区社会自古以来就是熟人社会，乡民之间基本已形成“不偷不盗”、自我约束的乡规民约。其次，拆除山区学校的心理围墙，根治“学校是学校，社会是社会”的思想痼疾。山区学校是可以与山区社会相融发展的，山区学校之所以与山区社会逐渐背离，其根源在山区学校领导者。一些山区领导在山区学校工作本身就存有“被流放”“被抛弃”“被边缘化”的愤懑之感，他们将在山区学校担任校长作为临时性过渡，一旦有机会入城将立即逃离乡村，转入“城镇”，缺乏长期扎根乡村办学的思想准备和行动实践。山区教师与山区学校领导的思想意识类似。办学的依靠力量是教师。试想一下，山区教师都是人心思动的，谁会将更多精力更多时间投入“了解乡村、接纳乡村、融入乡村”呢。因此，如果希望山区学校拆除心里的围墙，一定要选拔真正热爱乡村，愿意全身心投入乡村教育及乡村建设的教育人士到乡村学校从教。严厉规范或禁止城镇学校到山区学校挖优秀教师“墙角”，给予山区教师更多融入乡村社会的政策保障与发展机会。最后，山区学校应积极参加山区经济社会建设。山区学校是山区的文化高地，山区校长及山区教师相对一般村民来说具有更高的文化水平。在网络时代，山区教师学习、应用新的信息技术、通信设备具备更多优势，而村民在这方面相对欠缺。许多山区居民甚至连使用网络都存在困难，更别提网络购物、网络销售了。山区学校或许可以依托山区学校空间资源，光纤入校资源，为山区居民提供信息技术指导，提供上网设备，提供网络学习场所，提供网络资源。例如，信息化时代来临，山区学校可以教导村民学会网购，协助村民开办网店，将山区特有的优质农产品卖到大山之外，共同参与山区经济社会建设。

打通山区学校与山区社会之间的物理边界、心理边界、精神边界并非一朝一夕可成，也绝非学校一己之力所能作为，在乡村振兴的大背景下，振兴乡村教育，以教育振兴乡村，山区学校要充分依托山区现有资源，借助各级政府各项支持政策,宏观看待山区学校和山区社会发展,积极参与乡村教育及乡村社会建设,咬定青山不放松,久久为功,积小成为大成,积小胜为大胜,促进山区学校与山区经济、社会实现融合发展、协调发展、跨越式发展,抱持“功成不必在我”的工作信念,假以时日,“乡村教育振兴”与“教育振兴乡村”功成后,必定有“我”。

第三节 “教学做合一”——山区学校课程改革

陶行知师承杜威,对杜威“做中学”的思想了然于心。回国后,他发现在学校实际教学工作中,教师只管教,学生只管受教的问题十分严重,即使大学竟然也是如此。“导师叫做教授,大家以被称教授为荣。大学的教学方法叫做教授法,好像知识是拿来赈济人的。①”陶行知对此深表反对,在南高师校务会议上,他力举改“教授法”为“教学法”,由于当时阻力太大,争辩两小时还是未得施行。后来五四运动爆发,人们不再纠结“教授法”与“教学法”的表述之争,于是陶行知利用职权自行将全部课程中的“教授法”改为“教学法”,随后“教学法”这一称谓在全国风行。这可视为陶行知“教学做合一”思想的初步萌发与实践。

关于教与学的关系,1919 年,陶行知撰写了《教学合一》的文章,主张教的方法要根据学的方法来调适,教要适应学。陶行知在南开大学演讲时,南开校长张伯苓将“教学合一”改为“学做合一”。张伯苓的精妙一改,陶行知豁然开朗,“教学做合一”正式定名。为了对“教学做合一”进行更系统的理论阐述,陶行知在各种演说、文章、书信中均有论及。

一、教学做合一

“教学做合一”与“生活即教育”“社会即学校”的关系是什么,周洪宇进

① 陶行知:《陶行知全集(第一卷)》,四川教育出版社,2009,第 106 页。

行了较为系统的阐释，他认为如果将“生活即教育”看作陶行知生活教育原理的本体论，“社会即学校”看作生活教育原理的“范畴论”的话，那么“教学做合一”就是生活教育原理的方法论[①]。什么是“教学做合一”呢？1931 年，陶行知在《教学做合一下之教科书》一文中对“教学做合一”进行了论述，他认为“教学做合一是生活现象之说明”，即是教育现象之说明”。在生活里，对事说是做，对己之长进说是学，对人之影响说是教。“教学做”是一种生活之三方面，而不是三个各不相谋的过程。同时，教学做合一是生活法，也是教育法。它的含义是：“教的方法根据学的方法；学的方法根据做的方法。事怎样做便怎样学，怎样学便怎样教。教与学都以做为中心。在做上教的是先生，在做上学的是学生。按照这个逻辑来看，先生与学生失去了通常的严格意义上的区别，在做上相教相学是人生普遍的现象。[②]”例如，陶行知在举例说明“教学做合一”的关系时打比方，“种田必须在田里学，在田里教”“游泳也是必须在水里学，在水里教”，“六十岁老翁可以跟六岁儿童学习好些事情”。以种稻为例，关于种稻的讲解，陶行知认为不是为了讲解而讲解，而是为了种稻而讲解，讲解对于老师而言是教，对于学生而言是学，对于种稻而言则是做。因此，无论是种稻的教还是种稻的学，都要以种稻这个“做”为中心。

“教学做合一”从内部分析来看，“做”最重要。陶行知也曾专门论述过“教学做合一”之“做”。他认为这里的“做”要包含三个特征：一是行动；二是思想；三是新价值之产生[③]。陶行知在答复朱端琰的信中对这个“做”做了进一步阐释，他认为“教学做合一”的“做”不是单纯的劳力，而是“在劳力上劳心，单纯的劳力，只是蛮干，不能算做；单纯的劳心，只是空想，也不能算做，真正的做只是在劳力上劳心。我们做一件事便要想如何可以把这件事做好，如何运用书本，如何运用别人的经验，如何改造用得着的一切工具，使这件事做得最好。我们还要想到这事和别事的关系，想到这事和别事的相互

---

① 周洪宇：《陶行知生活教育学说》，湖北教育出版社，2011，第 270 页。
② 陶行知：《陶行知全集（第二卷）》，四川教育出版社，2009，第 528 页。
③ 陶行知：《陶行知全集（第二卷）》，四川教育出版社，2009，第 528 页。

影响。我们要从具体想到原理,从我相想到共相,从片段想到系统[①]”。从陶行知“教学做合一”思想来看,“教学做”本质上是一件事,“做”是“教学”的中心,也是教学的目的,教与学都是为“做”服务,学生为“做”而学,教师为“做”而教,因此教师除了善“教”外还要善“做”。基于这一思想出发,教师应具有“做”的经验,“做”的技能,“做”的方法,具体教学过程中以“做”来开展“教与学”,因此学校课程也应该进行相应变革。

学校如何进行“教学做”的课程改革,陶行知做了精辟阐释,并连教科书编写都做出了具体构想。朱端琰在参观晓庄师范后给陶行知写过一封信,在该信中,关于“教学做合一”,他提出四点质疑:“教学做合一”不能得人类全部的经验,“教学做合一”有轻视读书的流弊,“教学做合一”有忽视精神上的活动,教育是否就是“做”?[②] 这四个质疑实际上呈现了课程与教学中的四个基本问题,换句话说就是课程教学是否包含人类全部经验,课程教学如何兼顾理论学习与实践锻炼之间的关系,如何进行抽象知识教学,教育是否等于实践等。陶行知对这四点质疑进行了条分缕析的回应,既有宏观理论指导,也有具体案例分析。他说“教学做”的关键是将“劳力与劳心统一起来”“在劳力上劳心”;“做”需要使用耳、目、口、鼻、四肢等器官,需要借助工具,书籍也只不过是“为了做事”的一种工具;学习知识需要将直接知识与间接知识相联系,任何间接知识的学习都要以直接知识为基础;学习者对直接知识的感知、获取不需要重复原来间接知识的获取途径及原有方式,因为时代变化,环境变了,技术变了,但是,学习者最好也必须要有类似的直接经验。

他认为课程教学的目的,或者说是“教学做”的目的是既要做好事,把事情做到极致,也要把做事的过程,做事的结果上升到理论的层面。他以王木匠与达尔文进行对比,木匠只能做事,也只会做事,不能将具体实务上升到理论的高度,达尔文既能观察世界,会做事,也能将自然观察过程及结论上升为理论,因此他成了生物学家。“教学做合一”不是简单庸俗地做事,而是要注重理论与实践的结合,以理论指导实践,在实践中总结经验,创造理论。

---

① 陶行知:《陶行知全集(第五卷)》,湖南教育出版社,1985,第 204 页。

② 朱端琰:《与陶行知先生论“教学做合一”》,《乡教丛讯》1929 年 1 月 15 日第 3 卷第 1 期。

如果从“教学做合一”视角看待传统教科书，陶行知认为近现代中国教科书只是在细枝末节上有些进步，在根本上一点变化都没有。他认为中国教科书最大的问题是“以文字做中心”，小学生学习教科书就像“小鸭子硬填”。许多教科书内容既无美感，也无意义，而以“教学做合一”作为指导的教科书“要活的书，不要死的书；要真的书，不要假的书；要动的书，不要静的书；要用的书，不要读的书。[①]”教科书的作用是“培养学生的生活力”，陶行知判断教科书是否是好的教科书，其标准有三：一是“看它有没有引导人动作的力量，看它有没有引导人干了一个动作又要干一个动作的力量”；二是“看它有没有引导人思想的力量，看它有没有引导人想了又想的力量”；三是“看它有没有引导人产生新价值的力量，看它有没有引导人新益求新的新价值的力量[②]”。因此，课程与教学不仅是对书本知识的接受式学习，他要以学生直接经验为基础，要将理论与实践相结合，“教学做合一”并不是轻视理论知识的学习，相反它十分重视理论能力的培养，要求学生通过“教学做合一”的训练，既要会做事，也要善总结、善写作，出理论。编写教科书选择的文字材料既要考虑美感，也要重视文字内容。陶行知希望教科书要能够培养学生的生活力，无生气、无吸引力、不能激发学生产生新价值的教科书则不要也罢。

二、山区学校课程改革

山区学校课程由国家课程、地方课程和校本课程三级组成。国家课程由国务院教育行政部门统一组织开发、设置。所有学生必须按规定修习。地方课程由省级教育行政部门统筹规划，确定开发主体，充分利用地方特色教育资源，注重用好中华优秀传统文化资源和红色资源，强化实践性、体验性、选择性，促进学生认识家乡，涵养家国情怀，铸牢中华民族共同体意识。校本课程由学校组织开发，立足学校办学传统和目标，发挥特色教育教学资

① 陶行知：《陶行知全集（第二卷）》，四川教育出版社，2009，第533页。
② 陶行知：《陶行知全集（第二卷）》，四川教育出版社，2009，第537页。

源优势,以多种课程形态服务学生个性化学习需求。校本课程原则上由学生自主选择。在具体课程实施上,以国家课程为主体,奠定共同基础;以地方课程和校本课程为拓展补充,兼顾差异。[①]《义务教育课程方案和课程标准(2022年版)》提出要培养有理想、有本领、有担当的,德智体美劳全面发展的社会主义建设者和接班人的人才培养目标,对山区学校课程改革提出了新的改革要求,结合陶行知教育思想来看,"教学做合一"与新课标的精神实质具有内在一致性。例如,《义务教育劳动课程标准(2022年版)》将劳动教育纳入义务教育学生的国家、地方和校本三级课程,这在以前的课程标准中是绝无仅有的。以陶行知"教学做合一"指导山区学校课程改革,具体来说可以从以下两个方面努力。

第一,落实国家劳动教育新要求,以项目为载体,以"做事"为核心,要求学生"在劳力上劳心",提高山区学校劳动教育实效。《义务教育劳动课程标准(2022年版)》指出"劳动课程是实施劳动教育的重要途径,具有鲜明的思想性、突出的社会性和显著的实践性,在劳动教育中发挥主导作用。义务教育劳动课程要以丰富开放的劳动项目为载体,重点在有目的、有计划地组织学生参加日常生活劳动、生产劳动和服务型劳动,让学生动手实践、出力流汗,接受锻炼、磨炼意志,培养学生正确的劳动价值观和良好劳动品质。[②]"课程理念要坚持育人导向,课程结构以实践为主线,加强学生生活与社会实际的联系,倡导丰富多样的实践方式,注重"手脑并用、知行合一""做中学""学中做",注重综合评价,强化安全保障。细读劳动教育课程标准,笔者有该课程标准是陶行知劳动教育思想的现代化表述之感。劳动教育课程的目标是涵养学生核心劳动素养。学生核心劳动素养包括正确的劳动观念,符合年龄特征的劳动能力,稳定的劳动习惯及勤劳的劳动品质,艰苦奋斗、精益求精、追求卓越的劳动精神等。对于山区学校来说,要依托劳动教育课程载体,针对不同学段学生开齐开足开好劳动教育课程,实施劳动教育。从新版课程标准可知,不同学段学生劳动教育的目标、课程内容、劳动素养要求以

---

① 中华人民共和国教育部:《义务教育课程方案(2022年版)》,北京师范大学出版社,2022,第6页。

② 中华人民共和国教育部:《义务教育劳动课程标准(2022年版)》,北京师范大学出版社,2022,第1页。

及课程实施方案、课程评价等均有所不同,需要山区学校差别对待,具体落实。

劳动教育的实施与开展不是为了劳动而劳动,而是要通过劳动来教育人,培养学生的核心劳动素养。山区学校劳动教育切忌将劳动教育课程异化为劳动知识教育,将学生安排在教室进行劳动理论学习。劳动知识教育的价值并不能否认,知识与能力的关系是教育学者持续探讨的主题,劳动教育需要掌握一定的劳动知识,但如果将劳动课程变成劳动知识的课程,将背离劳动教育的初衷。陶行知在“知与行”的问题上也进行了反复探索,他从最初的“知行”到最后的“行知”,实现了思想观念的大转变。劳动教育肯定不仅仅是劳动知识的教育。笔者认为“教学做合一”是劳动教育最本质最真切的反映。山区学校落实国家劳动教育课程标准,要充分利用山区丰富的劳动教育资源,根据不同学龄段儿童实施有针对性的劳动教育。如课程标准所规定的,1—2 年级学生的劳动教育课程任务包括清洁与卫生、整理与收纳、烹饪与营养、农业生产劳动、传统工艺制作等;3—4 年级学生的劳动教育课程任务,在 1—2 年级学生课程任务的基础上增加了现代服务业劳动、公益劳动和志愿服务;5—6 年级学生除前述任务外,还需掌握家用器具使用与维护、工业生产劳动、新技术体验与应用;7—9 年级学生劳动教育的任务领域与 5—6 年级学生类似,但是劳动教育的具体内容深度及掌握要求有所提高。山区学校可以根据学校实际,开发出若干劳动教育项目,引导学生参与。如浙江省缙云县长坑小学引导学生在校园内养猪,自产自销,既让学生了解了猪的生活习性,丰富了生物学知识,也让学生体验到美味猪肉的来之不易。就笔者对浙江省丽水市山区学校劳动教育实施现状调研来看,丽水市莲都区碧湖小学在校园内开辟了农场,按照一年四季的农事活动,种上了小麦、油菜等各种农作物,使学生有机会近距离观察农作物生长,参与到微型农业生产中。

第二,以“教学做合一”为指导,整体变革学校课程实施方式,将山区学校变成“教学做合一”的新样态学校。新课程方案最大的特色之一就是强化学科实践或者说是课程实践。课程实施方案中明确指出要“注重‘做中学’,引导学生参与学科探究活动,经历发现问题、解决问题、建构知识、运用知识的过程,体会学科思想方法。加强知识学习与学生经验、现实生活、社会实践之间的联系,注重真实情境的创设,增强学生认识真实世界、解决真实问题的能力。①"2022 年新课标由 1 个方案 16 条标准组成,从标准排序来看,依次为道德与法治、语文、历史、数学、英语、日语、俄语、地理、科学、物理、化学、生物学、信息科技、体育与健康、艺术、劳动。课程方案是各具体课程标准的统领,也就是说,每个学科都要加强学科实践。学科实践就是在"做中学",以做定学,以学定教,事怎样做就怎样学,怎样学就怎样教。从具体学科课程来看,自然科学及实操性较强的学科较易落实课程实践要求,语言类及历史学科最难实施"教学做合一"。有此感受可能也犯了朱端琰式的错误,缺乏对"教学做合一"本质以及学科本质的理解,语言类学科的核心素养是文化理解、语言运用、语言思维能力及审美创造。语言类学科也可以实施"教学做合一",以《义务教育语文课程标准(2022 年版)》为例,语文课程要培养中小学生中华文化自信、语言运用能力、语言思维能力以及语文审美创造能力。表达与交流能力是语言运用能力的重要体现,语文新课标对"表达与交流"做了具体要求,如要求学生"学说普通话,能认真听他人讲话,能自由表达感兴趣的内容,能正确使用标点符号等②"。由此推知,语文学科的"教学做合一"即以学生利用语文知识交流、活动或做事,交流包括演讲、辩论等口头交流,也包括写作等书面交流,因此学生需要演讲、辩论及书面写作的知识,学生要根据交流的需要开展学习,教师要根据交流的需要展开教学。具体来说,演讲、辩论、写作需要掌握哪些字、词、句,需要哪些语法知识及语言表达技巧,语文老师就要搜集整理哪些字词句以及语法知识和语言表达技巧,然后传授给学生。活动及做事等需要的语文知识教学与之类似。

国家课程、地方课程是各领域专家集体智慧的结晶,代表着一定时期内该学科领域最核心、最基础、最重要的知识内容体系。山区学校无法选择国家课程、地方课程规定的学习内容,但可以自主探索国家课程、地方课程的具体案例或教授方式。以《义务教育物理课程标准(2022 年版)》为例,在《物

---

① 中华人民共和国教育部:《义务教育课程方案(2022 年版)》,北京师范大学出版社,2022,第 14 页。

② 中华人民共和国教育部:《义务教育语文课程标准(2022 年版)》,北京师范大学出版社,2022,第 8 页。

质的形态和变化》内容要求中，课程标准给出了一个活动建议“调查当地农田或城市绿化灌溉的主要方式，了解节水灌溉技术”①。对于部分山区学校来说，了解农田或城市绿化灌溉较为困难，因为有的山区既无农田，也无须进行绿化，但有的山区有坡地，可以种植一些山地作物。因此山区学校或许可以根据山区环境实际，要求学生了解山区坡地作物的灌溉方式以及节水技术。如对《义务教育科学课程标准（2022 年版）》中的《生命系统的构成层次》的课程内容进行教学时，山区学校科学教师可首先对学生进行简单的学科知识介绍及安全教育后，然后将学生带出教室，深入自然，带领学生到学校周边的自然环境中去学习区别生物与非生物，认识生活环境中的常见动植物，了解他们的名称、特征，引导学生分析阳光、水以及温度对动植物生存的影响，了解常见的微生物等。如陶行知创办晓庄师范时，学校周边经常有蛇出没，影响附近村民及学校学生正常学习生活，陶行知请来捕蛇能手，教授学生现场区分蛇的种类，哪些是毒蛇，哪些是无毒的蛇，演示捕蛇技巧，晓庄学生通过学习也能成为捕蛇能手。这样生动实用的“捕蛇课”既消除了大家对蛇的恐惧心理，也普及了生物学知识。现当代山区学校的科学教学、生物学教学、物理教学、劳动教育等更要贴近山区，贴近学生，贴近生活实际，将学生身边的科学现象、劳动教育场景引入学校课堂教学之中，与学校相关课程融会贯通。另外，山区学校课程实施要充分观照到不同地方的山区产业文化特色，或可将地方特色转化为教学特色。如在实施《义务教育生物学课程标准（2022 年版）》时，浙江省不同县市区都有各自主打的农特产品文化，如浙江省丽水市庆元县香菇较有特色，庆元县的山区学校就可以引导学生认识庆元香菇的生活习性及生长历程；浙江省丽水市莲都区碧湖镇农耕文明历史悠久，该区的山区学校就可以引导学生熟悉水稻的生长规律；浙江省丽水市青田县“稻鱼共生系统”世界闻名，该地山区学校可以开展“稻鱼共生”现场教学；浙江省丽水市景宁畲族自治县的高山蔬菜独树一帜，此自治县的山区学校可以探究高山蔬菜的生长过程，等等。

---

① 中华人民共和国教育部：《义务教育物理课程标准（2022 年版）》，北京师范大学出版社，2022，第 9 页。

第三章

陶行知道德教育思想与山区学校发展

陶行知短暂而光辉的一生，呈现了其高尚的道德，是教育家的楷模。考察教育家的道德教育思想，既要察其言，更要观其行，陶行知做到了言行一致。陶行知德育思想内涵丰富，不同学者从不同层面分析阐释了他的德育思想，有学者从德育目标、德育方式、德育内容及德育原则角度切入研究，也有人重点考察他的德育思想来源，德育思想的主要特征——生活德育，更有学者将陶行知的德育思想上升到德育哲学层面①。本章探讨陶行知道德教育思想与山区学校发展之间的关系，不求对陶行知德育思想进行全面、系统的阐述，而是重点关注陶行知德育思想中的人格教育、诚信教育、公德教育和私德教育这几方面，探讨其对山区学校发展之启示。

第一节　“建筑人格长城”——山区学校人格教育

陶行知认为“道德是做人的根本。根本一坏，纵然有一些学问和本领，也无甚用处。并且，没有道德的人，学问和本领愈大，就能为非作恶愈大。”因此，陶行知提出要“建筑人格长城”，“建筑人格长城的基础，就是道德。②”。陶行知所理解的“人格长城”就是他创造出的“人格防”，也就是“道德防线”。陶行知并没有将“人格”和“道德”进行严格区分，在他的理解中，“人格”的概

① 金维才：《陶行知的德育哲学》，安徽师范大学出版社，2018，第 9—11 页。

② 陶行知：《陶行知全集（第四卷）》，四川教育出版社，2009，第 435 页。

念域近似于“道德”。他认为道德分为“公德”和“私德”两种。公德是集体稳固的基础,私德是公德之本,私德最重要的是廉洁,一切坏心术坏行为,都由不廉洁而起。道德是人格长城的基础,那么陶行知所理解的道德包含哪些内容呢?概括来说,一是求真,二是勤奋,三是慎独。

一、建筑人格长城

陶行知将道德视为建筑人格长城之基础,他所理解的道德具有民族性、时代性和发展性三大特征,就内涵看,既包括公德,也包括私德。他在《每日四问》中论述了公德和私德的重要性,但并未就公德和私德的具体内容进行阐释。通过分析陶行知留下的文字以及他的个人事迹,笔者认为陶行知所言及的道德实际上包括求真、勤奋和慎独三项内容。陶行知多次强调要“求真理,育真才,说真话,做真人”。例如,他曾热情洋溢地写了一首关于《真理》的现代小诗:“你都是对的;你没有不对的。你是船的舵!你是指南针!你是光!我跟着你走!你对我也对;你不对我也不对。你都是对的;我也都是对的。你没有不对的,我也没有不对的。①”对真理给予高度赞扬。关于育真才,陶行知的两件事迹颇让人回味。中华教育改进社的李增祥看到晓庄师范的招生广告后想派遣学生到晓庄师范进修,他担心新生录取名额过少,其选送的学生竞争力不够,难以被晓庄录取,便亲自致信陶行知希望他在新生录取时给予其县所选送的1—2人予以录取关照。陶行知复函,“名额虽定为二十人,但本校以收录真才为标准。果系真才,必定不致以额满见遗②”。另一件事迹,同样事关晓庄师范。1940年底,陶行知儿子陶晓光在成都无线电厂工作,厂方要求学历证明书,陶晓光因没有正规学历,便向熟人要了一张晓庄师范的毕业证明书。陶行知闻讯后,立即要求儿子将毕业证书寄回,并写信对他说:“我们必须坚持‘宁为真白丁,不作假秀才’之主张。倘使这样真实的证明不合用,宁可自己出钱,不拿薪水,帮助国家工作,……总之,

① 陶行知:《陶行知全集(第十一卷)》,四川教育出版社,2009,第149页。
② 陶行知:《陶行知全集(第八卷)》,四川教育出版社,2009,第224页。

‘追求真理做真人’,不可丝毫妥协。……你记得这七个字,终身受用无穷,望你必须努力朝这方面修养,方是真学问。[①]”一为素昧平生者,一为自己至亲,陶行知在求真知问题上坚持原则,毫不动摇,爱真才,求真知,做真人并身体力行的伟大形象跃然纸上。关于教育、教师和学生求真方面,他认为“我们办教育的人,对于儿童、对于青年、对于民众,都应该说真话,不应该说假话”[②]“第一流的教授具有两种要素:一是有真知灼见;二是肯说真话,敢驳假话,不说谎话”“教师的职务是‘千教万教,教人求真’,学生的职务是‘千学万学,学做真人’[③]”。

勤奋是一种优秀的道德品质。陶行知是个勤奋的人,他在55个春秋的生命历程中,数度办学,笔耕不辍,留下了700多万字的《陶行知全集》。翻阅《陶行知全集》较少看到陶行知直接对勤奋进行论述,有关勤奋的描述仅见于他的两首打油诗中。如,1938年11月11日,为纪念世界大战停战,陶行知在重庆撰写了《朴诚勤俭》四首,其中“勤”字诀为“十一月十一,十一月十一;淡淡水儿长长流,自古成功在不息。[④]”另一首则是《穷忙》,“忙得要死,一点也不能偷懒。一个月里,要过十个三十晚。[⑤]”勤奋的另一种表述就是珍惜时间。陶行知对时间极为珍惜,并注重提高单位时间内的工作效率。以他1930年的工作计划为例,在时间分配方面,他计划“六天工作一天玩;在晓庄学校每周工作十二小时;和平学园每周工作十二小时;中华教育改进社每周工作六小时;乡村教育同志会每周工作六小时;五柳村每周工作六小时;农暇妇女工学处每周工作一小时;晓庄剧社每周工作六小时;饮食每周十二小时;行路每周十二小时;睡觉每周五十六小时;自由活动每周三十九小时。”在工作任务举要方面,“一、和全体同志共同实现晓庄学校今年的计划。二、晓庄学校今年的计划中分任的事项:聘任人员;筹款五万元;向《乡村教师》周刊投稿四十八篇;编著剧本十种;寅会演讲五十次;与同志讨论人生问题;

① 虞伟庚:《陶行知教育思想概论》,武汉大学出版社,2012,第130—131页。
② 陶行知:《陶行知全集(第四卷)》,四川教育出版社,2009,第223页。
③ 陶行知:《陶行知全集(第四卷)》,四川教育出版社,2009,第526—528页。
④ 陶行知:《陶行知全集(第十二卷)》,四川教育出版社,2009,第361页。
⑤ 陶行知:《陶行知全集(第七卷)》,四川教育出版社,2009,第396页。

亲复乡村教育同志信七百封;向《晓庄战报》投稿九十六篇;创作儿童歌五十首,并编辑《乡村小学》及《乡村师范教学做指导》各一册;指导'试验村'之进行,并联络各方面之力量,以实现社会改造之计划。三、进行中华教育改进社社务。四、进行乡村教育同志会会务。五、赞助义务教育方案实现。六、赞助成人补习教育方案实现。七、指导五柳村家庭教育。八、个人之译著工作:编《知行诗歌集》;编《知行白话文集》;编《知行演讲集》;著《农人传》一篇;著《大同之路》;译书三十万字。九、种园一分。十、学烧菜四样。十一、学骑马。十二、偕同晓庄剧社巡游中国南北中三路大都市邻近村庄。十三、向传统教育最后之遗孽——训育——进攻。十四、看书一千八百万字。十五、写《锄头歌》一百幅,赠送国内乡村师范或乡村小学每县一幅。十六、还债一千元。十七、研究:研究面包问题;研究恋爱问题;研究如何引导农业文明而渡到工业文明及大同之治;研究'生活即教育''社会即学校''教学做合一'等的理论如何彻底实现。[①]"我们暂且不讨论陶行知这份年度计划的执行效果,仅就此对比一位在高等院校单纯从事教学科研工作教师的年度工作计划,一年之内读书一千八百万字,译书三十万字已属十分不易,还要兼顾剧本创作、期刊投稿、700 封复信以及其他诸多事项,其工作量之大,个人之勤奋不怠,自不待言。抗战期间,陶行知更是不遗余力、以命相搏式地勤奋工作,宣传教育救国。据王文岭编《陶行知年谱长编》记载,1936 年 5 月 17 日这天,早上陶行知应邕宁县政府之请,对全县小学教职员做了《大众教育与小学教师的任务》的演讲;中午对南宁市"小先生"做了《小先生的责任》的演讲;下午为广西妇女救国会和广西学生救国会全体委员、职员演讲《今天需要有统一联合的抗日救国战线》,还出席了广西新文字研究会欢迎大会并演讲;晚上 7 时出席南高师、东南大学、金陵大学、晓庄师范四校在南宁的同学会。陶行知之忙碌,连活动主持人唐观之都看不下去了,他说:"陶先生今天太累了,自早上六时半起,到现在已是第七个演说了! 太累了,要让陶先生休息了。[②]"

① 陶行知:《陶行知全集(第二卷)》,四川教育出版社,2009,第 405—407 页。

② 王文岭:《陶行知年谱长编》,四川教育出版社,2012,第 375—376 页。

君子慎独。道德的最高境界是个体独处时的自我约束。与“勤奋”类似,陶行知也没有对“慎独”作专门阐释,在《陶行知全集》中仅见一副相关对联,“慧眼观人长处,正心慎我独时”[①]。陶行知是“慎独”的楷模。方与严根据回忆整理的陶行知演说词《每日四问》显示,陶行知对育才教师、学生及工友讲了四个重要问题,“第一问,我的身体有没有进步?第二问,我的学问有没有进步?第三问,我的工作有没有进步?第四问,我的道德有没有进步?[②]”笔者认为这既是他对育才师生演说的问题,也是他每日扪心自问、自我反思的四个问题。作为一位在教育系统工作的人员,如果能坚持做到每日身体进步、学问进步、工作进步和道德进步,何愁不会成为一个优秀的教育人。在《每日四问》中谈及私德时,陶行知特别列举杨震的“天知、地知、你知、我知”的“四知”故事,教育育才师生要以优秀人物为榜样,廉洁自爱,慎独为人,加强个人私德建设。

二、山区学校人格教育

《现代汉语词典》将“人格”解释为“①人的性格、气质、能力等特征的总和;②个人的道德品质;③人的能作为权利、义务的主体的资格。[③]”第一种释义是心理学解释,第二种释义是教育学解释,第三种释义是法学解释,本处选取人格的教育学释义,即个人的道德品质。山区学校人格教育的目的旨在提高山区学生的个人道德品质。任何一本教育学教材或者有关道德教育的教材都对如何提高学生道德品质做了一般性论述。杜时忠认为德育要坚持理论与生活相结合原则,以学生的现实生活为基点,联系学生生活,引导学生把思想政治观念和社会道德规范的学习同参与生活实践结合起来,把提高道德思想境界与养成道德行为习惯结合起来,做到心口如一,言行一致;要坚持以疏导为主,注重长善救失,做到严格要求与尊重学生相结合;因

① 陶行知:《陶行知全集(第七卷)》,四川教育出版社,2009,第1018页。

② 陶行知:《陶行知全集(第四卷)》,四川教育出版社,2009,第429页。

③ 中国社会科学语言研究所词典编辑室:《现代汉语词典(2002年增补本)》,商务印书馆,2002,第1062页。

材施教；在集体中教育；注意教育影响的一致性与连贯性等原则，具体方法包括事理说服，榜样示范，实践锻炼，个人修养，文化陶冶、奖惩评价及制度规约等①。现代德育理论是对古今中外德育思想家德育思想的继承与发展，以陶行知德育思想指导山区学校人格教育可以摆脱现代德育教材枯燥的理论说教，从其鲜活的德育实践中感悟山区学校人格教育的真谛。具体来说，可以从以下几个方面着力。

第一是深刻理解陶行知关于道德的思考，提高山区学校对人格教育的认识。陶行知就道德问题曾多次著文论述，如他在《道德问题》一文中对道德内涵进行了深刻论述。关于什么是道德？他认为，“道德是人在社会上最适当的行为，所以适当的是道德，不适当的不是道德”②。他认为道德有新旧变化之分，国内国外之别，道德与不道德之间可以相互转化，“从古到今，社会不断地变化，道德也不断地迁移，没有一时，没有一地，道德性质不在那里变更。今日称为最适宜的行为，明日也未必适宜；昨日称为最适宜的，今日又未必适宜”“宋、元、明、清有宋、元、明、清的道德，代表宋、元、明、清社会最适宜的行为；欧美有欧美的道德，代表欧美社会最适宜的行为”“人的本质，原有为人为己两种趋向。但是为己的行为，未必全是不道德行为；反之，为人的行为，也未必全是道德行为。因为社会、个人，是相辅相成，不是各自生存的。所以为己之极，反是为人；为人之极，亦可为己③”。陶行知对道德问题的深刻论述，对山区学校提高道德认识即提升山区学校人格教育具有重要的启示价值。从近百年来国家对道德教育要求的发展变化来看，民国时期国民政府曾实施“党化教育”，国民党党义成为道德教育的主要内容，训育被作为人格教育的基本方式；新中国成立后，确立了马克思主义在意识形态领域的指导地位，毛泽东思想、邓小平理论、“三个代表”重要思想、科学发展观和习近平新时代中国特色社会主义思想依次成为不同时期学校人格教育的重要内容。改革开放四十余年来，西方道德教育理论及方法也被充分吸纳与借鉴引用。道德有古今中外之别，山区学校开展人格教育要做到“兼收

① 王道俊、郭文安：《教育学》，人民教育出版社，2014，第 306—334 页。
② 陶行知：《陶行知全集（第十一卷）》，四川教育出版社，2009，第 251 页。
③ 陶行知：《陶行知全集（第十一卷）》，四川教育出版社，2009，第 251—252 页。

并蓄，以中为主；与时俱进，以今为主”。山区教师要正确看待学生的“自私”行为，辩证看待各种“为己”与“为人”现象。

第二是山区学校要学习继承陶行知“求真、勤奋、慎独”的优良品质，以之作为山区师生人格养习的重要内容。“求真、勤奋、慎独”是陶行知个人道德品质的重要方面。“求真”，既要求得学问之真，也要做一个真人。对于山区学校师生来说，首先要做到不说假话，不做欺瞒之事。校长要做到办事公开透明，不以权谋私；教师要传授学生“真知识”，学生要做到不说谎话，平时不抄作业，考试不作弊，真正潜心向学，“下得苦功夫，求得真学问”。“勤奋”是山区人尤为重要的道德品质，勤奋不等于蛮干，而是苦干加巧干。山区资源相对匮乏，发展滞后，与其他地区相比，拥有更多的是不利的发展条件，在无法改变自然环境条件的情况下，山区人只有自力更生，自我崛起，更努力、更勤奋、更拼命实干才可能创造更多价值，助推山区又好又快发展。山区学校也是一样，勤奋意味着抓紧时间，意味着提高单位时间内的工作效率、学习效率。山区教师在教学过程中要抱持“分秒必争”的惜时态度，竭尽所能，采取更优化、更有效率、更有效果的工作方式方法，提高教育教学实绩。山区学生在学习过程中要抱持“人一之，我十之；人十之，我百之”的学习训练劲头，不折不挠，百炼成钢，如饥似渴，不知疲倦地吮吸知识甘露。“慎独”是个体走向成熟的重要标志。简单地说就是个体在没有外部约束的情况下，仍然能一如既往地坚持原则，无人若有人，无监督若有监督，自觉做到如陶行知所说的“富贵不能淫，贫贱不能移，威武不能屈，美人不能动”。山区人一向以朴实著称，经过40多年的改革开放，商品经济大潮已经渗透到世界的每个角落，山区人的价值观念也发生了一些微妙变化。山区学校要做山区道德发展的高地，教育共同体成员要率先做到“君子慎独”。慎独不是喊口号，而是要体现在具体行动上，于细微处见真章。如发现学校教室灯未关，水龙头未拧紧，暴风雨来袭前门窗未关好，师生要主动起而行之；地上有纸屑等垃圾未入篓时师生要主动作为；山区村民需要帮助时学校师生能挺身而出。师生的这些举动并非刻意寻求关注，而是化为了日常的习惯。

第三是抓住学生道德发展关键期，学习陶行知德育方法，提高山区学校人格教育的工作实效。陶行知认为“六岁以前是人格陶冶最重要的时期”[①]，也是学生个人道德品质形成的最重要时期，因此要重视山区学前教育，抓住山区学生道德发展关键期，及时予以施教。陶行知善用多种德育方法来提高学生人格教育实效。比如倡导“知情意”合一、涵养学生人格的方法，他在《育才学校教育纲要草案》中对“知情意”合一的人格涵养方法展开了精辟论述。他认为，“知的教育不是灌输儿童死的知识，而是同时引起儿童的社会兴趣与行动的意志。感情教育不是培养儿童脆弱的感情，而是调节并启发儿童应有的感情，主要的是追求真理的感情。……意志教育不是发扬个人盲目的意志，而是培养适合于社会及历史发展的意志。合理的意志之培养和正确的知识教育不能分开，坚强的意志之获得和一定情况下的情绪激发与冷淡无从割裂。现在我们要求在统一的教育中培养儿童的知情意，启发其自觉，使其人格获得完备的发展。[②]”涵养学生人格需要将“知情意”合一，也只有“知情意”合一才可能达到最好的人格教育效果。众所周知，《四块糖果》的故事是陶行知倡导“知情意”合一、涵养学生人格的经典做法，山区学校在现实德育工作中完全可以借鉴、化用。比如用集体生活涵养学生人格，陶行知认为，“集体生活是儿童之自我向社会化道路发展的重要推动力，可以培养一个人的集体精神。……育才学校的集体生活虽然在性质上分为劳动生活、健康生活、政治生活和文化生活，但在生活之集体性这一点上，决定了我们的劳动生活、文化生活往往同时就是政治生活。质言之，劳动生活、健康生活、文化生活之解释、动员、组织的过程都是政治生活，也都是政治教育。因此育才学校的集体生活，在其总的意义上来说便是一种政治生活。也就是说育才学校的政治教育笼罩着整个集体生活。[③]”陶行知主张，过什么样的生活便受什么样的教育，在集体中过集体的生活便是受集体的教育，在集体中接受政治熏陶就是利用集体教育的方法接受集体的人格教育。

---

① 陶行知:《陶行知全集(第一卷)》,四川教育出版社,2009,第 70 页。
② 陶行知:《陶行知全集(第四卷)》,四川教育出版社,2009,第 382—383 页。
③ 陶行知:《陶行知全集(第四卷)》,四川教育出版社,2009,第 383—384 页。

第二节 “要诚实无欺”——山区学校诚信教育

陶行知认为诚实是品德的基础,是做人的根本。他写信给晓庄师范不听调度的校工,希望他“永久保持‘诚实’这个宝贝,终身做个诚实人”[①]。诚实就是不作伪,不当“伪君子”,这与陶行知倡导的“说真话,求真知,做真人”的“求真”精神内核完全一致。在《育才十二要》中,他将“要诚实无欺”作为第一“要”,放在首位,可见其对诚实之重视。诚实的对立面是作伪,陶行知对“伪君子”深恶痛绝,在金陵大学求学期间,曾作长文予以分析、批判。他以“天下非真小人之为患,伪君子之为患耳”立论,进而指出“真小人之为患,深之不过数世,浅则殃及其身而已;伪君子则直酿成伪家声、伪国风、伪世俗,灾及万世而不可穷”“伪君子惟今世为最盛。吾国之贫,贫于此也;吾国之弱,弱于此也;吾国多外患,患于此也;吾国多内乱,乱于此也。[②]”陶行知认为作伪是殃身、败家、误国的根源。每个人都有可能作伪,因此,他提出要“行出一真是一真,谢绝一伪是一伪。”

那么,哪些行为是作伪的行为呢?陶行知认为作伪的情形十分庞杂,对此他进行了详尽的归类整理。他说作伪就是“遇一名正言顺之词说,必群相假之以饰人之耳目,防人之攻击,而逞其心思之所欲”。具体来说,陶行知认为“伪君子”们喜欢将争权说成追求平等,将逞志说成崇尚自由,将任性说成率性,将矫揉造作说成尽人伦,将多管闲事说成热心肠,有所企图的时候说是力行不怠,没什么见识却喜欢装成超然物外,为了利禄不敢表达个人意见却装作老成持重,将躲闲避事说成收敛定静,将柔媚谐俗说成谦和逊顺,意气用事的时候说是独立不惧,漫然苟出的时候就说如苍生何,逐物意移就说随事省察,心志不定就说讼悔迁改,苟贱无耻就饰以忍耐。将随俗袭非说成中庸,将不悖时情说成忠厚,将不分黑白粉饰为混融,在明处说孔颜无上乐,

① 陶行知:《陶行知全集(第八卷)》,四川教育出版社,2009,第153页。

② 王文岭:《陶行知年谱长编》,四川教育出版社,2012,第9页。

背地里却做些偷鸡摸狗之事，口头上说可以像圣人一样不惧生死，实际上是贪生怕死；将不守戒律说成不喜欢好名声，将自己冥顽不灵说成不为所动。将放心不求说成恬淡无为，将枉寻直尺说成舍身济世。对自己有利的事情就将其变为公事，并说成万物一体；对自己有害的事情，就想着远怨避嫌，明哲保身。表面上看起来端庄，实际上忿戾；表面上看起来密察，实际上琐细；表面上看起来很正气，实际上很矫作。表面上看来像圣人孔子，内心深处却像阳货叛逆；表面上看起来像虞舜，实际上有勇无谋的行为却像项羽。将睚眦必报说成奋勇，将鸡鸣狗盗说成巧用智谋，将两毛不擒说成宅心仁厚，将狡兔三窟说成未雨绸缪。众矣哉！伪君子之类。杂矣哉！① 陶行知对当时社会上的“伪君子”行为进行了系统梳理、揭露，他认为做人“宁做真小人，不做伪君子”，“伪君子”的行为实在太多太杂了，难以一一穷尽，其根源是人性的趋利求名心理。

一、学生要诚实无欺

诚实无欺是陶行知对育才学生的首要要求，简单来说就是做人要诚实，不欺骗，不欺瞒；不弄虚，不作假。这与陶行知早年所信奉的不做“伪君子”、考试不作弊的道理是相通的。陶行知认为作假、虚伪、考试作弊，从小处来说会殃身、会败家，往大处说会误国、贫国、弱国，增加国家之内乱。因此他建议所有人，“行出一真是一真，谢绝一伪是一伪”。他认为儿童人格成长的关键期是在 6 岁以前，因此要在儿童求学期间，对儿童提出诚实无欺的道德教育要求，使儿童从小养成诚信立身的信念，杜绝学校里的不诚信行为，学校也绝对不能成为培养“伪君子”的地方。

对于学生来说，学习不努力，考试靠作弊是最大的不诚信。陶行知主张有正义感的学生要勇于站出来规劝作弊的学生放弃作弊念头，对劝而不听的要与之断交，对断交不改的，则要“鸣鼓而攻之”。陶行知在金陵大学求学期间对身边同学考试不诚实的行为专门写文章予以批驳，指出其危害。他

① 陶行知:《陶行知全集(第一卷)》，四川教育出版社，2009，第 161 页。

认为考试“夹带”“剽窃”“耳语”“替考”等都是考试的不诚信行为。考试作弊危害有五端，一是欺亲师，二是自欺，三是违校规，四是辱国体，五是害子孙。中国传统文化重道德修养，重尊师孝亲，考试作弊是以自己的不真实学习情况取悦亲人和师友，因此它是欺瞒亲人和师友的行为，也是败德的行为。长此以往，“不得志则害身家，得志则害天下”。陶行知认为考试作弊可以暂时欺骗父母、欺骗老师，但是欺骗不了同学，因为同学之间相互熟悉，彼此了解，假使以欺骗手段获得了较好成绩，或者获得了奖励和荣誉，在同学朋友看来，这样的荣誉不是真正的荣誉，而是耻辱。自古至今，以考试作弊等不正当方式获取好的考试成绩的行为都是被明令禁止的。学生明知学校规章制度禁止考试作弊，依然以身试法，藐视学校规定，这样的人走出社会后将何以立身。因此，陶行知连发三问，“己不自正，将来何以正人？己不自治，将来何以治人？己不服从命令，将来何以使人服从命令？”考试作弊看似小事，实则有失大体，甚至可以上升到有辱国体的高度。他说：“在专门大学中，教员有外人，学生有外人。吾华生之一举一止，莫不为彼邦人士所注意。倘不慎而所安、所由、所以，皆未能出于诚，则彼外人行将一斑而概全豹，谩谓吾‘中华之大病在于不诚’。则诸君有何面目对于此大好山川乎？[①]”除此之外，行欺的习惯养成后，将可能深入骨髓，变成遗传本能，不知不觉影响到自己的子女，代代相传，持续贻害家族后世子孙。

不诚信就是不道德，不诚信则无德。道德是做人的根本。陶行知曾说，“欲载岳岳千仞之气概，必先具谡谡松风之德操；欲运落落雪鹤之精神，必先养皑皑冰雪之心志”“德也者，所以使吾人身体撄于中道，智识不致偏倚者也。身体撄于正道，而后乃能行其学识，以造人我之幸福；学识不致偏倚，而后乃能指挥身体，以负天降之大任。[②]”项羽有勇无德面临垓下之围，拿破仑智勇兼备而无德，招致拘囚之恨，世界上没有无德而能善终的人。陶行知认为“今日不能止同学之欺行，安望他日除国家之稗政，革社会之恶俗乎？[③]”因此，学校所做诚信教育不可谓不重要。

---

① 陶行知：《陶行知全集（第一卷）》，四川教育出版社，2009，第 157 页。
② 陶行知：《陶行知全集（第一卷）》，四川教育出版社，2009，第 157—158 页。
③ 陶行知：《陶行知全集（第一卷）》，四川教育出版社，2009，第 159 页。

二、山区学校应加强诚信教育

诚信是做人的根本，儿童青少年求学期间是实施诚信教育的关键时期，学校是诚信教育的重要场所。山区学校要高度重视学生诚信教育，将诚信教育作为学生学习的重要内容，纳入学校课程教学计划中，落实在日常教育教学管理中，渗透到各种具体学生活动安排中，体现在学生行为改变上。山区学校加强诚信教育，可从以下几个方面展开。

首先，将诚信教育内容推进到山区各层级学校，融入山区学校各学科课程教学，发挥课堂教学主阵地作用。诚信是社会主义核心价值观的重要组成部分，是社会价值在个人层面的具体体现，山区各级各类学校都要将诚信教育融入课程教学中。山区幼儿园要将诚信作为幼儿园活动主题之一，通过师生互动、绘本故事、亲子活动等多种组织形式在幼儿心中埋下诚信做人的种子，教师首先要引导幼儿不说谎话；山区中小学道德与法治课要承担起诚信教育的主课责任，语文、历史等其他学科要将诚信教育内容融入课程教学，比如在语文课中开展“诚信”主题征文比赛，在历史课上讲解一些中外历史上有名的诚信故事等。

其次，以诚信校园建设为载体，在校内建筑物装饰、管理制度文件修订和文化价值引领方面深度融入诚信元素，营造山区学校良好的诚信文化氛围。文化是润物细无声的教育。山区学校要积极开展诚信校园建设。在近几年创建文明城市以及建设美丽乡村的过程中，社会主义核心价值观已经基本深入人心。一般来说，山区各学校都已经做到了“富强、民主、文明、和谐；自由、平等、公正、法治；爱国、敬业、诚信、友善”24 个大字进校园、进教室、进课堂，几乎所有山区学校的校园内都能见到“诚信”二字。诚信是道德范畴，需要在潜移默化中形成，山区学校要营造良好的诚信文化氛围，以文润心。或可在制订各类管理文件、开展各种活动时，共同践行诚信价值准则，宣扬诚信，引导学生“诚实做事，诚信做人”。诚信教育，更多时候需要榜样示范，需要环境熏陶，因此学校领导在治校过程中要做诚信之表率。领导有把握能做到的事情，一诺千金，说到做到；不能做到，或者暂时还不具备完成条件的事情千万不能乱许诺言,即使原来有把握做成的事情在中途出现了意外,也要及时与师生做解释,教师同样如此。山区学生具有明显的向师性,学生往往以教师为榜样,教师的为人处世风格多多少少会在学生身上有所体现。如果教师是个诚实守信之人,学生大概率也会是诚实守信之人;教师如果"满嘴跑火车",学生也必然多说谎言、大话、空话。因此,教师在日常教育管理工作过程中,要极为注意个人言行,不做有违诚信之事,不说无事实根据的话。从山区中小学教师工作实际来看,他们通常工作任务较重,有时对学生学习有要求、有承诺,但因为其他临时的工作安排,或者遗忘了,或者与其他事情冲突了,教师并不能及时兑现承诺,此时教师一定要与学生做好充分沟通。

最后,澄清对诚信价值的模糊认识,加强诚信实践锻炼,在事上磨炼学生,培养山区诚信好少年。陶行知说:"小孩子不知道什么叫诚实,……除非一开始他就有了经验。如果我们想知道如何在社会上表现良好的话,我们就必须参与到社会当中去,去寻找道德的意义,去获取判断力,以便在一个全新的环境下通过已有的经验知道应当怎么做。[①]"诚信不是口头上的道德宣教,而是要体现在师生的价值判断中,体现在具体做事上,对学生施以诚信教育就是要在事上磨炼学生,使学生在"近社会"的环境中获得什么是诚信的价值判断力。说谎是最大的不诚信,因此要建设"无谎言"校园。山区教师可以通过校园辩论赛、主题班会、主题阅读等形式多样的校园文化活动,引导学生深刻认识谎言的本质,加深对谎言危害的认识,使学生能够分辨谎言与非谎言之间的区别,争取做到不说谎话。抄作业、考试作弊是最典型的校园不诚信行为。陶行知对考试作弊进行过深刻论述,认为它小则害身,大则误国;少时作弊,长大违法、受贿。加强山区学校诚信教育的有效举措之一就是治理学生"抄作业、考试作弊"等日常的不诚信行为。教师既要对学生讲清楚"抄作业、考试作弊"的危害,也要分析学生这么做的原因,对症下药。教师要求学生要像陶行知要求儿子一样"宁为真白丁,不做假秀才",学生也要"宁可因不会而不及格,也不能通过作弊获得高分",前者仅是

---

① 陈波:《陶行知教育文选》,浙江大学出版社,2014,第21页。

学习不好问题，属于业务问题，与个人品性无关，后者则是更严重的道德问题。山区教师在具体教学过程中，一方面要善于分析、洞察学生考试作弊常见的形式、动机，树立从源头上治理的意识，让学生不会作弊、不敢作弊、不想作弊；另一方面，山区教师也要发挥优秀学生的正面引导作用，依靠群众力量，形成“考试作弊，人人喊打”作弊耻感的文化氛围，让考试作弊在山区校园无容身之所。

做好诚信教育除了要求学生在校园内基本做到不说谎话、不抄作业、不考试作弊等外，还要求学生走出校园应言行一致，诚实为人。做好诚信教育要鼓励学生多了解社会上诚实守信先进个人的事迹，鼓励学生多向优秀模范学习，创造条件引导学生在一次次触及灵魂的诚信考验事件中塑造自己的价值判断，最终培养山区学生成为一个诚实守信之人。

第三节　“要勇于为公”——山区学生公德意识培养

“大道之行，天下为公”，陶行知非常重视公德意识培养。他在《每日四问》中将道德分为“公德”和“私德”，他认为“一个集体能不能稳固，是否可以兴盛起来，就要看每一个集体的组成分子能不能顾到公德、卫护公德，来衡量它。如果一个集体的组成分子，人人以公德为前提，注意着每一个行动，则这一个集体，必然是日益稳固、日益兴盛起来。否则，多数人只顾个人私利、不顾集体利益，则这个集体的基础必然动摇，并且一定要衰败下去！[①]”陶行知没有对当时的社会公德进行系统整理，但就道德本质来说，他认为不同时代有不同时代的道德，中国有中国的道德，外国有外国的道德。公德作为陶行知道德内涵的重要内容之一，也应有时代之别、国家之异、群体之分。

所谓公德就是公共道德。它是一个国家、一个民族或者一个群体在历史长河中、在社会生产生活实践中积淀下来的道德准则、文化观念和思想传统，是需要社会群体共同遵守的行为规范。在笔者看来，陶行知所言及的集

---

① 陶行知：《陶行知全集（第四卷）》，四川教育出版社，2009，第 435 页。

体是一个抽象概念,一个学校可以是一个集体,一个特殊领域的人群可以是一个集体,一个民族可以是一个集体,一个国家也可以是一个集体。他所指的公德既指社会公德,也可以指某个小集体的共同行为准则。以学校公德来说,育才学校的公德包括“谦和有礼,自觉纪律,自助助人,勇于为公”等。陶行知是一个伟大的爱国主义者,视野开阔,格局宏大,他在各种场合以不同方式论述了不同社会群体应该遵守的社会公德。概括来说,包括以下几个群体,一是政治人物,陶行知在1927年晓庄师范的晨会上做了《政治家与政客》的演讲,他认为政治人物要做政治家,不要做政客,政治家是有德的,他们的“公德”体现为“存心只是一个诚字,动机是为公众谋幸福,进退以是非为依据,目光注射在久远,为目的而择手段,‘富贵不能淫,贫贱不能移,威武不能屈’,以‘正’为家,一心只求天下之治平。[①]”二是医生,1914年陶行知在《金陵光》上发表《医德》一文,论述了医生应该拥有的道德,即医生职业群体的公德,“一曰操术精,二曰宅心仁,三曰持行廉[②]”。三是教师,陶行知对教师的公德论述最为宏富,最为经典,也最为复杂。他说教师要“深信教育是国家万年根本大计”,教师要有“改造社会的精神”,教师要“为一大事来,做一大事去”,教师要“深信生活是教育的中心”,教师要“用最少的经费办理最好的教育”,教师要“千教万教,教人求真”,教师要“与学生同生活、共甘苦”,教师要“以教人者教己”,教师要“以身作则”,教师要“学而不厌,诲人不倦”,教师要“因材施教”,教师要“爱满天下”,教师要“捧着一颗心来,不带半根草去”……

一、要勇于为公

“要勇于为公”是《育才十二要》之一“要”,“为公”的具象化表述即为国家、为民族、为公众。陶行知自小接受儒家、墨家等中国传统文化的熏陶,家国情怀深厚,早在大学求学期间就曾休学回乡参加革命,致力于民族国家兴

---

① 陶行知:《陶行知全集(第二卷)》,四川教育出版社,2009,第302页。
② 陶行知:《陶行知全集(第一卷)》,四川教育出版社,2009,第174页。

旺发达。返校后，他在《金陵光》上发表文章，对国家未来三年提出四点期许："一是希望文官不贪财，不因循，不争门户，勠力以襄国事；二是希望武臣严纪律，重人道，不矜功，不嚣张，为义战，不为暴戾；三是希望内乱永平，寇贼绝迹，使农工商贾，各安其业，共乐太平。而学子不为残贼影响所耽误，俾得从容新其体健，新其学问，新其道德，早日蔚为国家栋梁材；四是希望人人洗心革面，一刷污俗。种种恶念、恶言、恶行，譬如昨日死；种种善念、善言、善行，譬如今日生。与日俱新，与月俱新，更与年俱新。俾民国精神形式，同从兹更始，永永留存，渐渐发育，直至万万载。[①]"此时的陶行知尚为一个青年大学生，就有此等觉悟，发出此等畅想，提出此等希望，实属难能可贵。他大学本科期间关心国家大事、为公出谋划策的最高理论水平著作体现在他的本科毕业论文《共和精义》之中，他认为民国应建立共和制国家，"共和譬之金，国家譬之金矿"。共和的三大信条是自由、平等与民胞（博爱），共和主义重视个人价值，可以唤醒个人责任，给予个人平等机会等，该文得到时任江苏省教育司司长黄炎培的高度肯定。刚刚毕业的青年大学生尚且敢于如此为公立言，我辈知识人更应切实担负起为民族复兴立言之大任。

赴美留学后，陶行知的志业取向发生了变化，他说："余今生之唯一目的在于经由教育而非军事革命创造一个民主国家……余矢志以教育管理为终身事业。"[②]虽然陶行知多次变换工作岗位，身份性质不断转换，但他始终没有脱离教育行业。从美国留学归来后，他依次担任大学教授、全国性教育社团负责人、中学校长、小学校长等。他认为教育是共和（为公）的二要素之一："然教育苟良，则人民生计必能渐臻满意。可见教育实建设共和最要之手续，舍教育则共和之险不可避，共和之国不可建，即建亦必终归于劣败。[③]"教育与国家发展的关系十分密切，在他三十年的教育生涯中，推广平民教育，开展普及教育，发起国难教育，力行民主教育，致力"科学下嫁"等等教育活动，无不是"一颗公心为国家"，随时准备为中国的民主教育事业而殉身。随着年岁的增长，他对教育的理解更深刻，对民族国家的热爱更深沉，对个

① 陶行知：《陶行知全集（第一卷）》，四川教育出版社，2009，第 168 页。
② 陶行知：《陶行知全集（第六卷）》，四川教育出版社，2009，第 456 页。
③ 陶行知：《陶行知全集（第一卷）》，四川教育出版社，2009，第 189 页。

人安危荣辱更加不在乎。在爱国"为公"这件事上,他认为,即使是小学教师也与民主共和建设关系密切,他说,"如果我们要为民主奋斗,我们得加强自己、改变自己、武装自己,而且要为教育招兵,为民主募马""教师需要再教育,再受民主教育",学习的内容包括"天下为公。文化为公,不存心包办,或征为私有[①]"。他认为一个为公的小学教师应该"民之所好好之,民之所恶恶之;教人民进步,拜人民为师,为人民服务"。

二、山区学生公德意识培养

社会公德就是公共生活中的道德规范,是指人们在社会交往和公共生活中应该遵守的行为准则,是维护公共利益、公共秩序、社会和谐稳定起码的道德要求,涵盖了人与人、人与社会、人与自然之间的关系。当前我国社会公德的主要内容为文明礼貌、助人为乐、爱护公物、保护环境和遵纪守法[②]。社会公德是对每个社会成员参与社会公共生活的基本道德要求、基本道德范型。山区学生作为社会成员之一,是正在接受教育的人,应率先养成良好的社会公德意识。随着信息技术的发展,当代社会生活除包括人与人直接相处的现实社会生活外,也包括通过网络联结的虚拟社会生活。因此山区学生既要遵守现实生活中的社会公德,也要遵守网络生活中的社会公德。培养山区学生公德意识,可以从以下几个方面努力。

首先要求每个山区学生牢记社会公德的主要内容,反复涵咏,做到内记于心,外显于行。文明礼貌、助人为乐是人与人之间的基本准则,爱护公物、遵纪守法是人与社会关系的基本要求,保护环境是人与自然和谐相处的共生之道。杜威主张"学校即社会""在做中学",意思是说要将学校看作一个小型的社会,引导学生在实践中学习。在山区校园里,学生每时每刻都要与教师、同学相处,培养山区学生社会公德意识就是要引导学生在师生相处、生生相处时,自觉文明礼貌待人,自觉帮助有需要帮助的同学,使其养成文

---

① 陶行知:《陶行知全集(第四卷)》,四川教育出版社,2009,第524—525页。

② 本书编写组:《思想道德修养与法律基础》,高等教育出版社,2018,第112页。

明礼貌、乐于助人的良好习惯。在爱护公物方面，陶行知曾明确表示“公物不得浪费”，在致信方与严时提到“氯化钾与硫磺为公家之物，常闻学生用以放炮作戏，且有相当危险，望嘱戏剧组统制使用，毋得浪费”。今日之山区学生要爱惜校园内各种公共设施，公用器具、器材；不在校园建筑物上涂涂抹抹；不在图书馆的图书上写写画画；使用公共工具时，要小心使用，不要损坏，用毕及时归还；学生要爱惜校园环境，不乱扔乱倒，不乱采折校园内绿化植物；学生要做遵守校纪班规的模范，不打架、不骂人、不顶撞教师，不抄作业，考试不作弊等。

其次，创新山区学生社会公德的培养方式，引导学生走出校园，积极参与社会实践，志愿服务，在社会实践中增强学生社会公德意识。山区学校要主动搭建各种服务平台，通过形式多样的活动载体，鼓励学生走出校园，走出教室，参与社会实践活动。例如，每个班级可要求每位学生在家不得对父母吼叫、不发脾气，好好与父母讲话、沟通等；在每年的学雷锋日要求每位学生做一件好事，并在班级里交流、研讨；要求每位学生利用节假日，定期到学校或家附近的公园、公交站牌处清洁公共座椅；在每年的世界环境日前后，要求每位学生开展一项与环保有关的活动；遵纪守法从遵守交通规则始，每位学生要自觉遵守交通规则，每两周抽一小时到斑马线附近提醒行人遵守交通规则。开展几项公德培育活动相对较易，在每项活动中体现个人公德素养相对较难，社会公德意识的培养诚如佛家所言，需要个体“时时勤拂拭，勿使惹尘埃”。

再次，利用网络工具，引导山区学生在遵守网络公德规范的条件下，经常在网络上“晒一晒”有违社会公德的不文明行为，凝聚成人人遵守社会公德的良好社会氛围。“缺德的事最怕曝光”，网络曝光是媒体监督的方式之一。在信息时代，山区学生基本也都拥有智能手机，能够熟练使用互联网。山区学生可以使用自己的智能手机拍下在公共场所乱涂乱画、损害公物、环境污染等违背社会公德的不良行为。但是要注意保护他人隐私，千万不能因曝光违背社会公德的行为而侵犯他人隐私权、泄露他人信息。

最后，加强学生的道德反思训练，引导其在慎独上下功夫，通过反思来提高山区学生社会公德意识。社会公德是社会对全体成员的外在规约。道德反思是个体将外在的道德规约内化为个体认识、个体经验和个体行为的重要过程。社会公德水平的提高是一个“从知到行”“先知后行”“知行合一”的发展过程，“文明礼貌、助人为乐、爱护公物、保护环境、遵纪守法”二十个字，学生在短短几秒内就能记在脑海，但学生需真正理解，真正消化吸收，真正由短时记忆变成长时记忆，由机械学习变为有意义学习，并最终转变为有成效的学习结果。按照陶行知的教育观点，需要学生结合自身已有的经验，将过往经历与公德要求一一对照，时时反思，通过反思来明辨是非，战胜心中“我行我素、事不关己、熟视无睹、随手一扔和不讲规则”的心理，在行为上慎独，将遵守社会公德内化为一种良好的行为习惯，方是学有所成。

第四节 “要自觉纪律”——山区学生自治能力培养

纪律是政党、机关、部队、团队、企业等为了维护集体利益并保证工作的正常进行而制定的要求每个成员遵守的规章、条文[①]。陶行知是一个非常严于律己，做事有章法的人，他善于制定规章纪律，依章办事，每做一件事总会起草相关简章、纲要、规程、公约以及纪律要求等，并且带头执行。如他在中华教育改进社工作期间，起草实施了《中华教育改进社简章》《中华教育改进社试验乡村师范学校组织大纲》《中华教育改进社乡村教育同志会简章》《中华教育改进社试验乡村师范学校董事会章程》《中华教育改进社特约乡村学校办法》《中华教育改进社试验乡村师范及中心学校会计规程》等10余项规章办法；在晓庄师范工作期间，他起草了《晓庄科学社简章》《晓庄科学社宣言》《晓庄联村自卫团组织大纲》《晓庄学校长期参观规程》等各类规章制度；陶行知在育才学校制定的规章制度更为体系化，数量也更多，包括《育才学校公约草案》《育才学校教育纲要草案》《育才学校之礼节与公约》《育才学校创造奖金办法》《育才学校十二要》《育才卫生教育二十九事》等；在工学团工

① 中国社会科学语言研究所词典编辑室：《现代汉语词典（2002年增补本）》，商务印书馆，2002，第598页。

作期间，他制定了《私立山海实验乡村学校校董会章程》《山海儿童社会组织大纲》等。陶行知不仅认真制定各种规章制度，而且带头严格执行各项规章制度。他认为“教师要学生守的规矩，教师必须自己先做到”。晓庄师范曾经有一条校规是师生不能喝酒、不能抽烟、不能赌博。有一次陶行知到一位农民朋友家去例行晓庄师范的“会朋友”制度，热情的农民拿出一瓶酒，邀请陶行知一起喝酒，陶行知向其讲述了晓庄师生不能喝酒的校规。这位农民朋友说：“若想化农民，必须要先农民化，否则饭碗也要被打破。”陶行知迫不得已喝了酒，回到晓庄师范后，他没有回宿舍，而是直接去面壁室反省。[①] 陶行知认为在学校里，无论是校长、教师，还是普通学生，都要共同遵守学校纪律，“有自觉的纪律，自治治事更可严谨”。

一、要自觉纪律

陶行知的自觉纪律观念是一以贯之的，无论是在晓庄办学时期，还是在育才办学期间，他都格外强调自觉纪律的重要性。任何人违反纪律都是要受到惩罚的，也包括自己。笔者认为，陶行知自觉纪律思想的重点不在“纪律”，而在“自觉”。纪律是大家共同制定、共同认可，一起执行的行为规范，最后以文本方式呈现出来。如果纪律不执行则是一纸空文。纪律效用发挥的关键靠个人自觉。所以陶行知非常重视学生自觉意识的培养，他多次对学生的自觉行为予以肯定。例如，1932 年 9 月 4 日晓庄小学学生胡同炳自觉在南京佘儿岗创办自动学校，陶行知寄诗祝贺：“有个学校真奇怪，小孩自动教小孩。七十二行皆先生，先生不在学如在。[②]”1942 年 2 月 13 日，陶行知致信马侣贤时提到，“‘先生不在学如在’乃是真正的学习”[③]，再次对学生的自觉自动行为予以肯定。1946 年 4 月 14 日，陶行知在给施剑翘复信时复次引用该诗，由此可说明陶行知对“先生不在学如在”的自觉行为极为重视。无论是个人学习还是遵规守纪，都要个体自觉。那么，陶行知认为应该如何

① 吕德雄：《陶行知师德理论及其当代价值》，人民出版社，2010，第 108—110 页。
② 陶行知：《陶行知全集（第七卷）》，四川教育出版社，2009，第 108 页。
③ 陶行知：《陶行知全集（第九卷）》，四川教育出版社，2009，第 133 页。

提高学生的自觉意识呢?

陶行知认为自觉的关键在“自”,即个体要有主体意识。学生自觉意识的养成要在自治中训练。他认为“智育注重自学,体育注重自强,德育注重自治”“学生自治这个问题是自动主义贯彻德育的结果[①]”。学生自治就是学生团结起来,自己制定规则管理自己。“学生自治,不是自由行动,乃是共同治理;不是打消规则,乃是大家立法守法;不是放任,不是和学校宣布独立,乃是练习自治的道理。”“今日的学生,就是将来的公民;将来所需要的公民,即今日所应当养成的学生。……养成共和的人民,必须用自治的方法。”他认为当时学校的修身伦理课,即道德教育课程很少有实行的机会,就像学游泳不下水一样。“学生嘴里讲的道德,耳朵听的道德,所行所为却不合乎道德的标准,在无形无影中将道德与行为进行割裂,分而为二。除去这种弊端最好的办学就是给学生制造操练的机会,即让学生自治。[②]”如果学校规则仅仅是个别教职员所制定的,教职员毕竟也是人,考虑问题不可能十分精细周到,所制定的规则有可能“适合学生的,或者遗漏;不适合学生的可能包含进去;等到颁布之后,学生不能遵守,教职员又不得不执行,却是左右为难。”如果这样,那么学生陷于违法违规,规则失去了效力,教职员失去了信用。与其这样,还不如划出一部分事体让学生自己治理,让学生共同订立规则,执行规则。

学生参与共同治理,通过自治积累解决问题的经验,对于身边的违规行为更能勇于指出,减轻相关教职员的工作压力。当然,学生自治不是无边界的,而是有边界的,即学生自治的事项仅限于授权学生应该负责的具体事项。任何人不能以学生自治为由,将学生自治当作争权利器,将学生自治与学校正常管理对立。学生自治不是个别学生的自治,而是群体学生的共治,是在指导教师指导下的自治。因此,学生要利用一切机会,在学校争取更多自治的锻炼机会,将自治当作砥砺品行的实践途径,以之提高个人德行。陶行知认为,学生“在学校的时候,有同学的切磋,有教师的辅助,纵因一时不

① 陶行知:《陶行知全集(第一卷)》,四川教育出版社,2009,第 23 页。
② 陶行知:《陶行知全集(第一卷)》,四川教育出版社,2009,第 24—25 页。

慎，小有失败，究竟容易改良纠正。若在学校里不注意练习，将来到了社会中，切磋无人，辅导无人，有了错处，只管向那错路上走，小而害己，大而害国[①]”。综上，陶行知认为学校师生要自觉纪律，要严于律己，自觉纪律既包括自觉遵守别人制定的纪律规章，也包括自己制定的管理规定。养成自觉纪律习惯，提高相关能力可以通过学生时代的自治训练来磨砺自己，自觉纪律关键靠个人自觉。

二、山区学生自治能力培养

自治能力是山区学生重要的能力之一，在国家治理体系现代化的背景下，山区学校要通过有效手段，施以适切的教育，提高山区学生自治能力。陶行知认为今天学校培养什么样的学生，明天社会上就有什么样的公民。社会上需要什么样的公民，学校就应该培养什么样的学生。习近平总书记强调，立德树人是中国特色社会主义教育事业的根本任务。学校办学要始终牢记为党育人的初心，坚定为国育才的立场，以树人为核心、以立德为根本，培育和践行社会主义核心价值观，努力培养担当民族复兴大任的时代新人，培育德智体美劳全面发展的社会主义建设者和接班人[②]。概而言之，社会需要担当复兴民族大任的时代新人，需要德智体美劳全面发展的社会主义建设者和接班人。那么什么样的人才符合这两类要求呢？笔者认为自治能力是这两类人才的基本素质，自治意味着严于律己，意味着自我约束，意味着独立思考，自治能力是个人道德水平的重要内涵。自治能力强的人基本是道德水平相对较高的人。习近平总书记早在浙江工作期间就曾说：“人而无德，行之不远。没有良好的道德品质和思想修养，即使有丰富的知识、高深的学问，也难成大器。[③]”因此，山区学校要加强学生思想道德教育，将提高山区学生自治能力作为山区学校德育工作的突破口，努力提高山区学校德育工作实

① 陶行知：《陶行知全集（第一卷）》，四川教育出版社，2009，第 28 页。

② 本书编写组：《习近平总书记教育重要论述讲义》，高等教育出版社，2022，第 44 页。

③ 习近平：《干在实处　走在前列——推进浙江新发展的思考与实践》，中共中央党校出版社，2006，第 304 页。

效。具体来说,山区学校提升山区学生自治能力可以从以下几个方面展开。

第一是充分信任山区学生,引导、鼓励山区学生积极参与学校治理。自治是德育的重要方式。山区学生参与学校治理的最大障碍在于山区学校领导和教师,山区学校管理层在潜意识中认为山区学生基础差,不适合参与学校治理。山区学校领导首先要破除认识偏见,转变观念,信任学生,相信在教师的指导下,学生具备参与学校治理的基本条件。学校治理千头万绪,山区学校可以将学校治理事务进行分类,或可分为学校战略类治理事务、学校日常管理类治理事务、学校对外交往类治理事务、学生学习类治理事务四种。山区学校可根据学生兴趣和条件,通过创设学生自治组织、安排学生助理等方式,重点吸纳学生参与学习类治理事务治理,引导部分学生参与治理学校日常管理类治理事务,允许少数学生参与治理对外交往类治理事务(主要是做会议记录、校园导游等),鼓励全体学生讨论式参与治理学校战略类治理事务。例如,浙江省缙云县山区的章村小学就是引导学生成功参与学校治理的典型,该校独具特色的竹叶形校门就是学生参与讨论、设计,并最终建成的。试想一下,一个深度参与过学校发展的学生怎么会不更热爱自己的校园呢?怎么会不更努力地学习呢?毋庸置疑,山区学生在学校的主要任务是学习,或许有人会质疑,学生参与学校治理会影响学习吗?这种疑虑大可不必。陶行知说,学生学习成绩的好坏取决于学生与教师的接触程度,学生不能做只会死读书的“书呆子”,所以他倡导教师要与学生“共同学习、共同生活”,引导学生参与学校治理就是鼓励学生与教师共同生活、共同学习,在教师的潜移默化中提高山区学生的自治能力。

第二是引导山区学生参与学校规章制度的制定,并号召师生一起共同遵守校纪校规,提高山区学生治理技能。治理技能的提高需要以活动为载体,学生参与制定学校规章制度是学校主动创造条件,引导学生参与自治活动的有效形式,对学生自治能力提升意义重大。按照陶行知的话说,制定与学生相关的管理制度文件时,如果颁布实施前不征求学生意见,学生对此一无所知,在具体执行过程中,教师难执行,学生不执行,制度文件可能形同虚设。如果学生参与到管理制度文件的制定中来,至少参与的学生会认同管理制度的相关要求,他会准确理解制度精神并带动周围同学一起理解管理制度，共同遵守制度文件。但如果管理制度仅是某个老师制定的，具体实施中也主要由某个老师执行，缺乏学生有效参与，一般学生会认为此项制度的执行与己无关，这只是相关老师的事情，也不会主动去劝说其他违背管理制度的同学，因此教师要有意识地引导学生参与到学校规章制度制定中来。规章制度的生命力在于执行，如果不能被执行，或者被歪曲执行、打折执行，就失去了制定规章制度的初衷。山区学校几乎所有规章制度都与学生直接或间接相关，引导学生参与制定学校规章制度有利于营造民主治校的文化氛围；有利于学生近距离接触学校管理工作，能够培育学生参与学校治理的主人翁意识；有利于在事上磨炼学生，提高学生自治能力。

第三是引导山区学生关注党和国家的大政方针，关注社会，关注身边事，将对民族国家的爱、个人的远大理想追求与做好眼前事相结合，在事上磨炼自治能力。从陶行知对学生自治能力之研究以及他在不同场合对自治的表达来看，自治能力既是个人能力的一个方面，也是个人将来参与社会实践活动的重要能力储备，还是社会之需。简单来说，自治就是自己要求自己，自己管理自己，自己约束自己，自己成就自己。培养学生自治能力的目的是造就有德行的公民，因此山区学校要深刻认识学生品德修养与个人成人成才之关系，办学要以德领才，立德树人。山区学生虽身处大山，眼界要大，格局要高，要志存高远，树立为实现中华民族伟大复兴中国梦而努力学习的宏伟目标。从做好小事，管好小节起步，明大德、守公德、严私德，自觉践行社会主义核心价值观。诚如《习近平总书记教育重要论述讲义》所言，山区学生"要在坚定理想信念上下功夫，树立共产主义远大理想和中国特色社会主义共同理想；在厚植爱国主义情怀上下功夫，使爱国主义精神在心中牢牢扎根；在加强品德修养上下功夫，做一个会劳动、会勤俭、懂感恩、会助人、会谦让、会宽容、会自省、会自律的人；在增长知识见识上下功夫，让勤奋学习成为青春远航的动力，让增长本领成为青春搏击的能量；在培养奋斗精神上下功夫，立鸿鹄志，做奋斗者；在增强综合素质上下功夫，成为德智体美劳全面发展的社会主义建设者和可靠接班人"①。具体来说，山区学生

① 本书编写组：《习近平总书记教育重要论述讲义》，高等教育出版社，2022，第 45—64 页。

要从国家发展中感受时代脉搏,以个人奋斗史诗诠释时代精神,从身边小事做起,做一个实干者,严格要求自我,不断砥砺品行,注重提高自我管理能力,将个人发展与国家发展、时代发展结合起来,正视眼前困难,百折不挠,艰苦奋斗。

第四章
陶行知乡村教育思想与山区学校发展

乡村教育思想是陶行知教育思想的重要组成部分，他回国后的两次教育创业（创办晓庄师范、山海工学团）实际上就是从事乡村教育实践。陶行知边实践，边创造，边总结，留下了宝贵的乡村教育思想财富。曲铁华认为以陶行知为代表的生活教育派是民国乡村教育思潮的主要流派之一，该流派以生活教育理论为基础，主张从根本上改造脱离乡村实际的乡村教育，建设适合乡村实际生活的“活教育”。如何建设这种“活教育”，陶行知做了具体阐释，他认为要从乡村实际生活中产生活的中心学校，从活的中心学校产生活的乡村师范，从活的乡村师范产生活的教师，从活的教师产生活的学生和活的国民。具体的方法就是利用活的环境，以社会为学校，教学做合一。教师是乡村教育的关键，活的乡村教育要活的乡村教师，所以必须重视培养乡村教师，使他们“有农夫的身手，科学的头脑，改造社会的精神”，从而担当乡村社会改造的领导者①。

陶行知早在求学期间就深刻地认识到教育与国家发展之间的关系，明确提出要以教育造就一个民主国家。因此他在美国求学期间，毅然转入哥伦比亚大学攻读教育学博士，师从杜威、孟禄、克伯屈等世界著名教育家。1917 年，陶行知回国后在南高师从事教师培养工作，1923 年他与朱其慧等人发起成立平民教育促进会。在平民教育的实践过程中，陶行知认为中国绝大多数平民在乡村，乡村一两个教员可能要教数百个学员，这样做会导致教学效果不佳。平民教育不能忽视广大乡村平民。平民教育要从城市逐渐

---

① 曲铁华：《民国乡村教育研究》，湖南教育出版社，2018，第 335 页。

向乡村转移,因此他在《平民教育运动与国运》中就城市与乡村间的平民教育分配做了动态规划:"第一年90%定在城市,10%在乡村;第二年82%在城市,18%在乡村;第三年50%在城市,50%在乡村;第四年30%在城市,70%在乡村;第五年100%定在乡村。[①]"1924年,陶行知与赵叔愚等人参观南京燕子矶国民学校,陶行知参观完毕后颇为激动,撰文《半周岁的燕子矶国民学校——一个用钱少的活学校》,对该校的办学经验进行了系统总结,他说:"我们走进这个学校,四面一望,觉得似曾相识。因为我们在这里所看见的都是我们心目中所存的理想,天天求他实现而不可得,不料在这个偏僻的地方遇到,真是喜出望外。[②]"陶行知借助中华教育改进社等平台和依托大学教授身份,多次就乡村教育发表理论文章和个人意见,多次到优秀乡村学校考察调研,为他日后创办乡村学校做了充分的理论积累及感性实践经验的储备。1927年3月15日,晓庄师范正式举办开学典礼,陶行知在第五年实现了将100%精力投入乡村教育实践的计划。

本章不对陶行知乡村教育思想的形成过程做历史梳理,不苛求探究陶行知乡村教育思想的全面性与系统性,不将陶行知乡村教育思想与民国时贤的乡村教育思想作横向比较分析,而是重点探讨陶行知的乡村教育理想(理念),即什么样的乡村教育是好的乡村教育;乡村教师的作用,即乡村教师与乡村社会发展之关系;乡村教育对象——农民子女及其农民自身,即乡村教育要为乡民做什么;以及乡村教育发展模式等几个问题,陶行知乡村教育思想的这些方面对今天的山区学校办学理念创新、山区教师专业发展,山区农民教育以及山区教育共同体建设有什么启示,山区学校如何更好地在这几个方面做出功绩。

第一节 "中国乡村教育走错了路"——山区办学理念创新

陶行知的乡村教育理念与当时国家整体的乡村教育政策的实施方向有

---

① 陶行知:《陶行知全集(第一卷)》,湖南教育出版社,1985,第435—436页。

② 陶行知:《陶行知全集(第一卷)》,湖南教育出版社,1985,第39页。

些不同。他在1925年4月的一次学术会议上做了《中国教育政策之商榷》的演讲，建议“提倡以乡村学校为改造乡村生活之中心，乡村教员为改造乡村生活之灵魂。其具体办法，应设试验乡村师范学校以实验之。[①]”1926年，陶行知在原南京燕子矶国民学校校长丁超的建议下，考察了天将明之师范学校、无锡开元乡立第一小学等新乡村典范学校。在天将明之师范学校，陶行知“眼见这些可爱的学生——未来的乡村校长、教员——心里就想到中国农民生活如何困苦，一般师范学校如何走入迷途，裨益农民子女之乡村学校如何稀少，徐校长之三顾茅庐，宋先生之以身作则，和正统派教育家对他们的冷笑态度”[②]，深受震动，演讲时竟忍不住第一次公开流眼泪，数分钟后才能发言。他认为，“凡事会做则乐，不会做则苦。……凡乡村教师应做的事，学生是可以无不会做，无不乐做的了。他们的学生当能在乡村里安居乐业，负担乡村生活改造的任务。如果这种精神可以普遍到全国的县立师范学校，我们全国乡村生活的改造事业就有希望了。[③]”在开元乡立第一小学，陶行知看到该小学学生自己组织活动，自己邀请嘉宾，自己制定规则管理自己，自己管理图书馆等，他总结出该校最大的特长就是用最敏捷、最切实的方法引导学生组织积极的活动。在濒临外患的时候，国民没有伟大的组织就不能有伟大的抵抗。他希望各个学校都能有“自动组织”的团结精神，为中国造就“能组织、能团结、能为共同幸福生活从事共同活动之新国民[④]”。通过考察这些优秀乡村学校，陶行知逐渐在心中勾勒出理想乡村学校之轮廓。

在中华教育改进社特约乡村教师研究会第二次会议上，他说：“我们从事乡村教育的同志，要把我们整个的心献给我们三万万四千万的农民。我们要向着农民‘烧心香’，我们心里要充满那农民的甘苦。我们要常常念着农民的痛苦，常常念着他们所想得的幸福，我们必须有一个‘农民甘苦化的心’，才配为农民服务，才配担负改造乡村生活的新使命。倘使个个乡村教师的心都经过了‘农民甘苦化’，我深信他们必定能够叫中国个个乡村变作

---

① 陶行知：《陶行知全集（第二卷）》，四川教育出版社，2009，第213页。
② 陶行知：《陶行知全集（第一卷）》，四川教育出版社，2009，第53页。
③ 陶行知：《陶行知全集（第一卷）》，四川教育出版社，2009，第55页。
④ 陶行知：《陶行知全集（第一卷）》，四川教育出版社，2009，第65页。

天堂，变作乐园，变作中华民国的健全的自治单位。[1]”他进而归纳总结出乡村教育的十八个信条，即“我们深信教育是国家万年根本大计。我们深信生活是教育的中心。我们深信健康是生活的出发点，也是教育的出发点。我们深信教育应当培植生活力，使学生向上长。我们深信教育应当把环境的阻力化为助力。我们深信教法学法做法合一。我们深信师生共生活、共甘苦，为最好的教育。我们深信教师应当以身作则。我们深信教师必须学而不厌，才能诲人不倦。我们深信教师应当运用困难，以发展思想及奋斗精神。我们深信教师应当做人民的朋友。我们深信乡村学校应当做改造乡村生活的中心。我们深信乡村教师应当做改造乡村生活的灵魂。我们深信乡村教师必须有农夫的身手，科学的头脑，改造社会的精神。我们深信乡村教师应当用科学的方法去征服自然，美术的观念去改造社会。我们深信乡村教师要用最少的经费办理最好的教育。我们深信最高尚的精神是人生无价之宝，非金钱所能买得来，就不必靠金钱而后振作，尤不可因钱少而推诿。我们深信如果全国教师对于儿童教育都有‘鞠躬尽瘁，死而后已’的决心，必能为我们民族创造一个伟大的新生命。[2]”陶行知在十八信条中对教育与国家关系、教育的作用、教法学法、乡村学校与乡村生活之关系、乡村教师的基本素质、教育经费与学校发展的关系、教师信念等展开了畅想，描述了理想的教育状态。随后，他又在《新教育评论》上发表《中国师范教育建设论》，对理想的乡村师范学校进行了框架设计，并以中华教育改进社名义发表《中华教育改进社改造全国乡村教育宣言书》，陶行知写道，“乡村学校要做改造乡村生活的中心，乡村教师做改造乡村生活的灵魂。……乡村师范之主旨在造就有农夫身手、科学头脑、改造社会精神的教师。这种教师必能用最少的金钱，办最好的学校，培植有生活力的农民。……以教学做合一的原则，领导学生去学习那征服自然改造社会的本领。”中华教育改进社要为“三万万四千万”农民服务，“要募集一百万元基金，征集一百万位同志，提倡一百万

① 陶行知：《陶行知全集(第一卷)》，四川教育出版社，2009，第 74 页。
② 陶行知：《陶行知全集(第一卷)》，四川教育出版社，2009，第 74—75 页。

所学校，改造一百万个乡村”[①]，为中国乡村开创一个新生命。

一、中国乡村教育走错了路

陶行知对中国传统乡村教育进行了猛烈的批判，他认为中国乡村教育走错了路，“他教人离开乡下向城里跑；他教人吃饭不种稻，穿衣不种棉，做房子不造林；他教人羡慕奢华，看不起务农；他教人分利不生利；他教农夫子弟变成书呆子；他教富的变穷，穷的变得格外穷；他教强的变弱，弱的变得格外弱。前面是万丈悬崖，同志们务须把马勒住，另找生路。[②]”陶行知用饱含情感的语言痛斥中国传统乡村教育所存在的问题，这种问题是方向性错误，必须悬崖勒马，立即改正。传统的乡村教育走错了路，那么新的乡村教育应该是什么样的呢？

陶行知认为新的乡村教育就是要建设适合乡村实际生活的活教育。活的乡村教育要有活的乡村教师。活的乡村教师要有农夫的身手，科学的头脑，改造社会的精神。活的乡村教育要有活的方法，活的方法就是教学做合一：教的法子根据学的法子，学的法子根据做的法子；事怎样做就怎样学，怎样学就怎样教。活的乡村教育要用活的环境，不用死的书本。他要运用环境里的活势力，去发展学生的活本领——征服自然改造社会的活本领。活的乡村教育，要教人生利，要叫荒山成林，叫瘠地长五谷。要教农民自立、自治、自卫。要叫乡村变为西天乐园，村民都变为快乐的活神仙。陶行知认为对乡村学校的评价不是看校舍如何、设备如何，而是看学生的生活力丰不丰富。要看村中荒地是否都已经开垦，荒山是否都造了林，村道是否已经四通八达，村中人人是否都自食其力，村政是否已经成为村民自有、自治、自享的活动。他认为乡村活的教育不是教育界或任何团体可以单独做到的，需要进行大规模联合，要进行教育与农业的联合，教育与银行联合，教育与科学机关联合，教育与卫生机关联合，教育与道路机关联合，等等。在诸种联合

---

① 陶行知：《陶行知全集（第一卷）》，四川教育出版社，2009，第83页。

② 陶行知：《陶行知全集（第一卷）》，四川教育出版社，2009，第85页。

中,教育与农业联合最为重要,最为紧迫。他说:“中国乡村教育之所以没有实效,是因为教育与农业都是各干各的,不相闻问。教育没有农业,便成为空洞的教育,分利的教育,消耗的教育。农业没有教育,就失去了促进的媒介。倘有好的乡村学校,深知选种、调肥、预防虫害之种种科学农业,做个中心机关,农业推广就有了根据地、大本营。一切进行,必有一日千里之势。所以第一要教育与农业携手。①”陶行知不像其他教育理论家,只批判不建设,他具有破立并举的思想,在批判传统乡村教育的不足后,对新乡村教育提出了新的理论构建设想。新乡村教育是活的生活教育,是村校一体、联合发展的教育,对新乡村教育的评价不应以学校设施设备评价为标准,而要以学生的生活力为评价标准。

乡村师范学校是实践陶行知乡村教育理论的载体。陶行知在对乡村教育理论进行较为系统的思考后,紧接着对建设试验乡村师范学校做了详尽规划。他在《试验乡村师范学校答客问》中详细描述了拟建设的试验乡村师范学校。他对为什么要创办试验乡村师范学校,为创办此校所做的前期准备,创办主体,办学目标以及具体办学等都进行了说明。他认为乡村师范学校应该是依据乡村实际生活,造就乡村学校教师、校长、辅导员的地方。好的乡村教师,第一有农夫的身手,第二有科学的头脑,第三有改造社会的精神。他足迹所到的地方,一年能使学校气象生动,两年能使社会信仰教育,三年能使科学农业著效,四年能使村治告成,五年能使活的教育普及,十年能使荒山成林,废人生利。好的乡村学校就是改造乡村生活的中心。

试验乡村师范学校的教学方法是教学做合一法,即教的法子根据学的法子,学的法子根据做的法子。事怎样做就怎样学,怎样学就怎样教。试验乡村师范的全部课程就是全部生活,没有课外的生活,也没有生活外的课程。各科教师都称为指导员,指导学生教学做,指导员与学生共教、共学、共做、共生活。考试考五样:农事或土木工操作、智慧测验、常识测验、作文一篇、三分钟演说。修业年限为一年半,但修业后必须服务半年,经考察合格

---

① 陶行知:《陶行知全集(第一卷)》,四川教育出版社,2009,第85—86页。

才可获得毕业证书。[①] 归纳来看，陶行知的乡村教育理念实际上基于生活的教育，为了生活而教育，在生活中教育，生活与教育相融相生的教育理念。在陶行知的试验乡村师范学校里，教师与学生是平等的，共同生活、共同奋斗，它打破了传统的“师道尊严”观念，教师不再高高在上，改变了教师与学生脱节的师生关系，而是倡导一种和谐、平等、师生互帮互助的新型师生关系。试验乡村师范学校的精神是以“活”来培养生活力，以乡村学校改造乡村为使命，要求师生手脑相长，将农民甘苦作为办学最关心之事，以教学做合一方式，为改造新的国家而发光发热。

二、山区学校办学理念创新

先进的办学理念是学校文化的灵魂。它包括对教育意义和功能的理解，对人才、教学质量标准的看法，对师生关系、教学关系的观念等，属于精神层面的文化，看不见、摸不着，却对学校发展有着巨大的凝聚力、推动力[②]。山区在物质财富积累方面落后于城市是无可争辩之事实。以山区为代表的广大乡村地区的乡村教育也普遍落后于城市地区。国家多次出台政策文件支持乡村教育发展，由初期“改善农村办学条件”、促进“乡村教育振兴”的单一教育发展任务到“乡村教育振兴”和“以教育振兴乡村”的教育与社会发展的双重任务。“乡村教育振兴”和“以教育振兴乡村”的出发点和落脚点在乡村学校，载体为乡村学校，因此乡村学校要重构学校功能，将学校由原来单一的人才培养功能转化成集人才培养、初级研究和服务乡村的多功能集合体，实现这一转变的关键是山区学校要转变办学理念。民国时期，陶行知说“中国的乡村教育走错了路”，今天我们是否也可以断言“中国原有的山区教育出现了方向性偏差”。曾几何时，我们的山区教育或可套用陶行知的话，“他教人离开乡下向城里跑；……他教人羡慕奢华，看不起务农；他教农夫子

① 陶行知：《陶行知全集(第一卷)》，四川教育出版社，2009，第87—92页。
② 袁振国：《当代教育学(第四版)》，教育科学出版社，2016，第331页。

弟变成呆子……”①,用笔者的话来说就是:我们的山区教育鼓励山里孩子努力学习,考上大学,走出大山,奔向城市,甚至到国外留学,最好不要回乡;不教学生适用的乡村生存技能,教孩子学习现代科学技术,与城市孩子竞争,以健康换成绩;教乡村孩子鄙视农村生活,鄙视农村身份,以获得城市户口为荣,以留在城市工作为傲;在城市化的大潮下,乡村人口流失,乡村学校加速撤校,加速乡村萧条;培养出来的大学生、硕士生,甚至博士生再也不愿回乡,也回不了乡。中国的山区教育出了问题,根子在乡村学校身上,因此山区学校要深刻剖析问题产生的原因,转变办学理念,按照新时代山区学校发展新要求,振兴乡村教育并以教育振兴乡村。具体来说,山区学校要转变以下五种观念。

第一是转变山区学校功能认识观。现代学校是工业革命的产物。工业革命以后,各国需要大量具备一定科学文化知识的产业工人,原有的个别教学方式显然不能适应机械大生产对人才供给的需求,学校应运而生。学校诞生之初,其功能主要是人才培养,即高效率地培养适应新生产要求的技术工人。山区学校最基础的功能是人才培养,我们需要思考的是山区学校培养的人才应该和城市学校培养的人才类型一样吗?要鼓励起点不一样的山区学校与城市学校在过程上和结果上竞争吗?山区学校应该和城市学校同质化发展吗?等等。随着城市化、城镇化进程加快,人们生育观念发生改变,山区学校适学儿童大量减少,许多山区学校被动沦为小规模学校,山区学校办学环境、办学形势发生了大变化、大转折。按照陶行知对中国乡村教育问题的分析思路以及近年来国家大力实施乡村振兴战略的政策引导,山区学校功能也应因时而变,因势而变。山区学校应该如何变,具有哪些新功能呢?笔者认为,山区学校功能原本就蕴藏在山区学校本身,只是在不同发展阶段,人们对学校功能的认识有所差异,对某些隐藏或者不显著的功能的需求不是那么迫切,关注度不够,所以人们忽视了对山区学校多样化功能的认识。时代变了,人们对山区发展、山区学校提出了更多新的期待,山区学校要拓展原来的单一人才培养功能,主动放弃与城市学校同质化竞争,发掘

① 徐莹晖、徐志辉:《陶行知论乡村教育》,四川教育出版社,2010,第9页。

独特的价值与魅力，拓展功能。例如，山区学校要成为改造山区生活的中心，即山区学校应该具有综合服务功能；山区学校要为山区发展出谋划策，即山区学校应该具有科学研究功能；山区学校要成为地方文化传承与保护的中心，即山区学校应该具有文化传承功能。

第二是转变山区学校办学模式观。通过调研来看，许多山区学校出现了生存危机，具体表现为生源危机，政府投资不足的资金危机，山区学校与山区之间隔阂加深等危机。生源危机不以人的意志为转移，是时代之厄；政府投资不足既有政府投资倾向问题，也有山区学校办学模式问题；山区学校与山区隔阂加深问题在山区学校自身。破解山区学校上述三大危机的关键是转变山区学校办学模式观。山区学校既要满足适龄儿童的学习需要办学，也要将其办成一个成人终身学习的机构，敞开怀抱，接纳成人到山区学校学习。在生源不足的情况下，山区学校依靠原有的政府单一投资模式来办学势必存在投资效益率低下问题。山区学校要在拓展山区学校功能的基础上，转变办学思路，加强与其他社会组织的联系，积极探索混合所有制办学模式，破解学校长远发展的资金难题。山区学校关门办学不是山区学校应有的作为，关闭校门只会继续加深学校与社区的隔阂，最终死路一条。山区学校既是政府投资的学校，学校师生的学校，也是全体山区居民的学校，要将它办成开放的学校，发展的学校，共享的学校，共有的学校。

第三是转变山区教师职业发展观。山区学校教师在山区学校任教存在岗位黏性低、工作积极性不足等问题，其根源是山区教师职业发展观存在认识偏差。山区学校有山区学校的优势，山区自然环境良好，山清水秀，空气清新，山区学生淳朴可爱，村民真诚善良。山区学校人际关系单纯，竞争压力相对较小，在国家政策的支持下，山区学校也可以为山区教师职业发展提供优秀的平台。例如，浙江省缙云县长坑小学刘勇武老师坚守长坑小学20余年，将一所名不见经传的山区学校办成一所在全国有一定影响力的著名乡村学校，他本人也被评为特级教师并荣升为缙云县教育局副局长。教师职业是良心事业，山区教师工作不应是山区教师混编制的临时工作跳板，而应是个人职业发展的终身平台。山区教师要本着教育初心，坚守“为党育人,为国育才”本分,不要这山望着那山高,在其职,履其责,扎扎实实做好教书育人工作。

第四是转变山区学生综合评价观。毫无疑问,山区学生在家庭文化资本的起点上与城市学生有较大差距,在发展过程中也不如城市学生拥有那么多社会综合支持,山区学校不应该鼓励山区学生“以健康换成绩”的方式与城市学生进行同质化学业竞争。社会各界要转变对山区学生的综合评价观。首先,要摒弃传统的学生综合评价观。山区学生学业成绩分数低于城市学生并不代表山区学生智力发展水平低于城市学生;山区学生不适应城市学生“逛吧”“各种 party”的社会交往方式并不代表山区学生“老土”;山区学生勤奋、踏实学习并不代表山区学生是只会学习的“书呆子”。其次,要构建正确的学生综合评价观。综合评价山区学生时不能将学习成绩作为山区学生的唯一评价方式。要看山区学生的学习起点,要看山区学生的家庭背景,要看山区学生的学习投入,要重点肯定评价山区学生的学习进步。“有德有才是人才,有德无才是蠢才,有才无德是废才”,综合评价山区学生要重点考察山区学生的道德品性,看其是否有发展后劲。最后,要形成鼓励型发展性学生综合评价观。要以发展的眼光看待山区学生,多鼓励山区学生,坚信山区学生通过自身不懈努力一定能够成为国家需要的栋梁之材。

最后是转变山区学校领导政绩观。陶行知说:“校长是一个学校的灵魂。”山区学校办学理念创新的决定性因素是山区学校领导。换句话说,山区学校办学理念是否能够创新在于山区学校领导是否拥有正确政绩观。如果山区学校领导认为“升学”是最重要的政绩,抓“升学率”必然成为学校工作的中心,应试教育必然成为山区学校的基本教育模式,山区学校必然成为“教校”“考校”,山区学生也必然沦为会考试的“机器”。如果山区学校领导认为要将山区学校办成改造山区社会生活的中心,山区学校必将自觉以生活教育理论为指导,主动打开校门,鼓励学生走出校门,欢迎山区居民走进校园,加强学校与山区经济社会发展的联系,利用各种社会关系,盘活校园资产,活用各种办学资源,既为学校发展服务,也为山区发展服务。

第二节　“乡村教师是改造乡村生活的灵魂”——山区教师发展

陶行知非常重视乡村教师对改造乡村生活的作用，在《我们的信条》中他提到：“我们深信乡村教师应当做改造乡村生活的灵魂。”从陶行知关于乡村教师的论述来看，他所指的乡村教师既包括乡村学校校长，也包括乡村一般教师，主要指一般乡村教师。什么样的乡村教师是理想型乡村教师？理想型乡村教师应该具备哪些素质？理想型乡村教师应该如何学习、工作、生活？如何培养理想型乡村教师？等等。陶行知对这些问题一一做了解答，并用实际行动予以证明。陶行知认为理想的乡村教师应该是“愿意和学生共生活，共甘苦的。要学生做的事，教职员要躬亲共做；要学生学的知识，教职员要躬亲共学；要学生守的规矩，教职员要躬亲共守。”“在共同生活中，教师必须力求长进。[①]”乡村教师要有“事实化的理想，理想化的事实”的能力，乡村教师要“有农夫的身手，科学的头脑，改造社会的精神”，乡村教师要有“贫而乐”的精神，乡村教师要有“农民甘苦化之心”，乡村教师应当能“用科学的方法去征服自然，美术的观念去改造社会”，乡村教师要有“用最少的经费办理最好的教育”的能力，乡村教师“不应该专教书，还应该教人做人”。基于这样的认识，陶行知围绕乡村师范教育理论建设以及乡村师范教育实践开展了孜孜以求的探索，晓庄师范是他以自创的乡村教育理论培育新型乡村教师的有益尝试。

一、乡村教师是改造乡村生活的灵魂

乡村教师的使命是什么？改造乡村生活的灵魂。陶行知多次对这一论断进行过阐释。他认为乡村教师一定要做改造乡村生活的灵魂的人，如果

① 陶行知：《陶行知全集(第一卷)》，四川教育出版社，2009，第35—36页。

乡村教师做不了,这样的乡村教师不是一个真正合格的乡村教师,中国的乡村教育将没有出路。陶行知坚信这一信念并身体力行之,创办晓庄师范是陶行知践行这一信念的具体实践。一个大学教授,原本可以每月领着高薪,在讲坛上发表着高论,为报刊撰写文章,用充满激情的语言劝导青年学生走进乡村,投身乡村教育,为农民谋福利,为建设一个富裕美丽和谐的新乡村而奋斗。陶行知不愿只做一个"理论家",不愿光喊口号,他要把理论与实践结合起来,知行合一,因此他辞掉了大学教职,脱下皮鞋,换上草鞋,断了退路,亲自投身到火热的乡村教育实践中。

到乡下办学是辛苦的,艰难的。陶行知在国外留学并且读了教育学博士,回国后在大学任教授,家里原本请了4个用人,对他来说,辞职生活是"冰火两重天"的差别。家里的用人肯定要辞退了,家人可能也要和他一起离开刚刚习惯了的城市生活,搬到乡下生活。办乡村教育,为中国农民谋出路,为改造中国乡村社会,陶行知不以为苦,反以为乐。在给家人的信中他说:"正月初四是试验乡村师范学校立础礼的一天,同时请城里的人下乡拜年。我初三晚就下乡,住在一姓陆的家里。晚上打地铺,睡在稻草上,暖和得很,比钢丝床还有趣。我们六个人睡在一铺:一位是我自己,一位是钱向志先生,三个安徽公学的校工,还有一个,你们猜是谁?他是一条耕田的水牛,睡在我们旁边,脾气很好,也很干净。[①]"与牛同处一室真的比睡在钢丝床上还舒服吗?我看未必。笔者儿时曾放过牛,一般到了夜里的时候,牛总会大小便,大小便的时候"屎尿"会飞溅到老远。陶行知一行打地铺,睡在稻草上,与牛同处一室,在给家人回信时,没有流露出半点的厌弃态度,反而用幽默的口吻。一个没有真正体验过乡村生活的人,没有真正放过牛的人,没有真正见过牛夜里睡觉的人,是难以体会到陶行知的极端达观主义情怀的。

放弃大学教授工作的陶行知,俨然半个教师,半个农民。晓庄师范的师生要同生活、同学习。办学之初,晓庄师范仅是荒地一块,一切都要从零起步,陶行知与学生一起建设晓庄师范,异常快乐。如他所言,"知行近在乡村师范工作,快乐得像活神仙一样。整日打赤脚,穿草鞋,自由得很。大前天

① 陶行知:《陶行知全集(第八卷)》,四川教育出版社,2009,第119页。

我们自己造了个茅厕，前天自己做了个浴堂，昨天又自己做了个厨房。[①]”陶行知在劳动时，总是抢着干又重又累的活儿。据方与严回忆，1928年5月1日早晨，陶行知与全校师生一起参加劳动，“全校师生早餐以后，个个精神赳赳，短衣草帽，有的竟是赤着双足，钟声十点，大家都高高兴兴地鼓足十分勇气开始工作了；挑石子，拉大车，做土坯，铺道路，整理果园，开浚沟渠……校长是有名的留美博士，自己愿意认定，认定之后，即不能更改——挑石子，他们那白嫩的肩膀，不久起红润了，肿起来了，起疙瘩了！他们还是堆满了笑容，双手托着扁担，帮助着肩膊出力地挑，挑了八个钟头。[②]”

陶行知边实践，边进行理论总结，并积极传播“乡村教师是改造乡村生活的灵魂”的主张。1928年8月，陶行知应晓庄师范所在地江宁县教育局之请，为该县暑期教师培训做《改造乡村小学的几个建议》的演讲，他说：“乡村小学教师应如何负责担任国家大事？我以为有三件东西就可以了。这三件东西只要自己努力自然得到。一是农人的身手。乡小教师自己应当能够动手，没有农人的身手就不知道农人的苦处，更不能与农人合作，所以不能和农人接近，要化农人必先自己农人化。二是科学的头脑。会干农事还不行，必须有科学的头脑。就是用脑化手，有科学的头脑，然后才可以使农人社会进步。三是改造社会的精神。农人皆是无政府主义，所谓‘日出而作，日入而息，凿井而饮，耕田而食，帝力何有于我哉？’就是表示农人对政治淡漠的思想。如果农人任其有这种思想，那么国家必受外力侵略。所以农人应当团结起来，成一个大力量。团结乃是民族生存的条件，但是绝非无政府主义的农人所能干，非我们乡小教师领导他们不可。我们要农人化，不要农人无政府主义！要农人有改造社会的精神，不是一下子成功，乃是一件事一件事做的，比如建筑道路，大家就先一条道路合作起来，农人是五分钟的热心，所以我们办五分钟的教育，就是办五分钟可成的事，拿农人五分钟的热心成一件事，比较各人‘自扫门前雪’要好一点。乡村小学教育的敌人

① 陶行知：《陶行知全集(第八卷)》，四川教育出版社，2009，第133页。
② 王文岭：《陶行知年谱长编》，四川教育出版社，2012，第225页。

并非土豪劣绅,我以为是农人无政府主义的脾气。[①]”总结来说,乡村教师的主要工作对象是农民,尤其是帮助农民抛弃无政府主义思想,因此乡村教师要致力于改变乡村农民思想,欲改变农民思想,首先要“农民化”,要使自己像个农民,即具有农民的身手;其次,要懂得科学,要善于利用科学知识,帮助农民解决具体问题;再次,要善于将乡村的农民组织起来,发展起来,去除农民的无政府主义思想,使大家摆脱一盘散沙状态,团结起来共同改造乡村生活。

二、山区教师发展

山区生活是艰苦的,山区教师常常因为生活太过艰苦而不得不经常变换工作。这对山区学校发展来说是一种不利影响,陶行知也深刻认识到这个问题,他认为乡村学校最怕的就是教职员任职无恒,时常变更,乡村学校希望乡村教师能够长期扎根乡村教育。乡村教师如何才能扎根乡村教育呢?早在1924年陶行知参观丁超任校长的南京燕子矶国民学校时,得知校长夫人也参与到学校工作中来,他深表认同。陶行知认为该校办得有模有样,其成功的一个重要因素是丁先生与夫人共同奋斗。他进而发出感慨:“我想未来的乡村学校最好是夫妻合办。如果男师范生和女师范生结婚之后,共同担负一个小乡村的改造,也是人生一大快事,并是报国的要图。[②]”随后,陶行知又多次就这个问题进行阐述。例如,他在与人探讨乡村教育发展时说:“我早就认定乡村教育不普及,就是没有好的乡村教师。并不是干乡村教育的人,没有一个好的;只因为从事乡村教育的人,没有好的伴侣。没有好的伴侣,就不能发生力量去干!乡村教师的待遇方面,是很薄很薄。既是精神上物质上都得不着安慰,所以好的乡村教师都不愿意在乡村干了,宁可离开乡村,朝向城里政界或军界乱混。剩下来的人,多半不能干乡村教育,或竟不肯干乡村教育。这样中国乡村教育能普及吗?即使普及了,亦非

① 王文岭:《陶行知年谱长编》,四川教育出版社,2012,第232页。
② 陶行知:《陶行知全集(第一卷)》,四川教育出版社,2009,第42页。

国家之幸，民众之福……我要奉劝你们，认定了这个问题就不要怀疑，勇敢地进行；勇敢地把你们的夫人带来，一同向乡村教育瞄准……办乡村教育的，如果能实现夫妻学校，则乡村妇女运动也容易着手了。”[①]由上可知，关于乡村教师发展方面，陶行知希望乡村教师与自己的伴侣共同在乡村从事乡村教育工作，这对今天年轻教师到山区从教的道理一致，如果山区学校能够实现“夫妻搭档”，山区教师的家庭和工作将能两者兼顾，有利于山区学校稳定教师队伍。山区教师家庭生活与工作协调一致是山区教师发展的路向之一，笔者认为，从“乡村教师是改造乡村生活的灵魂”的角度出发，山区教师发展应至少包括以下几个方面。

首先，山区教师要以专业发展为目标，努力寻求专业知识、专业情感和专业技能的进步。教师职业是专业化职业，山区教师首先要使自己成为一个专业的人。按照国家对教师任职的基本要求，做到“基本条件达标，符合教师资格要求”，即包括基本学历达标、基本能力达标、持证上岗。在基本达标的基础上，山区教师要努力寻求专业成长，具体来说包括进一步丰富专业知识，进一步涵养专业情感，进一步提升专业技能。山区教师要具备的专业知识除了常规的学科教学知识、教育学、心理学、法学、社会学、政策学等基本知识素养外，还需要与山区民情相关的专业知识，如山区儿童心理、山区家长交流与技巧、山区社会学等知识；教育讲究情怀，山区教师只有涵育出丰厚的山区教育情感，才会将更多的爱倾注到山区学生身上，从而增强对山区教育工作的热爱，坚定乡村从教意志；山区的教育环境与城市有所区别，山区教师要掌握一些山区学校特需的教育教学技能。例如，山区学生及家长习惯于讲山区方言，山区教师要具有基本理解山区学生及学生家长方言的技能以及开发山区乡土教材的技能等。

其次，山区教师要以综合发展为追求，在乡村生活技能提高、乡村社会改造等方面实现突破。山区教师不能做单纯生活在校园中的人，而是要主动融入山区乡村生活，快速掌握山区必备的生存生活技能。陶行知在创办乡村教育时，明确要求所有乡村教师、乡村学生都要会务农、做饭，免得饿肚

---

① 陶行知：《陶行知全集（第二卷）》，四川教育出版社，2009，第 348—349 页。

子。山区教师在山区从教也要尽快根据山区生活特点，至少要先会自己做饭，然后将教育与生活融合，努力打通学校与社会的边界，融入山区生活。山区教师是山区最有文化的人之一，山区教师要利用自身的文化优势，为山区人民服务，参与山区社会改造。

最后，山区教师要以内在发展为支撑，在苦难的乡村生活中找寻内心的平静，并汲取奋进之力量。山区学校夏天多蚊虫，冬天多寒风，办学条件相对清苦。山区教师之所以能坚守在山区，很大程度上是抱持对山区教育的热爱。山区教师的教育理想经常会在乡村苦难的生活现实面前不堪一击，乡村教师要以内涵发展、内在发展为精神支撑，在与自我的心灵对话中寻找内心的平静。教育是一个心灵影响另一个心灵的事业。如果教师心底澄明，热爱教育事业，对学生赋以“师之爱”，学生势必有所感，一定能体会到教师的良苦用心，一定会以自身之努力学习予以回馈。因此，在山区工作的教师不能与城市教师比物质待遇、生活条件。山区学校一般规模很小，可能只有几十甚至几个学生。对此，有些教师在教学上获得的成就感相对较低。但是，“小班化”教学是国内外教育学者呼吁多年的理想，山区这种天然的“小班化”对山区教师而言何尝不是一个难得的机会呢？人少有人少的好处，人多有人多的弊端。山区教师要以现实的教育情境为素材，以手中之笔，记录山区学校之美，记录山区教育之美，记录山区生活之美，假以时日，必能成为他人了解山区教育、感悟山区教育之美的珍贵材料。

第三节 “教农民出头”——山区农民教育

陶行知出身农家，深知农民疾苦，非常同情农民，多次写诗描述农民的苦难生活，为农民呼吁并竭尽全力改善农民生活，帮助农民发展。1931 年 10 月，他得知山东、河南、陕西、甘肃等地自耕农因为“寅年要纳卯年粮，甚至寅年要纳午年粮；只能驮重利，卖儿女去纳粮”，所以不得不放弃自己的田，去地主家耕别人的田，“卖身为奴”。陶行知非常生气，撰写小诗痛斥这个不正常的社会。“穿的破布衣，吃的草根面；背上背着没卖掉的孩儿，饿熬喊爹爹。牵着牛大哥，去耕别人田。太阳晒在光头，心里如滚油煎。九折三分，驮利纳粮钱。良民变成匪，问在何处伸冤？上面蝗虫飞满天！飞满天，无有农夫谁能活天地间！？[①]”从陶行知这首诗歌中我们可以窥见民国时期农民生活之困苦，农民为了生存，不得不卖儿卖女，为了儿女和自己能够多活几天，社会的黑暗让在生死线上挣扎的农民有冤无处申。陶行知创办乡村教育的目的就是要倡导教育与农业结合，改变农民的思想，改变农民的生存状况，“教农民出头”，改造近代乡村社会，为近代中国变得更好贡献自身力量。

陶行知对农民的同情与爱护是发自内心的，他说我们要“化农民”，首先要“农民化”。他心里想着农民、装着农民。他曾在一年元旦的时候说过：“今天是元旦，我们应当向谁拜年？请大家想一想。我们充饥的油盐菜米面是从哪里来的？我们御寒的棉花丝绸是从哪里来的？我们安居的房屋所用的木石砖块是从哪里来的？都是乡下来的，都是乡下人的血汗换来的。我们今天不应该下乡拜年、下乡送礼、下乡报恩吗？我们今年不应当为乡下同胞做点事吗？我们今天不应当化点钱、尽点心、用点力，为乡下同胞减少些痛苦、增加些幸福吗？[②]”

陶行知认为乡村教师要做农民教育的主力军。在中华教育改进社特约乡村教育研究会上陶行知就乡村教师如何开展农民教育提出了三点建议：“一是农村学校教师一方面教学生，一方面间接的教学生的家人，或者每星期每月邀请他们来用种种的娱乐如留声机一类东西，助他们的兴趣，渐渐输入需要的知识；二是组织巡回图书馆，轮流阅览；三是组织乡村教育成绩展览会，促进社会一般人的注意。[③]”由此可知，陶行知对中国农民特性的认识是精准的，他提出的农民教育方法也是切实可行的。教育农民首先要引起农民兴趣，吸引农民注意，利用相对时髦的教学工具逐步教授农民需要的知识，农民教育也需要扩大社会影响力，引导更多的人关注中国农民，参与农民教育。

---

① 陶行知：《陶行知全集（第二卷）》，四川教育出版社，2009，第90—91页。
② 陶行知：《陶行知全集（第二卷）》，四川教育出版社，2009，第274页。
③ 陶行知：《陶行知全集（第二卷）》，四川教育出版社，2009，第260页。

一、教农民出头

农民贫穷,被剥削、被奴役,既有农民自身的问题,也有社会的问题,但关键是农民自身的问题。陶行知认为可以通过教育手段,解决农民自身存在的问题,“教农民出头”。陶行知在东南大学担任教授时,张謇是该校校董之一,与陶行知有交集。陶行知曾毫不讳言自己与农民打成一片的经验是学习张謇的,“和农民生活习惯打成一片,我是学得张謇的。他曾告诉我,要替农民做事,第一就得和农民打成一片,不然,农民就怕你,什么真心话也不同你说。他建设南通的初期,自己就经常在农民家中来来去去,吃农民一样的东西,说一样的话。农民并不怕他,他也的确懂得农民的生活不少。[①]”1927年陶行知在晓庄师范做《如何教农民出头》的演讲,对“教农民出头”的方法进行了系统阐述,“如何教农民出头? 这个问题的解决,我们可举种棉花来比。农民辛辛苦苦,把棉花收获下来之后,他对于棉花就不能自主了。棉花要出头到纱厂里去,纱厂里要他的出头费。纱厂以逸待劳,价格随意而定。农民为经济所迫,不得不低价出售。再进而至于由纺纱厂到织布厂,由织布厂到市场,没有一个关口不是有人要收很重的出头费。到布出卖的时候,农民买进来穿是很贵的棉布衣。棉花出售时是何等的便宜,穿布时却是大大的昂贵起来了。我们现在要想个法子,把纺纱厂、织布厂以及市场打成一贯,使农民能执工商业之牛耳,则棉花可以出头,种棉花的人也跟着棉花出头了。依我想来,这是可以做得到的。[②]”从陶行知“教农民出头”的方法来看,他的做法与教育家、实业家张謇的做法极为类似,再次印证了陶行知“教农民出头”思想是借鉴于张謇。

二、山区农民教育

陶行知爱护同情中国农民,想尽办法了解农民、帮助农民,为农民出头。

---

① 陶行知:《陶行知全集(第三卷)》,湖南教育出版社,1985,第609页。

② 陶行知:《陶行知全集(第一卷)》,四川教育出版社,2009,第99页。

他通过观察发现，“乡村里面十岁以上大多数的儿童教育，大多数的成人教育，都要从经济及娱乐两方面下功夫，读书认字只好附带在这里面去干。倘使一定要从读书认字出发，怕是多数人不能接受，那么，对于改造社会的影响，便是很有限了。[①]”如今的山区也是一样，对山区农民实施教育，如果仅仅是枯燥乏味的理论说教，乡村农民怕是没有趣味，不会参与相关学习。如果能将教育与娱乐结合，将教育与创造财富结合，与山区经济活动统一起来，山区农民更有积极性。陶行知还发现，“村民本身需要什么教育？平民教育促进会的答案是：一、消除文盲；二、普及农业科学；三、培植公民资格。普及农业科学一项是新近加入的，他的目的在增进农民的生产力。[②]”陶行知认为小学也可以办成人教育，实践山区农民教育，“我们在小学里还要办成人教育，使成人也能懂得道理，这是我们办小学的第三个目的……念书的人要种田，种田的人要念书。”[③]陶行知一门心思扑在农民教育上，也有一些想到而没有做到的事。例如，“中国农人全年约有五个月空闲没得事做，假使能乘这个机会，训练他们些副业，那么，他们的生计立刻可以好些”“中国虽是以农立国，但趋势是向着工业文明前进的。如何叫机器为农人做工而不致把农民吞掉，是乡村教育一个顶大的问题”。[④] 受陶行知“教农民出头”的农民教育思想启发，我们要做好面向山区农民的教育，以之来改造山区社会，具体来说要注意以下三方面问题。

第一是要注意山区农民教育的方式方法。在乡村振兴及终身学习的时代背景下，对山区农民施以教育是毋庸置疑的。那么，如何对山区农民施教呢？自辛亥革命推翻封建王朝以来，中国乡村社会经过百十余年发展变迁，山区青壮年农民基本扫除文盲，山区社会旧貌换新颜。大批山区农民走出大山，奔向城市，但山区农民的基本品性并没有多大改变，山区农民一方面淳朴、善良、不怕吃苦，另一方面又自私自利、斤斤计较、患得患失，有着“小农意识”“缺乏长远思维及大局意识”等缺点。对山区农民施教尤其要注意

① 陶行知：《陶行知全集（第二卷）》，四川教育出版社，2009，第 353 页。
② 陶行知：《陶行知全集（第二卷）》，四川教育出版社，2009，第 283 页。
③ 王文岭：《陶行知年谱长编》，四川教育出版社，2012，第 223 页。
④ 陶行知：《陶行知全集（第二卷）》，四川教育出版社，2009，第 363 页。

教育的方式方法,对待山区农民不能像对待学校的学生一样,要引导山区农民体会到学习带给自身的好处,包括知识的长进、技能的提高、生活情趣的增加等。山区教育要与改造山区生活统一起来,山区农民在山区接受的再教育如果不能改善现有生活,将降低其教育的实效。因此,对山区农民施以教育时,要采用娱乐与学习相结合的教学方式,要采取学习知识与发展经济相结合的教育方式,要注意区分山区村民的农忙与农闲时间,引导农民利用好农闲时间,既学习好知识,又能帮助其发展副业。

第二是要注意山区农民教育的学习内容。斯宾塞在对什么知识最有价值进行排序时认为知识价值的优先顺序应有5个层级,一是直接有助于自我保护的知识;二是间接有助于自我保护的知识;三是抚养和教育子女的知识;四是与维持正常的社会和政治关系有关的知识;五是闲暇时用于满足爱好和感情的各种知识。因此,对于个体来说,生理学、医学知识排在第一价值顺位,读写算等日常生活必需的基础科学知识排在第二价值顺位,教育学、心理学等知识排在第三价值顺位,管理学、社会学、法学等知识排在第四价值顺位,音乐、美术等知识排在第五价值顺位。我们不能直接套用斯宾塞这套知识价值体系进行知识价值排序,但这样的知识排序对我们理解山区农民应该学什么有启发价值。山区农民该学些什么呢?笔者认为,对于山区农民来说,山区农民首先应该学习的知识是党和国家的法律法规以及各种政策知识,如果不懂法律,不懂政策,即使在山区,也会有违法违规的风险,法律对所有人都是平等的,不会因山区农民对法律的无知而网开一面;其次,山区农民要学习保护个人健康的医药保健知识,山区尽管已经建立了一些基础的医疗组织,如诊所等,但对于山区农民来说,个人卫生习惯还有待加强,恰如华佗所言"良医治无病之病,故人常在生也;圣人治无患之患,故天下常太平也";再次,山区农民要学习一些实用的山区创富知识,山区有山区的经济运行规律,山区农民需要掌握一些山区经济学,山区创富一不能破坏生态环境,二不能随意捕猎野生动物,山区农民可以学习山区农业、乡村民宿建设等知识,以便依托山区的自然资源优势发展山耕农业,乡村旅游等绿色产业;四是山区农民要学习一些为了子女健康成长的教育学、心理学知识,孩子的成长问题十分复杂,仅靠学校有限的教育教学不足以支撑山区学生成长成才，山区农民要学会构建家庭、学校和社会三维教学网络，共同助力子女健康成长；五是山区农民要学会一些关于娱乐、购物的网络基本知识，如今的山区再也不像以前用电都困难，如今东部省份绝大多数山区都接上了互联网，快递网点进村入户，山区农民学习使用一些网络基本技能能丰富业余生活，提高生活便利度，等等。

第三是要注意农民教育的载体及场所。山区农民的教育载体较为多样，场所也并不固定。按照陶行知"社会即学校"理念，山区教师可以将整个山区社会看成一个大学校，大山区学校里的一草一木、一砖一瓦、一人一事都可以成为学生学习的资源。反之，在"社会化学校"理念下，对山区农民施教时，既可以在学校中进行，也可以在社会中进行。在山区大学校里，农民接受教育的载体也多种多样，主要是在"做事上教""做中教""做中学"，老人可以教青年，青年也可以教老人，甚至小孩教大人，总而言之，就是会的教不会的，做得好的教做得不好的。

第四节 "农科教结合"——山区教育共同体建设

陶行知创办晓庄师范和山海工学团时都注重农科教结合，简单来说就是农业与教育、农业与科学、科学与教育等三者之间结合起来。以教育辅助农业，以农业辅助教育，以科学辅助教育，以教育传播科学。教育与农业最初级的结合就是学校承担照顾小孩子的职能。陶行知在一次演讲中说："第一次我觉得乡村里有设立幼稚园之必要，是宋调公君告诉我：农忙时往往有母亲一只手抱着小孩子，一只手拿着凳子，到学校里来托先生给她看管。她只求先生守着小孩子不给她走开，她就感激不尽了。又一次看见一位母亲在田中做事，对面地下放一个筐子，里面坐着一个小孩子，这孩子便是她的儿子。又一次我遇了一个小学生，我问他为什么不进学校，他说现在田里很忙，他要帮助妈妈带小妹妹。受了三次感触，我便想到创办乡村幼稚园[①]……

① 陶行知：《陶行知全集（第二卷）》，四川教育出版社，2009，第 305 页。

农家在农忙之时,对于不能帮助田作之幼稚儿童,视同赘物,此于儿童及其父母,皆有极大损失。[1]"这是教育协助农人,助力农业的初级形式。

晓庄师范被国民政府查封后,陶行知潜回上海,主要从事科学教科书编撰等工作。在各个办学阶段,他均注重科学与教育、农业与教育的结合,晓庄师范设有科学组,到育才时期,陶行知科学教育思想臻于完善。其"农科教结合"思想源于他"政富教合一"思想,由于中国以农立国,90%以上的人口分散在乡村,以农民为主体,"政富教合一"思想的具体实践就是"农科教结合"。陶行知的"农科教结合"实践主要体现在晓庄师范和山海工学团创办期间。

一、农科教结合

什么是"农科教结合"?陶行知早在1926年就阐释过这个概念。他认为乡村教育首先要与农业结合,教育与农业结合了,农业推广就有了大本领、根据地,教育就不是死的教育。而是活的教育。学生在学校学得的知识不是死的知识,而是活的知识。关于什么是"活"的知识?陶行知在出差的路上给晓庄师范全体同志写了一封信《活的展览会》,他说,要展示"我们在社会里所表现之精神。我们从社会所得的和给社会的,都可以表现我们的精神。最好的是与农民合作之事业:合种的田、合修的路、合办的消防、合享的娱乐、合编的山歌。[2]"陶行知没有就"农科教"结合问题进行有深度的专论,但从陶行知撰写的相关文献中处处可见"农科教"融合的主张。"农科教"结合的一个关键点就是采取灵活的方式将农科教结合起来。"活"的乡村改造就是"农科教结合"的实践。陶行知认为"农科教结合"的教育是真正的教育,学生在"做中学",学到的是真知识,没有经过"做"来验证的知识都是"伪知识"。

陶行知"农科教结合"思想实践以后,至今全国各地仍有人继续坚持探索实践陶行知的"农科教结合"模式,以科技赋能改造乡村农业,在乡村普及科学知识,提高乡村教育水平,努力打通三者之间融合的障碍,扎实推进建

---

① 王文岭:《陶行知年谱长编》,四川教育出版社,2012,第215页。

② 陶行知:《陶行知全集(第八卷)》,四川教育出版社,2009,第149页。

设"农科教结合"模式。中国陶行知研究会原会长方明多次在重要会议上呼吁推广"农科教结合"乡村振兴模式，他认为"农科教结合"有"五个有利"，一是有利于科技向农村普及，农村教育与当地经济建设结合，更好地为两个文明[①]建设服务；二是有利于促进农业、科技、教育部门的"丰收计划""星火计划""燎原计划"的配套设施；三是有利于推动农科教各部门办学诸要素的合理配置，实现功能多样化，形成职业教育中教学、生产、开发、培训一体化，克服农村各项工作互相脱节的弊端；四是有利于把就业前的教育和就业后的培训统一起来，提高广大劳动者素质；五是有利于推动农村教育改革，端正农村教育的指导思想，特别是关于发展职业教育所需的师资、经费和教学手段现代化等重大问题，可以统筹，落到实处[②]。20 世纪 90 年代，安徽省黄山市休宁县在全国农科教结合工作座谈会上就"农科教结合"做法这一议题做了交流，引起了较大的反响。

二、山区教育共同体建设

陶行知"农科教结合"思想换一种表述就是要在乡村建设一种农业、科学与教育相互结合的教育共同体。陶行知说："教育就是生活的改造。所以教育是教人化人。化人者也为人所化，教育总是互相感化的。互相感化，便是互相改造……社会是个人结合所成的。改造了个人便改造了社会，改造了社会便也改造了个人。办学和改造社会是一件事，不是两件事。改造社会而不从办学入手，便不能改造人的内心；不能改造人的内心，便不是彻骨的改造社会。反过来说，办学而不包含社会改造的使命，便没有目的，没有意义，没有生气。所以教育就是社会改造，教师就是社会改造的领导者。在教师的手里操着幼年人的命运，便操着民族和人类的命运。[③]"教育共同体建设的目的是提高教育质量，服务民族和人类发展。

1929 年，江苏淮安地区邀请陶行知派弟子到淮安去办学，临行前，陶行

---

① "两个文明"指精神文明、物质文明。

② 中国陶行知研究会：《方明文集》，中国文史出版社，2017，第 21 页。

③ 陶行知：《陶行知全集(第二卷)》，四川教育出版社，2009，第 352 页。

知对三位弟子[①]殷殷嘱托，他说："你们到那里去，是为那里的农人和儿童办学校，这个学校开办起来，马上就是那里的全体农人和儿童的共有物，不要把它看成你们三人或者此外的任何一人的私有品。你们要和当地的农人联合起来，共同设法，以谋学校之进展。你们要训练当地的农人能够起来自己保护自己的学校，又要培植你们的学生能够起来办理他们自己的学校，然后这种新教育的力量才能永远推动，永远产生新的效力。[②]"陶行知认为，乡村的学校要与全体农人一起办，与乡村一起共享，办好乡村学校就是把它扩散出去，去改造一百万个村庄，从而改造中国社会。

山区教育共同体是由山区学校、山区基层自治机构、山区师生与山区群众共同组成的一种或紧密或松散的自发组织。山区相对城市来说处于弱势地位，建设山区教育共同体的目的是"弱弱相连，优势互补；抱团取暖，共同发展"。建好山区教育共同体，既可以助推山区教育发展，也可以助推山区社会发展。20 世纪 80 年代末至 90 年代初，山西省前元庄践行陶行知的"农科教结合"思想，实行"村校一体"管理体制、"三教一体"教育结构、"教科劳一体"教学体制，有力地促进了当地物质文明和精神文明建设。通过 7 年努力，该村农民的平均年收入由 1987 年的 320 元增加到 1994 年的 1100 元，人均粮食产量由 500 斤增至 950 斤，全村 63%的农户发展起庭院经济，27%的农户成了科技示范户。全村 100%扫除青壮年文盲，适龄儿童全部入了学前班，小学入学率、巩固率、合格率均达 100%，56%的人升学，高出当地平均升学率 27 个百分点，未升学学生也分别当了乡村企业工人、司机、电工、缝纫师、果农、农机员等[③]。在乡村振兴的大背景下，建设山区教育共同体可以从以下几方面展开。

首先，由山区学校核心人物与乡贤共同提炼山区教育共同体的核心理念，或者说该教育共同体的核心价值观以及使命、愿景等。山区教育共同体是一个有思想有灵魂，可紧密可松散的自发组织，它直接的教育理论指导是

---

① 陶行知派出的三位弟子是吴廷荣、蓝九盛、李友梅三人。

② 陶行知：《陶行知全集（第二卷）》，四川教育出版社，2009，第 367 页。

③ 中国陶行知研究会：《方明文集》，中国文史出版社，2017，第 113—114 页。

陶行知的生活教育理论,即"生活即教育""社会即学校""教学做合一"。山区教育共同体是陶行知生活教育理论的具体实践,甚至可以直接说晓庄师范或者说山海工学团就是陶行知创建的山区教育共同体。今日的山区环境与陶行知生活的年代相比已然大变样,无论时代如何变化,教育共同体改造山区社会生活的精神不变;教育共同体的核心理念用文字表述可能有异,但教育共同体的核心价值观及使命、愿景等组成要素不变。笔者认为,新时代山区教育共同体的核心价值观是"相互融通,相生发展",山区学校是学校师生与村民共享的,整个山区也是学校师生与村民共享的,山区学校师生和山区村民不要将学校与山区彼此分得太清,要促进乡村学校与乡村完全融合。山区教育共同体的使命是"为了师生、乡民共有的学校和乡村建设服务",山区创办乡村学校的目的是为山区培养人才,使山区学生尽可能有最好的发展,山区学校是山区人共同的历史记忆,需要全体山区人共同维护。乡村也一样,山区学校培养乡村学生虽不苛求每位学生将来一定要回乡服务,但他们学成以后,如果能够为乡村发展做出贡献,也不愧乡学的"哺乳"之恩。山区教育共同体的愿景是"以共同体之力,建设富裕美丽和谐的新乡村",即山区教师与山区村民一起,以"全员育人、全过程育人、全方位育人"模式,牢牢抓住"人"这个核心,共同助力乡村教育振兴。

其次,开展山区教育共同体组织建设。山区教育共同体需要以组织建设为载体,组织可实体、可虚拟,建议以实体组织为主。实体的山区教育共同组织是山区建设的骨干,他们可由学校主要负责人和山区主要负责人或者山区德高望重者组成。这个组织需要有威信,有组织力,有号召力,关键时刻能站得出来,能挺得住。山西前元庄的经验是采取"村校一体"的管理体制,村校干部交叉任职,村委聘请教师为"智囊团",建立教师与农户的联系等方法,沟通教育与经济、学校与社会的联系。

最后,在山区教育共同体中育人、创业,改造山区社会。山区教育共同体建设的目的不是为了创建共同体而创造出的新花样,而是要以共同体为依托,在共同体中育人、创业,由共同体成员一起参与山区社会建设,改造乡村社会。具体来说,山区教育共同体主要做以下几件事:一是确保山区每一个适龄孩子都能接受公平而有质量的基础教育;二是确保每一个共同体成员都是全心全意参与山区社会改造建设;三是确保共同体成员在遇到困难时,其他成员能够及时提供有效帮助。20 世纪八九十年代,山西省前元庄构建了“三教一体”的教育结构,在普通教育中渗透职业技术教育,重视农民专业技术培训,使三种教育相互衔接,协调发展,又各有侧重。普通教育以教学活动为主,同时增强科技活动和生产劳动。成人、党员以生产劳动为主,同时增加智力因素,改变纯经验型劳动,以培养手脑并用的一代新人①,使山区面貌焕然一新。

① 中国陶行知研究会:《方明文集》,中国文史出版社,2017,第 113—114 页。

第五章

陶行知儿童教育思想与山区学校发展

儿童教育思想是陶行知教育思想的重要组成部分，占据了陶行知教育思想的重要地位。陶行知认为儿童教育包括小学教育和幼儿园教育两个阶段，这两阶段的教育都是立国之根本。他说："教人要从小教起。幼儿比如幼苗，必须培养得宜，方能发荣滋长；否则幼年受了损伤，即不夭折，也难成才。所以小学教育是建国之根本，幼稚教育尤为根本之根本。[①]"陶行知的儿童教育思想经过了实践检验，并且卓有成效，晓庄师范的中心小学、多所乡村幼儿园、山海工学团和育才小学等都是他乡村教育思想的试验场。他的儿童教育思想主要由正确的儿童观念、以教育解放儿童和中国本土化幼儿园建设三大部分组成，他认为开展儿童教育首先要懂得儿童，要了解儿童的身体、心理特征；教育者要解放儿童，即"六大解放"，解放儿童的头脑、解放儿童的双手、解放儿童的眼睛、解放儿童的嘴巴、解放儿童的时间、解放儿童的空间。陶行知创办了中国第一所乡村幼儿园——南京燕子矶乡村幼稚园，他认为乡村幼儿园要办成平民化的幼儿园，要办成经济化的幼儿园，乡村幼儿园尤其要适应乡村儿童生活。他认为儿童是有力量的，成人不要轻视儿童，要懂得儿童、尊重儿童、理解儿童、信任儿童、激发儿童，将儿童作为"小先生"。

---

① 陶行知：《陶行知全集（第一卷）》，四川教育出版社，2009，第115页。

第一节 “要懂得儿童”——山区儿童特征分析

陶行知认为开展儿童教育首先“要懂得儿童”,只有懂得儿童才能使教育的效果最好。要懂得爱玩是儿童的天性,爱问问题是儿童的天性,不喜欢死读书是儿童的天性,爱动手搞“破坏”是儿童的天性,等等。作为成人,不要以成人眼光先入为主地看待儿童,要从儿童视角看儿童,坚决反对体罚,坚信给予儿童合适的教育能激发儿童巨大的潜能。

一、要懂得儿童

陶行知认为,做父母的人首先要懂得儿童、理解儿童,这是为人父母之责。即如陶行知所说,“我们要懂得儿童,这是父母先生的顶大的责任。我们要懂得儿童不做小古董,给人玩耍誓不容;懂得儿童不做小笼统,千问万问要问懂;懂得儿童不做蛀书虫,求学只是为大众;懂得儿童不享现成福,手脑双挥要劳动;懂得儿童爱拆自鸣钟,拆得散来凑不拢;懂得穷肚子快饿通,饿死穷孩大不懂;懂得教师应敬小朋友,不再打人摆威风;懂得儿童能做小先生,即知即传向前冲;懂得帝国主义该打倒,联合小拳总进攻。[①]”从这段描述可知,陶行知对儿童特性的发掘主要基于直观经验,他在指出儿童一般特性的同时,也肯定了儿童的力量与价值。

具体来说,小孩子有哪些力量呢? 1934 年 12 月陶行知在安徽大学演讲时对小孩子的力量与作用进行了举例说明。他说:“小孩子能做小先生。小孩子一个教两个极为容易。一个六岁小孩子,白天学了‘青菜豆腐’四个字,晚上就会教给妈妈姐姐,一本书可供三个人用。假如再给他一本簿子、一支铅笔,妈妈还可以划一两笔,像日记一样的交给小先生看。小先生的数字非常伟大。一千一百万小学生,一个教两个,便是三千三百万。义务教育,就

---

① 陶行知:《陶行知全集(第三卷)》,四川教育出版社,2009,第 608—609 页。

算有了大进步。[1]”陶行知从近处着眼，小处着手，由个体儿童，联想到儿童群体，畅想采取“一而二，二而四，四而八……”的方式推行“小先生制”，充分发挥儿童力量，这种近似复制式的教育传导将极有益于当时中国义务教育进步。

陶行知多次肯定小孩子的力量，他认为“小孩子也有不可思议的力量”。陶行知在致潘一尘的信中列举了许多事实证明小孩子是有力量的。他说：“晓庄的小朋友居然创造了一个自动学校；淮安几个小光棍，居然在各大学大演其说，几乎把一两位教授的饭碗所依赖的传统信仰打破；山海的张健不但能帮助他的哥哥创造了一个濮家宅工学团，而且与非战的马莱先生舌战一时，卒使马莱先生得一深刻之印象而去。从前六岁的小桃，曾教五十七岁的祖母，居然教完一册《千字课》。[2]”由此可知，儿童既有“弱小、需要保护、需要人照顾”的一面，也有“自动、自主、自立、自强”的一面，中国儿童的“自动、自主、自立、自强”恰是中国未来之希望。

小孩相对大人来说，很单纯、没有中传统教育的毒，年龄越小越有优势，如果善于利用小孩长处的话，甚至可以达到“大不如小”的效果。关于这一观点，陶行知直接论述过，他说：“以即知即传人方式去普及教育工作时，大学生不及中学生，中学生不及高小学生，高小学生不及初小学生。”之所以出现这种原因，陶行知认为“第一，小学生生活单纯，能专心做即知即传的工作。年纪渐渐地长大，生活便渐渐复杂起来，使他分心不能起劲地干了。……第二，小学生天真烂漫，知识私有的习惯未成，很愿意把知识拿来送人。年纪越大，中了传统的毒也越深，要他拿出知识免费教人，就觉得有些不自然。[3]”那么，如何更好发挥小孩子的作用呢？陶行知认为要将小孩子“团起来”，简单地说就是要“抱团取暖”，过集体的生活，在集体中教育小孩，发挥小孩子的集体力量。1932—1937 年，陶行知带着几个儿童在上海创办了山海工学团，工学团数量众多，种类多样，其中第一个成立的是儿童工学

① 陶行知:《陶行知全集(第三卷)》，四川教育出版社，2009，第 540 页。
② 陶行知:《陶行知全集(第八卷)》，四川教育出版社，2009，第 302 页。
③ 陶行知:《陶行知全集(第三卷)》，四川教育出版社，2009，第 313—314 页。

团。创办儿童工学团的目的，是将一村或数村的儿童联合起来，自动过“工以养生，学以明生，团以保生”的集体生活，以参加新村新国新世界的创造[①]。1940 年，陶行知在重庆保育院院长会议上讲：“我们应该教小孩子团起来做追求真理的小学生，团起来做手脑并用的小工人，团起来做即知即传的小先生，团起来做百折不回的小战士……团起来的意思就是教小孩子们过集体生活。”[②]陶行知从理论和实践层面多次论证儿童是有本领的，在《小先生》一文中，他详细列举了小孩子能教小孩子，小孩子能教大人的例证，这从经验层面肯定了儿童的价值和能力。

总而言之，陶行知认为做父母的、做教师的都要懂得小孩子，要懂得小孩子的身体生长规律、心理发展规律，要从小孩子表面的行为中，探寻其行为背后的原因。大人要相信小孩子有力量，要鼓励小孩子过集体生活，要让小孩子参与一些小孩子能做的事情，激发小孩子的创造活力。

二、山区儿童特征分析

陶行知“要懂得儿童”的思想对于分析山区儿童特征，转变山区父母、教师的儿童教育观念来说，具有重要启示价值。儿童作为父母、教师的教育对象，父母、教师必须十分透彻地了解儿童。那么应该如何了解、分析山区儿童特征呢？从陶行知的经验来看，一要掌握基本的教育学理论知识，二要善于观察儿童日常行为，三要善于学习专业知识，学会思考、总结。

从我们日常观察来看，儿童在吃饭时喜欢讲话是一个普遍现象。但中国民间流传着“吃不言，睡不语”，“吃不言”即“在吃饭的时候，无论大人还是小孩都不应该讲话”。民间传统观念有没有道理，可不可以改变？小孩子究竟能否在吃饭的时候讲话呢？陶行知凭他个人的经验给出了答案，他认为应该允许儿童在吃饭时讲话，理由有三：“一是因为平常无论什么地方吃饭的时候都讲话；二是因为吃饭不讲话则吃得太快，反难消化；三是吃饭能讲

① 童富勇、胡国枢：《陶行知传》，教育科学出版社，1991，第 252 页。
② 陶行知：《陶行知全集（第四卷）》，四川教育出版社，2009，第 364 页。

话则大家都高兴些。但是，要训练他们轻轻地讲。[①]”作为山区的儿童父母、教师要学会通过观察分析儿童特征。具体来说，可以从以下几个方面努力。

第一，山区教师、家长要尽可能多阅读一些教育学、心理学方面的理论书籍，增强教育理论素养，提升了解山区儿童特征的能力。读书是最好的学习，对提升理论素养十分重要。山区教师、家长首先要做一个爱读书、会读书的人。关于书籍选择及进阶阅读，家长和教师应有所区别。家长是家庭教育的第一责任人。《家庭教育促进法》规定："家庭教育是指父母或者其他监护人为促进未成年人全面健康成长，对其实施的道德品质、身体素质、生活技能、文化修养、行为习惯等方面的培育、引导和影响。"良好的家庭教育，需要家长具备一定的教育理论素养和阅读能力。因此，家长要加强学习，多阅读，在选书时可请教师或其他专业人士推荐，另外市面上也经常会推出一些育儿类著作，对于暂未养成良好阅读习惯的山区家长，可适当选择阅读少量通俗易懂、简明扼要的家庭教育畅销书籍。山区教师相对山区家长来说，文化素养相对较高，应更多地阅读教育学、心理学专业理论书籍。据笔者考察，目前市面上较少出版专门面向山区教育学或山区心理学类的著作，宋兴川主编的《山区儿童心理研究》是少有的专门针对山区儿童心理研究的理论著作，对了解山区儿童心理具有一定参考价值。该书探讨了山区儿童的特点、山区儿童的自我概念、山区儿童的生命观、山区儿童的学习动机、山区儿童的价值观、山区儿童的心理健康、山区儿童的社会适应等主题[②]，很值得山区教师阅读，但该著作是本科生教材，由多人合编，各章存在风格不一的问题，书中也未对乡村与山区进行概念区分，需要引起读者注意。

第二，山区家长、教师要学会观察儿童，掌握了解儿童特征的一般技术，在共同生活中了解、分析山区儿童。观察、了解是研究的前提。家长或教师如何观察儿童呢？著名幼儿教育家陈鹤琴树立了观察儿童特征的典范，他以自己子女为研究对象，通过观察儿子一鸣、女儿秀霞写成《儿童心理之研究》与姊妹著作《家庭教育》，这两部著作至今仍广为流传。陶行知在为陈鹤

---

① 陶行知：《陶行知全集(第四卷)》，四川教育出版社，2009，第 366 页。

② 宋兴川：《山区儿童心理研究》，厦门大学出版社，2019，第 2 页。

琴《家庭教育》作序时写道,“在这书里,小孩子从醒到睡,从笑到哭,从吃到撒,从健康到生病,从待人到接物的种种问题,都得到了很充分的讨论。[①]”陈鹤琴认为小孩子具有好游戏、好模仿、好奇、喜欢成功、喜欢野外生活、喜欢合群、喜欢称赞[②]等心理特征。因此,山区家长或教师在了解山区儿童心理特征时,可以采用参与式观察法,即切入儿童生活的现场,既做儿童成长发展的支持者、引导者,也做观察儿童、分析儿童的“研究者”,秉持研究者态度观察儿童,记录儿童的所思所想及行为特征。山区家长可将现实中看到的真实儿童特征及问题与相关著作中记录的儿童特征进行对比、分析,总结解决儿童问题的一般经验,形成独具特色的个人育儿哲学。

第三,山区家长或教师要深度了解山区儿童,尝试专业精深地理解山区儿童心理发展规律的特征。一般来说,要了解山区儿童心理发展规律,还应学习其生物学基础,即要了解生物学、生理学的基本知识,了解染色体、DNA、蛋白质、遗传疾病等与生命相关的基本生物学概念,知悉胎儿发育过程,儿童身体发展、大脑和神经系统发展、动作技能及感知觉发展等;其次,要了解儿童语言发展、智力发展、情绪发展、个性发展、性别角色发展、交往发展和道德发展的一般规律;再次,要了解主要心理学家关于儿童心理发展的基本理论。例如,在儿童认知发展领域,皮亚杰认为儿童认知发展要经过感知运动(0—2 岁)、前运算(2—7 岁)、具体运算(7—11 岁)和形式化运算(11—15 岁)几个阶段。在前运算阶段,儿童能利用表征(表象、图画、词、姿势)而不仅仅是动作,来思考客体和事件,思维更敏捷、灵活和有效,但受自我中心主义限制,即专注于直觉状态,依赖于外表而不是潜在的实体,并显得刻板(缺乏可塑性)[③];在儿童人格发展方面,埃里克森认为 1—3 岁的儿童在人格发展方面处于自主对羞耻和怀疑的冲突阶段,3—6 岁处于主动对内疚的冲突阶段,6—12 岁处于勤奋对自卑的冲突阶段。当然,关于儿童心理发展的学术流派众多,除皮亚杰、埃里克森外,维果斯基、布鲁纳、弗洛伊德等也有关于儿童心理发展的理论,此处不赘言。

---

① 陶行知:《陶行知全集(第一卷)》,四川教育出版社,2009,第 44 页。

② 陈鹤琴:《家庭教育与父母必读》,上海人民出版社,2016,第 1 页。

③ 刘金花:《儿童发展心理学(第三版)》,华东师范大学出版社,2015,第 85 页。

第二节　“六大解放”——山区儿童成长教育

“儿童能做什么？社会上的人说，小孩能做什么？他们是看轻小孩子，尤其是看轻穷孩子。我们加入在小孩子的队伍里的时候，立刻发现小孩子的力量是出人意料之在。在《儿童年献歌》里已经指出，小孩能做小先生和打倒帝国主义的小先锋。在整个民族解放运动中，我们必须承认小孩有伟大的力量，并且必须允许这种力量充分地发挥出来。我们应当动员全国的小学生做小先生。[①]”陶行知委婉地批驳了社会上看轻小孩子，尤其是看轻穷孩子力量的错误观点，他认为成年人只要真心融入小孩子的队伍里就能够发现小孩力量之大。陶行知认可小孩蕴藏巨大力量的思想并非临时起意，而是早已有之且一以贯之的。在陶行知看来，只要采取合适的方式，充分地将儿童力量激发出来，小孩子既能做小先生，也可以做打倒帝国主义的小先锋。激发儿童力量首先要解放儿童。

一、六大解放

陶行知在《儿童的世界》里提到，“这个儿童世界不是由大人们造好之后，现现成成的交给小孩子去享受。大人代儿童造的世界必是于儿童有害的。儿童的世界是要由儿童自己动手去创造。我们要停止一切束缚，使儿童可以自由活动，这儿童的世界，才有出现的可能。所以我们最重要的工作在解放儿童的头脑与双手；儿童的手脑一经解放，这新的儿童世界自然会应运而生。[②]”陶行知主张的解放儿童，具体来说就是要实现儿童的“六大解放”。1944 年 9 月，陶行知在儿童福利工作人员会议上做专题演讲，提出“五大解放”。

① 陶行知：《陶行知全集（第三卷）》，四川教育出版社，2009，第 609 页。
② 陶行知：《陶行知全集（第三卷）》，四川教育出版社，2009，第 547 页。

第一是解放儿童的大脑。儿童的创造力之所以不高,是因为儿童的头脑被固有的迷信、成见、曲解、幻想等包裹住了。要想发展儿童的创造力,首先要解放儿童的大脑。要破除儿童头脑中的迷信、成见、曲解、幻想等。孙中山讲过,“大凡人类对于一件事,研究当中的道理,最先发生思想;思想贯通以后,便起信仰,有了信仰,就生出力量。”思想贯通,便等于头脑解放。

第二是解放小孩子的双手。陶行知认为人类自从腰骨竖起,前脚变成一双可以自由活动的手,进步便一日千里,超越一切动物。自从这个划时代的新中国成立以后,人类才能创造工具、武器、文字,并用以从事更高的创造。如果人类把双手束缚起来,就不能执行头脑的命令。人们需要在头脑指挥之下,用手使用机器制造,使用武器打仗,使用仪器从事发明。中国对于小孩子一直是不许动手,动手要打手心,往往因此摧残了儿童的创造力,所以陶行知认为要解放儿童的双手。

第三是解放小孩子的嘴。陶行知认为小孩子有问题要准许他们问。从问题的解答里,可以增进儿童的知识。孔子入太庙,每事问。陶行知从前写过一首诗,就是阐释这个道理的:‘发明千千万,起点是一问。禽兽不如人,过在不会问。智者问得巧,愚者问得笨。人力胜天工,只在每事问。’陶行知认为中国的一般习惯是不许多说话,他完全反对这种传统习惯,认为只要小孩子得到言论自由,特别是问的自由,才能充分发挥他的创造力。

第四是解放小孩子的空间。陶行知认为从前的学校像一只鸟笼,改良的学校是放大的鸟笼。教育工作者要把小孩子从鸟笼中解放出来。放大的鸟笼比鸟笼大些,有一棵树,有假山,有猴子陪着玩,但仍然是个放大的模范鸟笼,不是鸟的家乡,不是鸟的世界。鸟的世界是森林,是海阔天空。现在鸟笼式的学校,培养小孩用的是干腌菜的教科书。小孩子的精神营养非常贫乏,这还不如填鸭,填鸭用的还是用养料让鸭儿长得肥胖的。现代教师要解放小孩子的空间,让他们去接触大自然中的花草、树木、青山、绿水、日月、星辰以及大社会中之士、农、工、商、三教九流,自由地对宇宙发问,与万物为友,并向中外古今三百六十行学习。创造需要广博的基础。解放了空间,才能搜集丰富的资料,扩大认识的眼界,以发挥其内在之创造力。

第五是解放儿童的时间。陶行知认为一般学校把儿童的时间排得太紧，不利于儿童成长。在陶行知看来，一个茶杯要有空位方可盛水。民国时期的中学校有月考、学期考、毕业考、会考、升学考，一连考几个学校。有的只好在鬼门关去看榜。连小学的儿童都要受着双重夹攻，日间由先生督课，晚上由家长督课，为的都是准备赶考，拼命赶考，还有多少时间去接受大自然和大社会的宝贵知识呢？赶考和赶路一样，赶路的人把路旁的风景赶掉了，把一路应该做得有意义的事赶掉了。除非请医生，救人，路是不宜赶的。考试没有这样的重要，更不宜赶。赶考首先赶走了脸上的血色，赶走了健康，赶走了对父母之关怀，赶走了对民族人类的责任，甚至于连抗战之本身责任都赶走了。最要不得的，还是赶考把时间赶跑了。陶行知说，"我个人反对过分的考试制度的存在。一般学校把儿童全部时间占据，使儿童失去学习人生的机会，养成无意创造的倾向，到成人时，即使有时间，也不知道怎样下手去发挥他的创造力了。创造的儿童教育，首先要为儿童争取时间之解放。①"

经过将近大半年时间的思考，陶行知进一步完善了他的儿童解放思想，在原来"五大解放"的基础上将其发展为"六大解放"，即增加了"解放儿童的眼睛"。1945 年 5 月，陶行知在《实施民主教育的提纲》中指出，"六大解放，一是解放眼睛——不要戴上封建的有色眼镜，使眼睛能看事实。二是解放双手。三是解放头脑——使头脑从迷信、成见、命定、法西斯细菌中解放出来。四是解放嘴——儿童应当有言论自由，有话直接和先生说，并且高兴心甘情愿和先生说，首先让先生知道儿童们一切的痛苦。五是解放空间——不要把学生关在笼中，在民主教育中的学校应当大得多，要把大自然、大社会作他们的世界；空间放大了，才能各学所需；扩大了空间，才能各教所知；扩大了空间，才能各尽所能。六是解放时间——育才是以此标榜，然而并未完全做到；师生工友都应当有一点空闲的时间，可以从容消化所学、从容思考所学，并且干较有意义的工作。②"半年后，他再次申述其"六大解放"思想，在《民主教育》一文中，他指出要"解放眼睛，敲碎有色眼镜，教大家看事实。解放头脑，撕掉精神的裹头布，使大家想得通。解放双手，剪去指甲，剪掉无

---

① 陶行知：《陶行知全集（第四卷）》，四川教育出版社，2009，第 448—451 页。
② 陶行知：《陶行知全集（第四卷）》，四川教育出版社，2009，第 479 页。

形的手套,使大家可以执行头脑的命令,动手向前开辟。解放嘴,使大家可以享受言论自由,摆龙门阵、谈天、谈心、谈出真理来。解放空间,把人民与小孩从文化鸟笼里解放出来,飞进大自然、大社会去寻觅丰富的食粮。解放时间,把人民与小孩从劳碌中解放出来,使大家有点空闲,想想问题,谈谈国事,看看书,干点于老百姓有益的事,还要有空玩玩,才算是有点做人的味道。[①]”

从以上内容可知,陶行知将解放儿童的眼睛放在第一位,解放儿童的眼睛就是使儿童能自由地看,不受封建思想所惑,不戴上有色眼镜,使眼睛能够看清事实。用自己的双眼去认识世界,感受世界,理解世界,真正培养儿童的创造力[②]。笔者认为陶行知的“六大解放”思想是浑然一体的,可以简单概括为“输入—加工—产出”模式。眼睛是吸收新知识、新思想的工具,儿童要发展、要成长必须要学习新知识,接受新思想。解放眼睛是为“输入”做准备,解放大脑是为“加工”做准备,解放双手、解放嘴是为“产出”做准备。时间、空间是“产出”的条件与范围。

二、山区学校儿童成长

陶行知在分析儿童特征时充满辩证思维,既看到了儿童的优点,也看到了儿童的不足。在《小先生》《小先生歌》等文章中,他发现了“小孩能教小孩”“小孩能教大人”[③]的铁证,高度肯定了“小先生”的价值。但在致业勤的信中他也说,“倘若您要据此作为训导儿童的一个重要的指导原则,那就有问题了。儿童不但有错误,而且常常有着许多错误。由于儿童年龄上的限制,缺乏经验,因而本身便包含着许多错误的可能性,这是一;环境不良,养成了许多错误的习惯,从这些错误出发,必然再造错误,这是二。因此教育的任务除了积极发扬每个儿童固有的优点外,正是要根据事实,肯定他们的错误,从而改正他们的错误。[④]”

① 陶行知:《陶行知全集(第四卷)》,四川教育出版社,2009,第 491 页。
② 杨冰:《陶行知与儿童教育》,东北师范大学出版社,2020,第 68 页。
③ 胡晓风:《工学团史料》,四川教育出版社,1992,第 99—105 页。
④ 陶行知:《陶行知全集(第八卷)》,四川教育出版社,2009,第 718 页。

陶行知始终用宽容、发展的眼光看待学生成长。在《糊涂的先生》这首“打油诗”中，陶行知说：“你的教鞭下又有瓦特。你的冷眼里有牛顿。你的讥笑中有爱迪生。你先别忙着把他们赶跑。[①]”对于“难管的小孩，有时被称为劣童或者被称为坏蛋。怎样解决呢？”陶行知认为，“一是难管的孩子多半不是劣童，也不是真正的坏蛋。这一个态度要立定，否则你主观上咬定他是劣童则一切措施都错，便愈管愈难管了。二是仔细考虑他所以难管的原因，在源头上予以解决。例如发明电灯的爱迪生，是被先生以坏蛋的罪名不容于学校。但他的母亲知道他不是坏蛋，而是喜欢弄那先生不高兴的毒药而玩化学的把戏。三是体力充足，无法发泄的，有时捣乱，可多给他一些机会劳动或干体育游戏。四是先生也得检讨自己的功课教法是否合乎学生的需要程度。五是即使是真正的坏蛋，我想开除出去，无人指导，更要变坏，倒不如运用团体制裁，以纠正其过失。而且团体若有办法，则少数捣乱分子，可以培养团体中大多数人之抗毒素。六是身心上有缺陷的小孩，那时要医生及心理专家医治。七是曾经受过特殊折磨而起了对人之反常态度，则先生及同学之同情照顾为不可少。[②]”综前所述，作为山区的家长或教师要在充分了解山区儿童特征的基础上，严慈相济，全力支持山区学校儿童成长发展。具体来说，可从以下几个方面努力。

首先，山区学校教师要树立正确的山区儿童观。儿童观是人们如何看待、评价儿童的基本理念或基本态度。儿童观是儿童教育理论必须回答的前提性问题，也是实践儿童教育不可回避的核心问题。儿童观影响儿童教育的理念、路径、方法与实践行动[③]。什么样的儿童观决定着什么样的儿童教育立场，什么样的山区儿童观决定着什么样的山区儿童教育实践。山区相对于平原地区来说，交通基础设施相对较差，人们居住相对分散，经济条件相对落后，山区民风相对更为淳朴，山区儿童也相对更为单纯。关于山区儿童观，要在一般儿童观的基础上，充分考虑到山区儿童成长环境的特殊性，在共性的基础上正视其山区特性。有学者认为，一般“儿童具有很强的

① 陶行知：《陶行知全集（第七卷）》，四川教育出版社，2009，第 34 页。

② 陶行知：《陶行知全集（第四卷）》，四川教育出版社，2009，第 367 页。

③ 任永泽：《我们现代需要什么样的儿童观》，《现代教育论丛》2010 年第 4 期第 50 页。

可塑性,这并不意味着成人可以改变儿童成长的轨迹和速率。儿童是自己的创造者,成人不宜随心所欲地‘设计’或‘塑造’儿童。儿童与成人一样享有‘目的’地位,成人应‘跟随儿童’而非‘创造儿童’。[①]”基于这一认识,山区学校教师要承认山区儿童的可塑性、自主性、目的性。也就是说,山区儿童与其他地区儿童一样,具有发展的无限可能性,山区儿童的发展路向不是任由山区教师随意设定的,山区儿童在发展过程中,遵循其一般规律,山区教师要鼓励山区儿童自主发展。按照杜威的观点,山区儿童“教育即生长”。

其次,山区学校教师要采取科学的山区儿童教育方法。山区教师要尊重山区儿童发展的自主性,这并不等于山区教师要对山区儿童放任不管,任由其无序生长。相反,山区教师要在遵循儿童身心发展规律的基础上,按照教育教学基本原理,加强对山区儿童的教育引导,提高山区学校教育教学质量。平心而论,与其他地区相比,山区学校一般为小规模学校,办学资源略显不足,尤其是缺乏师资,上级主管部门监管相对较松。要确保山区学校教育教学质量主要靠山区学校自我把控。在资源有限的条件下,提高山区学校教育教学质量的关键是激励教师,采取科学、有效的方法改进山区教育教学。一般来说,山区儿童教育方法除了传统的知识传授法外,也包括事上磨砺法。知识传授法在所有类型的教育中均适用,此处重点阐释事上磨砺法。依照陶行知的“小先生制”观点,“小先生制”实际上是在事上磨砺学生。山区学校要鼓励山区儿童人人争当小先生,山区教师要指导山区儿童当好小先生。如何指导山区儿童当好山区小先生呢?陶行知在《怎样指导小先生》一文中提到,“指导小先生时,一要镇压贪多的野心,即一个小先生仅指导2～3个小学生,不要太多;二要鼓励小先生到学校外找学生,不要仅是大同学教小同学,要提高教育系统外的人的知识水平;三要坚持‘即知即传人’原则,也就是说指导小先生教人,不如指导小先生教人去教人。四要将文字这个生活的符号与生活连在一起教,要引导民众在生活中运用文字,小先生要抓住机会施教;五要有坚持做小先生的恒心,不要高兴的时候去做,不高兴的时候就放弃;六是要一个火把两头烧,既要把小先生这头烧热,使‘小先生’不做守

① 蒋雅俊、刘晓东:《儿童观简论》,《学前教育研究》2014年第11期第3页。

知奴，也要把大人那头烧热，使个个大人都愿意拜小孩子为先生，不再轻视小朋友[①]。"在事上磨砺学生是山区学校提高山区儿童培养质量的重要方法。

最后，山区学校教师要特别加强山区儿童思想道德教育。道德是做人的根本，根本一坏，纵使有些本事也是坏人，本事越大，为害越大。当前，山区地区学生家长大多外出务工，山区儿童一般为留守儿童，主要由爷爷奶奶或者其他亲戚帮忙照看，他们对山区儿童的管教相对较松。许多山区儿童沉迷于手机网络游戏或者深陷于无穷无尽的垃圾网络信息中。网络是一把双刃剑，有利有弊，没有指导约束，过度使用手机，则让手机弊大于利。山区学校教师要加强对山区儿童的关爱，加强山区儿童思想道德教育。具体来说，首先山区教师要引导山区学生树立正确的生命观、生活观、家庭观和价值观，增强法律和规则意识，尊敬师长，乐于助人，关心他人，爱惜自己，尽量远离手机等电子污染；其次，山区教师要努力使山区儿童逐渐明白国家发展的主人翁意识，使其树立"天下兴亡，匹夫有责，强国有我"的民族责任感；最后，山区教师要引导山区儿童将个人远大理想与眼前学习生活紧密联系起来，深刻认识学习的意义，刻苦学习，发奋读书，努力提升各方面能力。

第三节　"建设中国幼稚园"——山区幼儿园发展

1914 年陶行知与后来成为著名幼儿教育专家的陈鹤琴同船赴美留学，归国后两人在办教育过程中相互帮助，相互扶持，相互支撑。陶行知在教育实践过程中高度重视幼儿教育并创办了中国第一所乡村幼儿园——南京燕子矶幼稚园。陶行知在创办乡村幼稚园之前，进行了充分的幼儿教育理论储备。1926 年，他在《新教育评论》上发表《创设乡村幼稚园宣言书》，认为"六岁以前是人格陶冶最重要的时期。这个时期培养得好，以后只需顺着他继长增高的培养上去，自然成为社会优良的分子；倘使培养得不好。这些儿童升到学校里来，教师需费九牛二虎之力去纠正他们已成的坏习惯、坏倾

① 胡晓风：《工学团史料》，四川教育出版社，1992，第 105—108 页。

向、坏态度,真可算为事倍功半。[①]”该文是陶行知对幼儿教育重要性的论述,他认为6岁之前如果没有陶冶好儿童的人格,更高层级学校的教师将要付出更多心力矫正儿童的坏行为。那么该如何陶冶儿童人格呢?陶行知认为要建设“中国幼稚园”,在中国幼稚园中陶冶中国儿童人格。近现代中国幼稚园该如何建,陶行知进行了比较研究和实地考察。

一、建设中国幼稚园

首先,陶行知在对近现代中国幼稚园考察后发现当时中国幼稚园存在三大问题:“一是外国病。试以参观今日所谓之幼稚园,耳目所接,哪样不是外国货?他们弹的是外国钢琴,唱的是外国歌,讲的是外国故事,玩的是外国玩具,甚至于吃的是外国点心。中国幼稚园几乎成了外国货的贩卖场,先生做了外国货的贩子,可怜的儿童居然做了外国货的主顾。二是花钱病。国内幼稚园花钱太多,有时超过小学好几倍。这固然难怪,外国货哪有便宜的。既然样样仰给于外国,自然费钱很多;费钱既多,自然不易推广。三是富贵病。幼稚园既是多花钱,就得多弄钱,学费于是不得不高。学费高,只有富贵子弟可以享受他的幸福。所以幼稚园只是富贵人家的专用品,平民是没有份的。[②]”在近现代中国,百姓荒年“易子而食”的时代背景下,费用高的幼儿园显然不适合中国一般人,陶行知极为反对食洋不化,仪型他国。他认为应该在中国大地上办出具有中国特征的幼儿园,即是省钱的幼儿园,平民的幼儿园,符合中国百姓实际需要的幼儿园。

陶行知认为,中国幼稚园要“力谋幼儿教育之适合国情,不采取狭义的国家主义。要充分运用眼前的音乐、诗歌、故事、玩具及自然界陶冶儿童,外国材料之具有普遍性、永久性的亦当选粹使用,但必以家园所出的为中心。[③]”

办幼儿园如何省钱,陶行知认为最好的办法是“训练本乡师资教导本乡

---

① 陶行知:《陶行知全集(第一卷)》,四川教育出版社,2009,第70页。
② 陶行知:《陶行知全集(第一卷)》,四川教育出版社,2009,第71页。
③ 陶行知:《陶行知全集(第一卷)》,四川教育出版社,2009,第71页。

儿童”，首先选择本村中天资聪敏、同情富厚之妇女进行适当训练，以之担任乡村幼稚园教师。他认为最适合的乡村幼稚园教师是乡村校长、教员夫人、姊妹及年长女学生。乡村幼稚园的玩具可以请幼稚园所在村的手工匠人及木匠仿制。只要乡村幼稚园花钱省，费用低廉，乡村父母是愿意将儿童送到乡村幼稚园学习、生活的。

1927 年 11 月，陶行知与助手张宗麟创办了我国第一所乡村幼稚园——南京燕子矶幼稚园，此后又创办了晓庄幼稚园、尧化门幼稚园、万寿庵幼稚园以及和平门幼稚园。陶行知在晓庄第二院第一中心幼稚园开学典礼上说：“农家在农忙之时，对于不能帮助田作之幼稚儿童，视同赘物。此于儿童及其父母，皆有极大损失。乡村幼稚园即所以谋幼稚儿童之幸福，并补助家庭教育之不足。惟吾国幼稚园多犯外国化、贵族化及不经济三病。本园为全国乡村幼稚园之首创者，所以力向中国化、平民化及省钱路上去。[①]”

基于以上认识，陶行知认为开办中国幼儿园要立足中国，坚持平民化和省钱化的实践路线。那么，哪些地方最亟须幼儿园呢？陶行知通过观察发现，女工区域与农村地区最迫切需要幼儿园。女工因为在工厂做工，孩子无人照看，带在身边也不方便，将孩子放在幼儿园既能让小孩学到一些知识，女工也更能安心工作。农村因为有农忙，农忙时节，大人和大孩子都要参与农活，无暇顾及儿童，因此农村也亟须办理幼儿园。陶行知为向政府申请办理乡村幼稚园，曾专门写信给江苏省省长陈陶遗，向其陈述开办乡村幼稚园之必要，并争取 700 元开办经费。

陶行知从一所幼儿园的开办联想到普及全中国的幼儿园教育，他认为普及幼儿园要从三个方面着手：一是改变我们的态度，即改变“小孩子教育不重要”的观点，改变将贫苦人家孩子与富贵人家孩子隔离进行幼儿教育的观点。陶行知认为，民国只有人中人，没有人上人，也没有人下人，人中人是要从孩中孩去培养的。好孩子身上也有坏处，坏孩子身上也有好处。幼儿园教师的使命是运用好孩子化坏孩子，运用坏孩子的好处化好孩子的坏处。二是改变办幼儿园的办法，即想尽办法省钱，女工区创办的幼儿园，工厂可

---

① 陶行知：《陶行知全集（第十一卷）》，四川教育出版社，2009，第 242 页。

以适当负担一些经费。三是改变训练幼儿园教师的制度,陶行知认为培养幼儿园师资的一个好办法是采取“徒弟制”。陶行知也明确指出“徒弟制”的弊端,“劳力而不劳心,师傅不肯完全传授,对于徒弟之虐待。[①]”因此,采取“徒弟制”培养乡村幼儿园要尽可能除去其流弊,即采取“艺友制”培养教师。此外,为规范中国幼儿教育发展,陶行知撰写了5份文件,分别是《调查全国幼稚教育案》《各省、各县、各市实验小学设立幼稚园案》《推广乡村幼稚园案》《各省开办试验幼稚师范案》《审查编辑幼稚园课程及教材案》。陶行知所创办的中心幼稚园围绕办园需求以及教学做的理论原则,所开设的课程有:中心蒙养园活动、中心幼稚园活动、中心小学幼稚园活动、儿童文学、园艺、自然科学、美术、音乐、家庭、医药卫生、乡村妇女运动等学科,各个学科都是围绕着中心幼稚园以及教学做展开[②],并将中心幼稚园所开设的课程与幼稚师范院培养幼稚教师所要求的课程统一起来,这就是陶行知创办的中国幼稚园。

二、山区幼儿园发展

山区幼儿园是我国学前教育体系的重要组成部分,经过近百年发展,山区学前教育取得了重大成就,但仍然存在“入园难、入园贵”问题。《“十四五”学前教育发展提升行动计划》指出,要“完善农村学前教育资源布局,办好乡镇公办中心幼儿园,依托乡镇中心幼儿园举办分园、村独立或联合办园、巡回支教等方式满足农村适龄儿童入园需求。”从国家层面来看,要完善山区幼儿教育资源布局,满足山区幼儿入园需求,降低山区家长教育支出。但是,教育部组织编制的《幼儿园建设标准》对幼儿园建设做出了明确规定:“农村幼儿园宜按照行政村或自然村设置,办园规模不宜少于3班(90人)。服务人口不足3000人的,宜按3班规模人均指标设办园点。”随着城市化进程加快,山区乡村人口大量外流,山区幼儿数量急剧减少。山区幼儿数量不

① 陶行知:《陶行知全集(第一卷)》,四川教育出版社,2009,第117页。
② 寇文亮:《民国时期幼儿教师教育实验研究》,博士学位论文,河北大学教育学院,2021,第105页。

足，导致山区幼儿教育机构布点减少；又因学前教育暂时没有纳入义务教育体系，法律规制较少，山区幼儿园建设乏力。

当前山区幼儿园建设面临“政策两难”，即促进公平与提高质量的矛盾，以及既要考虑经济效益因素，又要考虑社会效益因素。当前幼儿园建设应综合现有学前教育政策文件及各类发展规划，加强村级幼儿园建设，补齐普惠学前教育资源短板；落实政府投入为主、家庭合理分担、多渠道筹措经费，完善学前教育普惠保障机制；推进学前教育教研改革，健全幼儿园保教质量评估体系，全面提高学前教育保教质量，这也是“十四五”期间我国学前教育发展的重点任务。办好山区幼儿园既是政府责任，也要汇聚多方之力，共同促进山区幼儿园发展。具体来说，可从以下方向努力。

第一是探索多元筹资机制，优化山区幼儿园布点，使山区全体幼儿有园可上，愿上尽上。教育是最基本的民生。“幼有所学”“幼有善学”是党和政府对全国人民的庄严承诺，山区幼儿园建设，政府是投资主体。首先，各地各级政府要将学前教育投资纳入政府年度预算计划，保障山区幼儿园基本发展条件。其次，要鼓励有爱心、有意愿、有条件的企业参与山区幼儿园建设，山区家长也要适当负担幼儿入园费用。最后，尽管《幼儿园建设标准》对乡村幼儿园建设做出了具体而明确的规定，一般来说，山区的幼儿数量很难达到 3 个园的办园标准。但是，达不到 3 个园办园标准的地区就要忽略当地幼儿的入园需求吗？显然不是。针对这一问题，在山区幼儿较少的地区，可探索建立幼儿教学点，实施幼儿混龄教学。总之，山区幼儿园布点要让所有山区幼儿，有园可上，愿上尽上。

第二是要在资源不足情况下，办省钱的山区幼儿园，提高资源使用效益。党的十八大以来，国家财政性教育经费支出连续 10 年占 GDP 比例维持在 4%以上，教育条件得到了较大改善。现有教育资源与人们对优质教育的渴望还有较大差距，教育资源不足仍然是制约当前教育发展的重要障碍。山区地区由于政府财力不足，税收较少，教育资源更为短缺。因短期内较难解决资源不足的问题，山区办学要着力提高资源使用效益，办省钱的山区幼儿园。陶行知认为在确保儿童营养方面，“一是食物要根据已经有的营养研究的结果来配合。如果配合适当，则花一样的钱而营养价值要高得多。比如把青菜和萝卜配合吃,远不如把青菜和黄豆配合着吃,青菜黄豆糙米饭怕是最经济而合理的营养吧。[①]”山区幼儿园建设资源配比也一样,在完成基本硬件保障后,要优先支持年度重点工作,科学测算经费,合理配置资源,将钱用在“刀刃”上,实现经费使用效益最大化。

第三是积极开展山区幼儿园教育教学改革,提高山区幼儿教育教学质量。质量是办学的生命线。教育教学质量主要体现在两个方面:一是拥有高水平师资;二是培养出高水平学生。山区幼儿教育教学质量也一样。从现有条件来看,首先要确保山区幼儿园教师数量,在教师数量充足情况下,加强山区幼儿教师培训,着力提高山区幼儿园教师持证率,促进山区幼儿教师专业发展,持续提高山区幼儿教师保育能力及教育教学水平。当前,我国乡村幼儿园教师培训主要采取自上而下、统一的“宏大”培训方式,虽然能够快速促进教师发展,提高培训效率,但是同时也销蚀了教师的主体性,忽略了教师个体的差异性,无助于教师解决具体的教育实践问题[②]。市场上的幼儿园教师培训鱼龙混杂,参差不齐,并不十分适应山区幼儿园教师的专业发展需求。山区幼儿园教师专业发展应该回归山区幼儿教师的生活世界,让山区幼儿教师在经历特别事件、遇见关键人物、开展教研活动中经个人不断反思而发生履历式、个性化、在地化成长。山区幼儿园一般规模较小,可能达不到标准幼儿园的学生人数要求,山区幼儿教师要利用这种天然的小班,开展个别化教学。要充分挖掘山区幼儿教育资源,与山区学生家长或山区能工巧匠共同开发山区幼儿教具,编制校本课程,实施基于核心素养的活动教育、素质教育。山区幼儿园要坚决反对学前教育小学化倾向,严格按照教育部《3—6岁儿童学习与发展指南》要求,围绕山区儿童身心健康、语言、社会、科学和艺术等几个方面促进幼儿体、智、德、美各方面协调发展,为山区幼儿后继学习和终身发展奠定良好素质基础。

---

① 陶行知:《陶行知全集(第四卷)》,四川教育出版社,2009,第365页。

② 段发明等:《“微发展”:乡村幼儿园教师专业发展的新模式》,《学前教育研究》2022年第11期第50页。

第六章

陶行知师范教育思想与山区教师发展

陶行知在本科期间就开始思考教育，在其本科毕业论文《共和精义》中论述了“共和与教育”的关系。1916 年 2 月，陶行知在美国哥伦比亚大学师范学院留学期间，致信院长 J. E. 罗素说，“余矢志以教育管理为终身事业。”[①]在留学期间，他师从杜威、孟禄、克伯屈、斯特雷耶等教育名家，修读了大量师范专业课程，如“各国学校制度的行政和社会基础”“教育史”“教育社会学”“教育哲学”“教育社会学实习：中学原理”“学校与社会”等，良好的教师教育文化熏陶以及师范课程学习，奠定了陶行知扎实的师范教育思想基础。1917 年，陶行知归国在南高师任教，先后主讲“教育学”“教育行政”“教育统计”等课程，在教学之余，陶行知开展师范教育研究，多次发表有关师范教育的演说与文章。例如，1918 年 5 月底，陶行知应安徽省第一师范学校和省立第一女子师范学校之邀，前往演讲《师范生应用之观念》。他认为师范生应秉持以下六大观念：一是坚信“教育乃最有效力之事业”，二是坚信“教育乃一种快乐之事业”，三是坚信“各种教育之职业皆须视为平等”，四是坚信“教育为给儿童需要之事业”，五是坚信“教育为创造社会需要之事业”，六是坚信“教育为师范生终生之事业”。[②] 1919 年在接待黄齐生率领的贵州教育实业团时，陶行知再次对《教员和师范生提出几点希望》。他认为教师应该与学生关系更密切些，要打通各学科之间的壁垒，加强学科间联络，要不断进步；师范生要将推广教育作为自身的责任，

① 陶行知：《陶行知全集（第六卷）》，四川教育出版社，2009，第 456 页。

② 陶行知：《陶行知全集（第一卷）》，四川教育出版社，2009，第 218 页。

要加强自身修养,做事即是修养。1921 年,陶行知发表《师范教育之趋势》,他认为师范教育负培养改造国民之大责任,事关国家前途之盛衰。民国师范教育所培养的教师存在不够用和不合用的问题。一年后,他应江苏省新学制讨论会邀请,做了《新学制与师范教育》的演讲。此间,陶行知主要职业是大学教授,但他热心社会教育事业,积极参加中华教育改进社,平民教育促进会等社会组织,与社会各界人士进行交往交流,到各地开展教育调查、教育演说,不断发表关于师范教育改革的文章。1927 年,陶行知按照王阳明"知是行之始,行是知之成"的观点创办了晓庄师范,晓庄师范是陶行知"师范教育思想之成"。陶行知师范教育思想内涵丰富,体系完整,本章主要从陶行知的教师观角度阐释陶行知师范教育思想及其与山区教师发展之关系。

第一节 "教师要有信仰心"——山区教师的理想信念

"信仰"一词常用于宗教学。何荣汉曾发表《金陵大学学生陶文濬的信仰自述》[①]一文,在该文中陶行知论述了作为教师的西方传教士,也表明了他对基督教的态度及教师信仰的认识。虽然陶行知不是一个基督徒,但陶行知办教育过程中所体现出来的"我们应当像爱自己一样爱世人"[②]的基督教教义精神时时有所体现。陶行知认为,"教育就是生活的改造,教师就是社会改造的领导者。在教师手里操着幼年人的命运,便操着民族和人类的命运。"[③]教师要从大处着眼,小处着手,将个体微观的教育工作视同社会改造并最终决定民族和人类发展的大事业。因此,教师要坚信教育的力量,对教育要怀有信仰之心。山区教育是国家教育事业的重要组成部分,山区教师也要坚信山区教育乃改造社会之力量。

---

① 何荣汉:《陶行知——一位基督徒教育家的再发现》,安徽教育出版社,2011,第 189—190 页。

② 陈波:《陶行知教育文选》,浙江大学出版社,2014,第 5 页。

③ 陶行知:《陶行知全集(第二卷)》,四川教育出版社,2009,第 352 页。

一、教师要有信仰心

什么是教师的信仰心？教师为什么要有信仰心？在论述这两个问题时，陶行知说，教师要“认定教育是大有可为的事，而且不是一时的，是永久有益于世的。福禄贝尔、裴斯泰洛齐、蒙台梭利、杜威等著名教育家都是研究小学教育的……做小学教员的，万勿失此机会，正当做一番事业。而且这里还有一种快乐——照我们自己想想，小学校里学生小，房子小，薪水少，功课多，辛苦得很，哪有快乐？其实，看小学生天天长大来，从没有知识，变为有知识，如同一颗种子由萌芽而生枝叶，而看他开花，看他成熟，这里有极大的快乐。照以上两层——做大事业得大快乐——是为一己的，而况乎要造新国家、新国民、新社会，更非此不行嘛！那不信仰这事的，可以不必在这儿做小学教员。一国之中，并非一个个人要做这事的，有的做兵，有的做工，有的做官吏，……各人依了他的信仰，去做他的事。一定要看教育是大事业，有大快乐，那无论做小学教员，中学教员，或做大学教员，都是一样的。[①]”由以上可知，陶行知认为教师尤其是小学教师首先要承认教育事业是大有可为，永久可为，永远有益的，教师如果不秉持这种教育“信仰”，可以不必选择做教师，如果选择做教师并看到学生从无知到有知，从不会到会，从不成熟到成熟，应该能够感受到学生成长之快乐，这种快乐是教师独有的快乐、内生的快乐，是其他职业所体验不到的快乐。

陶行知认为教师要信仰教育的力量，要坚信教育能够改造社会，促进人民富裕、国家民主。他在给妹妹文渼的信中说：“要用四通八达的教育，来造一个四通八达的社会。……我这几年的事业，如办暑期学校、提倡教职员学生之互助、提倡男女同学、服务中华教育改进社，都是实行这个目的。但是大规模的实行无过于平民教育。我深信平民教育来了，这个四通八达的社会不久要降临了。[②]”

---

① 陶行知：《陶行知全集(第一卷)》，四川教育出版社，2009，第 270 页。
② 陈波：《陶行知教育文选》，浙江大学出版社，2014，第 5 页。

总之,陶行知的"教师要有信仰心"可以从两个方面来理解:一是信仰教育事业本身,即教师要热爱教育事业,忠诚于教育事业,乐于从事教育工作;二是教师要相信教育的力量,相信教育能够促进政治民主、经济发展、社会改造,教育最核心的功能是提高人民的智识。对于教师个体来说,教育工作是具体的微观工作,教师在微观工作中也能见大真章、做大贡献。

二、山区教师的理想信念

山区教育发展的根本在山区教师,在于山区教师拥有崇高的理想信念,"人民有信仰,国家有力量,民族有希望①"。山区教师承担着促进山区儿童发展,提高山区教育质量的重要任务,山区教师的理想信念要高于山区其他社会民众。"理想信念"是一个中国式概念,这个组合词最早使用于大学生思想政治教育中,《关于进一步加强和改进大学生思想政治教育的意见》中指出,要"以理想信念教育为核心,深入进行树立正确的世界观、人生观和价值观教育。②"山区离地方行政中心、经济中心和文化中心相对较远,山区学校就是山区的文化中心,山区教师要承担起复兴山区文化的使命。因此要加强山区教师理想信念教育,具体来说,可以从以下几方面着力。

第一是山区教师要加强政治理论学习,坚定政治自信。不同国家有不同的政治制度,我国以马克思主义为指导,是社会主义国家,当前的主要任务是,"全面建成社会主义现代化强国、实现第二个百年奋斗目标,以中国式现代化全面推进中华民族伟大复兴。③"山区教师要经常关注《新闻联播》等新闻载体和"学习强国"等学习平台,及时了解时事,关心国家大事,将个人小我融入国家大我,时代新我之中;深入学习贯彻习近平新时代中国特色社会主义思想主题教育,自觉以习近平新时代中国特色社会主义思想武装头脑,指导实践,推动工作,在实践中坚定中国特色社会主义的理论自信,道路

① 本书编写组:《党的十九大报告辅导读本》,人民出版社,2017,第 42 页。

② 教育部思想政治工作司:《加强和改进大学生思想政治教育重要文献选编(1978—2014)》,知识产权出版社,2015,第 266 页。

③ 刘复兴等:《高质量教育体系与人的全面发展》,中国人民大学出版社,2022,第 6 页。

自信和文化自信。山区教师加强政治理论学习，要做到持续跟进学，系统深入学，联系实际学，并将学习效果体现到具体工作中，最后转化为政治自信。

第二是山区教师要加强对区域文化的了解，热爱山区。中国地域广阔，东中西不同区域的山区特征各不相同。以东部山区浙江省为例，该省"九山一水二分田"，浙江经济重心在杭嘉湖平原和沿海宁温台地区，浙西南山区丽水市"九山半水半分田"。如果该省重点发展农业，现有土地资源显然不足以支撑人民生存。农业资源不足，激发了浙江人的工商业意识。早在明清时期，浙江人就开始贩卖盐、茶、纸张、瓷器、丝绸等。在思想文化领域，越王勾践的卧薪尝胆、励精图治，于谦的精忠报国、清白一生，胡则的为官一任、造福一方，竺可桢的科技救国、求是一生，陈亮、叶适的经世致用，黄宗羲的工商皆本等①都是激励浙江人求真务实的精神力量。了解是爱的前提。山区教师要自觉了解工作地区的地理特征、经济结构、区域文化以及民俗风情等。浙西南与浙江全省相比，山区特征更为明显，经济更为落后，教育发展水平长期低于浙江省平均水平。但是在抗日战争时期，浙西南山区教育也曾出现过短暂的繁荣。战前整个浙西南山区省立以上学校仅有一所省立处州初级中学，抗战全面爆发后，各类学校纷纷迁入浙西南山区坚持办学，同时随着形势发展的需要各种机关团体也新办了一些学校，从而该地区办学层次很快地丰富起来。如该地区北部的松阳县，为解决沦陷区学生的求学问题，县抗敌动员委员会于1939年筹办了私立国强战时初中补习学校，招收4个班的学生。同年，1926年成立的县立初级中学也扩大招生，学生来自台湾、河北、湖南、江西、广西等6省23县。随后，私立俭公中学和县立简易师范相继创办。而英士大学农学院、省立湘湖师范学校、浙江战时第二儿童保育院等也在该县办学。由此，一个10万人口的山区小县，形成了幼儿教育、小学教育、中学教育、师范教育、高等教育齐全的超常格局，促进了当地教育事业的大发展②。抗战结束后，转移至浙西南山区的教育机构基本复员了，从区域教育发展角度看，彼时彼地的浙西南山区教育得到了大发展、大繁荣。

---

① 张彬等:《浙江教育发展史》，杭州出版社，2008，第2页。
② 张彬:《浙江教育史》，浙江教育出版社，2006，第590页。

第三是山区教师要增进山区教育认同，争做业界领袖。山区教育是中国特色社会主义教育事业的重要组成部分，从事山区教育工作是光荣的。山区教师要进一步增进对山区教育的认同感，换一种思路看待山区教育工作。首先，在国家乡村振兴的大背景下，城市与乡村的发展差距正在逐步缩小，尤其是乡村公路、网络、快递寄送点等基础设施建设现已得到显著改善，乡村教师的生活便利度已极大提高。近年来，许多学者到乡村调研发现乡村最好的建筑是学校。其次，乡村学校也能为教师专业发展提供平台。继《乡村教师支持计划(2015—2020 年)》后，2022 年教育部等八部门又印发了《新时代基础教育强师计划》，该计划提出教师“到农村学校或薄弱学校任教 1 年以上作为申报高级职称的必要条件”“加强乡村教师周转宿舍建设”“要继续落实好乡村教师生活补助政策，着力提高乡村教师地位待遇，形成‘学校越边远、条件越艰苦、从教时间越长、教师待遇越高’的格局[①]”。从以上政策文本可以发现，山区教师物质保障已明确，各地教师培训指标也优先向山区或乡村教师倾斜。最后，可以预见，随着新生儿持续减少，我国将出现更多的“小班化”混龄教育，山区教师可以抢占先机，围绕“小班化”的混龄班级在行动中开展研究，使之成为这一细分领域的专家，促进自身专业发展。

第二节 “教师要有责任心”——山区教师的教育责任

360 百科将“责任心”定义为“责任心是具有责任感的心态，指个人对自己和他人、对家庭和集体、对国家和社会所负责任的认识、情感和信念，以及与之相应的遵守规范、承担责任和履行义务的自觉态度。它是一个人应该具备的基本素养，是健全人格的基础。[②]”陶行知多次就“责任心”问题进行过论述，在金陵大学求学期间，他创办了《金陵光增刊中文报》。他在该报创办

---

① 教育部等八部门印发：《新时代基础教育强师计划》，http://www.moe.gov.cn/srcsite/A10/s7034/202204/t20220413_616644.html，访问日期：2023 年 1 月 22 日。

② 360 百科：《责任心》，https://baike.so.com/doc/5417815-5655965.html，访问日期：2023 年 1 月 22 日。

缘起中说，“未有有国而可弃其国文者也。国文有缺点，吾当补缀之；国文有窒塞，吾当贯通之；国文衰暗，则当改良之，光明之。其事实难，然吾辈青年学子所不可放释之责任也。①”此处是陶行知关于本国语言文字的论述，作为一个青年学生，陶行知视国文为国粹并抱持保存国粹之理想，其对国家之责任心可见一斑。关于教师责任心陶行知也多有论及。

一、教师要有责任心

陶行知认为有责任心的教师应视教育为最有效力之事业，因为“教育能改良个人之天性”“巩固共和之基础”“传播非遗传的文化”。他指出“不但是自己家中的小孩和课堂中的小孩，我应当负责任；无论这里那里的小孩，要是国中有一个人不受教育，他就不能算为共和国民。在美国一百个人之中，有九十几个受教育。中国一百个人之中，只有一个人受教育。而且二十四个学生中，只有一个女学生。我们要从这少数的人，成为多数的人，要用多少年的工夫？非得终身从事不行。况且我们除了二十岁以前、六十岁以后，正当有为之时没有多少，即使我们自己一生不成，应当代代做去。切不可当教育事业是住旅馆的样子，住了一夜或几夜之后，不管怎么样，就听他去了。那教育事业还有发达的希望吗？②”教师要如何才算有责任心呢？陶行知认为“教师只有热爱自己的事业，才谈得上‘有责任心’③”。教师热爱自己的事业要做到以下三点：

第一是要热爱学生。陶行知对学生有“爱满天下”的博爱情怀，甘为人梯的奉献精神。他教育学生真正做到了“学而不厌，诲人不倦”，他倡导师生同学习，共甘苦。在晓庄师范创办期间，他和学生一起从事生产劳动，带头干脏活、累活。在创办育才学校期间，办学经费极为紧张，很多人劝陶行知放弃育才学校，说他是抱着石头过河，可能和石头一起沉入河底。陶行知因为对学生有着真诚的爱、朴实的爱，他说他不是抱着石头过河，而是抱着爱

① 陈波：《陶行知教育文选》，浙江大学出版社，2014，第 7 页。

② 陶行知：《陶行知全集（第一卷）》，四川教育出版社，2009，第 270—271 页。

③ 吕德雄等：《陶行知师德理论及其当代价值》，人民出版社，2010，第 14 页。

人过河。无论育才多么困难,他都“厚着脸皮”到处为育才学校募捐筹款,自己却舍不得多花一分钱。陶行知对学生的爱是真诚的,也是朴实的。据陶行知弟子张劲夫回忆,“陶夫子的名言:‘爱满天下’,他是这样说的也是这样做的。对于像我这样的学生,他处处充满着爱。他的爱,不仅爱之以德,还爱之以情,不空说,讲实际。师生间的交谈是很随便的,有如家人父子。有时谈话谈到肚子饿了,他就请我有时还有王洞若去‘洁而精’川菜馆,或‘致美楼’徽菜馆小吃,而每次都是他付账,从未要我掏过钱,一次也没有……当徐明清被捕后,他巧妙安排,三次派朱冰如去苏州监狱给这个‘政治犯’送寒衣。对关在漕河泾已判刑的陆维特,及其后的张敬仁每年都要王洞若和我设法送衣、送物、送钱给他们。[①]”在动荡的国民党当政时期,陶行知冒着政治风险给“罪犯”学生送衣、送物,其对学生的关爱之情不是亲人却胜似亲人。

第二是要热爱同事。陶行知办学十分关爱同事,杨效春是陶行知创办晓庄师范的得力干将之一。杨效春在晓庄师范与陶行知合作共事时间不长,但成绩卓著,著有《晓庄一岁》一书,深得陶行知器重。杨效春出走后,陶行知连书两信挽留杨效春,并将杨效春与学生的关系比喻为学生的奶妈:“来,来,来! 来喂婴儿奶。呱呱日已瘦,奶妈莫徘徊!”因史料原因,无法得知杨效春写给陶行知信的内容,在陶行知第一封回信中,陶行知对不知道杨效春母亲病危的事深感自责,希望杨效春处理好家务后尽快回校,“如果令堂健康恢复了,将其接到晓庄同住”。陶行知热情洋溢的信并没有唤回杨效春,即便他离职了,陶行知仍然很关爱他。1938 年,杨效春在安徽被莫须有的汉奸罪名诬陷致死。1939 年陶行知从海外归国得知此消息,专程到重庆找李宗仁、张治中为杨效春申冤,敦促官方抚恤、惩办凶手[②]。杨效春的教育专业技能较强,与陶行知有着专业近似的业缘关系。晓庄师范原来有一位工作不负责任的校工,许多同事建议开除此校工,陶行知考虑到开除此校工可能导致他生活无着落,于是极尽帮助,在百忙中特地给该校工写信,促其端正工

---

① 张劲夫:《思陶集》,华夏出版社,1994,第 29—38 页。

② 陈江明、朱旭华:《杨效春合集(上)》,上海人民出版社,2020,第 9 页。

作态度，最后校工被陶行知的工作责任心所感化，工作状态大为改观。

第三是要热爱教育研究。陶行知认为教师要持续开展教育研究才能更好地从事教师工作，作为教师的他以身作则，率先垂范。回国后，边工作边研究，发表了大量关于教育的研究论文或报告，如《试验主义之教育方法》《生利主义之职业教育》《江苏市乡教育状况之一斑》《学生自治问题之研究》等。1918 年，陶行知在南高师教育研究会上做了《教育研究法》的主题演讲。他认为“盖教育之举措，悉当根据于学理。学理幽深，研究始明。教育学术，吾人所宜研究，庶南辕无北辙之虞，奏刀有理解之效也。”教育研究之道有二：一是提出问题；二是征求知识，解决问题。在阐述后者时，提出知识有新旧之别，旧知识可通过交谈问答、读书得之，但“专事征求旧知识，则世界无进化”，世界之进步贵在借助旧知识，经观察、试验，从而探获新知识①。陶行知认为，教师只有抱持研究态度，以研究姿态投入教育工作中才不会感到枯燥与倦怠，只有更深入的研究才能体会到更高层次的教育之乐。恰如古人所说的“知之者不如好之者，好之者不如乐之者”，教育研究者是乐之者，所以教师要热爱教育研究，投身于教育研究中，在行动中研究，在研究中行动。

二、山区教师的教育责任

教育是与人打交道的事业。山区教师是山区学校发展的基石，基石不牢，地动山摇。责任心是山区教师最基本的品质，山区教师的责任心主要通过履行教育责任来体现。杜威在晚年认为教师负有三大责任：其一，促进社会变革，建设更公正、更人道的民主社会；其二，培养有批判精神的现代理性公民；其三，传授丰富的知识，并激发学生的知识兴趣②。杜威主要从社会责任的角度论述了教师责任，而佐藤学则从教师促进学生学习角度论述了教师责任。他认为教师的责任不仅是“上好课”，而是促成每一位儿童实现学习，保障每一位儿童挑战高水准的学习机会；教师责任的实现要围绕教师自

---

① 王文岭：《陶行知年谱长编》，四川教育出版社，2012，第 27—28 页。

② 涂诗万：《杜威晚年论教师的责任和自由》，《教师教育研究》2017 年第 1 期第 14 页。

身形成一个专业成长的“同心圆”:内层为个体教师的课堂研究,中层为同事间的课例研究,外层是学校中以及学校间的校本教研制度[①]。也有学者认为“当前,我国教师责任出现了从专业性,即通过自我管理向学生、个人及同事负责,到向类似于教育局,教育检查部门等机构负责的状态[②]”。教师的部分责任放大了,部分责任缩小了,从而出现了责任不清的问题,导致责任冲突。基于这一认识,山区教师应有什么样的教育责任以及该如何有效履行这种教育责任呢?笔者认为,山区教师要履行以下三种教育责任。

其一是山区教师要履行传统的、法定的教育责任。古今中外学者关于教师的教育责任多有论述。韩愈说:“师者,所以传道、授业、解惑也。[③]”即教师的教育责任包括传道、授业和解惑三个方面。“道可道,非常道”,从韩愈《师说》文可知韩愈所言之“道”为儒家之道,今日山区教师所传之“道”应该是马克思主义哲学之道,是中华优秀传统文化之道,是一切人类文明成果之道;今日山区教师所授之业应是人类创造的具体科学文化知识,是帮助学生安身立命的生存技能,是与学生成长成才密切相关的各类常识;所解之惑则是学生关于世界观、人生观、价值观,身体的、心理的以及或抽象、或具体的各种问题。传道、授业、解惑是教师的传统职责,它深入人心并被中国人普遍接受。《教师法》明确了教师的教育责任,教师要“遵守宪法、法律和职业道德,为人师表;贯彻国家的教育方针,遵守规章制度,执行学校的教学计划,履行教师聘约,完成教育教学工作任务;对学生进行宪法所确定的基本原则的教育和爱国主义、民族团结的教育,法制教育以及思想品德、文化、科学技术教育;组织、带领学生开展有益的社会活动;关心、爱护全体学生,尊重学生人格,促进学生在品德、智力、体质等方面全面发展;制止有害于学生的行为或者其他侵犯学生合法权益的行为,批评和抵制有害于学生健康成长的现象;不断提高思想政治觉悟和教育教学业务水平[④]”。

---

① 王艳玲:《教师的核心责任及其实现》,《全球教育展望》2011 年第 3 期第 92 页。

② 卢乃桂、王丽佳:《教育改革背景下的教师专业性与教师责任》,《教师教育研究》2013 年第 1 期第 3 页。

③ 卞孝萱、张清华:《韩愈集》,凤凰出版社,2006,第 214 页。

④ 国务院法制办公室:《新编中华人民共和国常用法律法规全书(2016 年版)》,中国法制出版社,2016,第 3—224 页。

其二是山区教师要履行确保学生在校期间人身安全的责任。人身安全是最大的人权。山区学生到山区学校学习，实际上山区学生家长与山区学校“签订”了安全委托协议，尽管这种协议并未以书面形式正式签署，山区学校也负有保障学生在校期间人身安全的责任。山区教师是确保山区学生在校期间人身安全的首要责任人，要通过课堂教学、主题班会、团队活动等方式加强对山区学生的人身安全教育。此外，山区教师也要教导山区学生认识到自己才是自身安全的第一责任人，尽可能约束自身行为，杜绝人身意外伤害事件发生。

其三是山区教师要履行搭建“家校社”协同育人架构的责任。家庭、学校和社会是助力学生成长成才的三大主阵地，只有家庭、学校和社会形成育人合力，才能更好地助推学生成长成才。山区学生家长往往教育理论知识不足，工作繁忙，虽然重视学生教育但有心无力；山区学校工作的侧重点是落实国家规定的教学任务，学生在校所学知识一定程度上脱离了山区生活实际，加之山区教师工作任务重，可能没有时间深入每个山区学生家庭进行家访，从而了解学生生活背景，提出更有针对性和个性化的教学方案。无论是家庭教育、学校教育还是社会教育，单一的教育阵地都不足以支撑学生实现“全人发展”。山区教师要自觉承担起构建山区“家校社”协同育人的框架体系，以山区学校为中心，经常邀请山区学生家长到学校聆听家庭教育讲座，提高山区家长的教育理论素养；在学校课程改革方面，山区教师要加强国家课程、地方课程与山区生活的联系，尝试开发校本课程。山区教师要主动融入山区生活的各个方面，秉持发展与创造新教育生活的理念，将山区其他资源转化为山区教学资源。

第三节　“教师要有共和精神”——山区教师的爱国情怀

陶行知将国家比喻为“金矿”，共和比喻为“金”。自由、平等、民胞（博爱）是共和的三大核心信条。共和主义重视个人价值，共和主义可以唤醒个人责任，共和主义给予个人平等的机会。共和政治谋求全体人民的福利，能得最良之领袖。

一、教师要有共和精神

在陶行知的词典里,“共和”与“民主”两词具有共通性,他早年习惯用“共和”表达“民主”的意涵,抗战胜利后,更习惯直接使用“民主”一词。如1914年陶行知本科毕业论文以“共和精义”为题,分专段论述了共和与教育的关系。1921年,美国教育家孟禄博士应邀到江苏省教育会做专题演讲时,陶行知将孟禄博士的演讲题目翻译为“共和与教育”。1945年间11月、12月,陶行知在《民主教育》第1、2两期上连续撰写两篇与民主教育主题相关的文章。1946年他又专门做了“民主教育”的专题演讲,演讲稿发表在《文汇报·教育阵地》第2期上。

教师是教育活动的主体。民主教育需要具有民主精神的教师去办理。陶行知说:“民主教育是教人做主人,做自己的主人,做国家的主人,做世界的主人。民主教育是民有、民治、民享之教育。说得通俗些。民主教育是人民的教育,人民办的教育,为人民自己的幸福而办的教育。[①]”关于如何办理民主教育,陶行知给出了10条建议,其中与教师密切相关的有“六大解放”,培养儿童创造力;在整个生活中实施教育,“工以养生,学以明生,团以保生”,培养儿童生活力;兼顾健康、科学、艺术、劳动与民主,促进学生全面发展,培养儿童和谐力。陶行知认为民主教育有两大任务:一是教人争取民主,二是教人发展民主。无论是教人争取民主还是发展民主,都要依靠人民力量,群策群力。

陶行知认为民主教育应该包括四点:一是重视人民,二是教育为公,三是用民主的方法,四是有事大家商量。而做民主教育的老师要具备两种资格:一是有真知灼见而无偏见;二是敢说真话,不说诳话[②]。陶行知还认为教师“不可摆出做官的态度,事事要和学生同甘苦,要和学生同表情,参与到学

① 陶行知:《陶行知全集(第四卷)》,四川教育出版社,2009,第490页。
② 陶行知:《陶行知全集(第四卷)》,四川教育出版社,2009,第540页。

生里面去，指导他们[①]”。为实现民主教育，陶行知认为现在学校里的教师要向学生学习，拜儿童为师；要向老百姓学习，拜老百姓为师。因为儿童通过努力学习，对某些具体事务也能产生真知灼见，儿童能够不计较利害得失，敢说真话，不说假话，这符合民主教师的基本资格条件；老百姓在其熟悉生活领域的日常知识也是十分丰富的，知识分子常常动脑不动手，是老百姓教会了知识分子动手。

基于以上认识，陶行知认为民主的国家需要民主教育，民主教育能够造就民主的国家和民主的人民。民主国家的创建离不开教师的努力，因此教师应具有民主共和精神。教师所要有的民主精神概括来说就是敢于坚持真理的精神，敢于为自由而斗争的精神，平等相处的精神，与他人共利的精神，“不耻下问”的精神，善于团结一切力量共事的精神。

二、山区教师的爱国情怀

“共和”与“民主”更多地适用于学术话语或者社会政治宣传，山区地广人稀，民风淳朴，人际关系简单，“民主”体现到山区教师身上则是山区教师的爱国情怀及民主作风。爱国情怀是民主的宏大叙述，民主作风是践行民主的微观实践。爱国是做人的本分。山区教师要时刻将个人发展融入时代和国家发展之大局中，以个人小我汇聚成国家之大我，将个人梦想上升到实现中华民族伟大复兴的中国梦的高度，继续厚植爱国情怀，为国家贡献山区教师更多更大的力量。山区教师厚植爱国情怀，可以从以下几个方面努力。

第一是做一个意志坚定、兢兢业业的山区人民教师。山区生活条件相对艰苦，许多师范毕业生到山区学校从教是一种“被迫”行为，他们将山区教师工作作为“下一份更好职业”的临时跳板，不安心从教。或者在山区学校得到较好锻炼后，等到有更好机会出现时，就立即跳槽。一个有爱国情怀的山区教师，要摒弃这种功利的短视思想。树立起山区教育事业同样是中国特色社会主义教育事业重要组成部分的思想，坚信无论在哪里教书育人都

---

① 陶行知：《陶行知全集（第一卷）》，四川教育出版社，2009，第 271 页。

是为祖国教育事业做贡献。人民教师是一个光荣的称号，在山区从教更光荣。如陶行知所言，哪里更需要教育，师范生就应该到哪里去送教，就应该坚定地在那里从教。山区教师开展教育教学工作时，要发扬民主精神，公平公正地对待每一个学生，引导每个学生了解“五史”[①]积国情，厚植爱国情怀，热爱祖国和人民，从小就立下为中华民族伟大复兴而努力读书的远大志向。

第二是自觉自愿做一个党和国家政策法规的宣传员。山区远离中心，与外界信息交流少，常常出现党和国家政策、法律法规传达不到山区的现象。山区教师是山区最有文化的人之一，最有条件学习党和国家政策法规。民国时期，山区文盲多，山区教师承担着帮助山民阅读信件，撰写文书等任务。今天山区不识字者甚少，但山区百姓往往因不知悉党和国家政策法规而做出一些违法乱纪的事情。加强对山区地区进行党和国家政策法规教育刻不容缓，现阶段在国家普法力量有限的情况下，一个山区党员教师就是一面旗帜，每位山区教师都应是党和国家政策法规的宣传员。山区教师要加强对与山区村民切身利益相关的政策法规的学习，自觉承担在山区宣传党和国家政策法规的责任。

第三是踏踏实实做一个乡土文化传承的保护人。当前，城市化、城镇化进程持续推进，裹挟在城镇化中的不利于乡村振兴的观念也渗入了山区。如为了建设现代化村庄，水泥路替代了乡村原有的石板路，钢筋水泥房替代了乡村原有的砖瓦石墙，现代工业品替代了传统手工制品，村落里传统的手艺人沦落为生活维艰的弱势群体。山区乡村原有的自给自足的经济被完全消解，村庄被整齐划一地规划、设计，村民慢慢习惯关着门在自家看电视、上网，再也不会像以前那样三五成群聚在一起唠嗑聊天。乡村物质条件的优化、改善是否等于乡村文化的振兴？乡村振兴是否会将乡土文化全部瓦解？我们是否要建设一个找不到中国传统的乡村社会？这些问题都值得反思。习近平总书记在党的二十大报告中指出，“中国式现代化是物质文明和精神文明相协调的现代化”，要“传承中华文化”[②]。山区发展既需要充盈的物质

① 中国共产党党史、中华人民共和国国史、改革开放史、社会主义建设史、中华民族发展史。

② 本书编写组:《党的二十大报告辅导读本》，人民出版社，2022，第 20—21 页。

财富，也需要深厚的精神财富，山区教师要抢救学校周边的传统工艺文化，挖掘地方文化，守护好乡土文化；更要将优秀乡土文化纳入中华传统文化做整体考虑，传承好中华优秀的乡村文化。

第四节　“教师要有开辟精神”——山区教师的教育创新

开辟实际上是一种开拓，一种创造。开辟精神就是开拓精神，创新创造精神。陶行知认为，第一流的教育家要“敢探未发明的新理，敢入未开化的边疆”。开辟就是要不怕难、不怕苦、不怕孤独、不怕死，敢于单枪匹马到未开化之地，敢于到没有一个人接受过教育的地方去闯，去发展教育。陶行知曾说：“创造时，目光要深；开辟时，目光要远。创造、开辟都要有胆量。在教育界，有胆量创造的人，即是创造的教育家；有胆量开辟的人，即是开辟的教育家，都是第一流的人物。大丈夫不能舍身实验室，亦当埋骨边疆尘。[①]”

一、教师要有开辟精神

陶行知的教育开辟精神主要落实于教育空间范围的开辟，或者说教育场域的开辟。在论述未来教师“师范生”应有之观念时，他认为师范生应该将教育作为终身之事业，师生应有“西藏，极西边穷苦之地也，有须吾办教育者，吾即往西藏而不辞。蒙古，极北边穷苦之地也，有须吾办教育者，吾即往蒙古而不辞，不要名，不要利，只要教育好；不怕难，不怕死，只怕教育不好[②]”的观念。陶行知认为“时候到了现在，不可专在有教育的地方办教育。要膨胀力量，跑到外边去，到乡下地方，或是到蒙古、新疆这些边界地方，要使中国无地无学生。一定要有单骑匹马勇往直前的气概，有如外国人传教的精神，无论什么都不怕，只怕道理不传出去。要晓得现在中国，门户边界的危

① 孙孔懿：《众论教育家》，江苏凤凰教育出版社，2018，第 48—49 页。
② 陈波：《陶行知教育文选》，浙江大学出版社，2014，第 36 页。

险,使那个地方的人,晓得共和国的样子,用文化去灌输他,使他耳目熟悉,改换他从来的方向,是很要紧的。①"今天的中国,已很少有教育未曾触及的地方,但教育发展不平衡、不充分的问题仍然存在,具有开辟精神的优秀教师应该到那些教育最薄弱的地方去办教育,到最需要教育的地方去从事教育工作。

二、山区教师的教育创新

中华人民共和国成立70余年来,教育发展到现阶段,山区的教育空间暂不需山区教师独自去开辟。山区教育工作的重心已转向提高山区教育教学质量上来,让每个山区儿童享有公平而有质量的教育是当前山区教育工作的重心,提高山区学校教育教学质量的关键是教育创新。山区教师如何开展教育创新呢?或可从以下几个方面努力。

第一是山区教师可以在教育理念方面进行创新。理念是行动的先导,教育理念是教育行动的先导。近年来联合国教科文组织连续发布了多个重要教育报告,从《教育的使命——面向二十一世纪的教育宣言和行动纲领》《学会生存——教育世界的今天和明天》《教育——财富蕴藏其中》,到《反思教育:向"全球共同利益"的理念转变?》《一起为教育重新构想:打造新的我们的未来社会契约》等都是关于教育理念创新的报告。从这几个报告可以看出,人类教育从更关注受教育者个体逐步转向人类全体,从更关注私人教育收益到更关注教育为人类共同利益做出的贡献。山区教师在进行教育理念创新时,要积极吸收人类创造的最先进教育理念,在关注学生个体成长之时,也要从更宏大的视角思考教育、审视教育,思考山区教育对山区社会发展的价值,山区教育能够为国家发展做出何种贡献,甚至能够为人类教育贡献些什么。当前还没有一本专门论述山区教育的专著,山区教师要理性分析山区教育与城市教育的区别,加强山区教育理论研究,探索山区教育发展的一般规律。

---

① 陶行知:《陶行知全集(第一卷)》,四川教育出版社,2009,第271页。

第二是山区教师可以在教育行为方面进行创新。教育行为含义丰富，山区教师的教育行为包括教育管理行为、教育活动行为、教育生活行为、教育交往行为、教育情感行为等。山区有山区的特征，山区学校有山区学校的特征，山区教师的教育行为也有山区教师的特征。教育行为创新是提高教育教学质量的重要举措之一。山区教师在教育管理行为创新方面，只要坚守道德与法律的底线，法无禁止即可为，大胆实施教育管理改革创新；在教育活动行为创新方面，山区教师可打通学校与社会的隔绝，开放学校课程，在不影响学校正常教育教学的情况下，允许学校周边村民来校听课，参加学校活动；在教师生活行为创新方面，山区教师要做引领山区文明生活的旗帜，带领村民革除陋习，讲究卫生，注重邻里团结和家风家教；在教育交往行为创新方面，山区教师要秉持公平、公正、真诚、热情的教育交往态度，对学优生和学困生一视同仁，与同事及教育系统官员、周边村民都保持友善交流关系；在教育情感行为创新方面，山区教师切不可将因个人生活中的不幸遭遇而产生的消极情绪带入课堂，在走进教室之前要整理自己的情绪，始终以积极情绪面对学生。

第三是山区教师可以在教学活动方面进行创新。教学是山区教师最核心的工作。教学活动创新是山区教师最易操作、最好把握的创新，对学生来说，也是收效最好的创新。山区教师在教学过程中，要灵活运用多种教学策略，着力提高教学效果。例如，语文老师可以一改传统讲授法，采取“先学后教”“项目式学习”“大概念教学”等新型教学方式，引导学生从“要求学”向“自主学”转变，将朗诵、演讲、辩论等活动融入课堂教学，活跃课堂氛围，创新课堂教学模式；数学老师可以将生活中的数学引入课堂，鼓励学生在家里测量家具的“长宽高”，帮助妈妈计算购物金额等；科学教师可以在课堂上给学生做完演示实验后，将学生带出校门，和学生一起到学校周边观察生活中的科学现象，并结合所学科学知识解释科学现象产生的原因；劳动老师要和学生一起从事符合学生年龄特点且有安全保障的劳动工作，等等。总之，山区教师教学活动创新要以《义务教育课程方案和课程标准(2022 年版)》为总纲，遵纲而不生搬硬套，根据山区教育特征，围绕培养“有理想、有本领、有担当”堪当民族复兴大任的时代新人的义务教育培养目标，破解“减负增效”关键问题,聚焦学生核心素养,落实立德树人根本任务,把大观念、学习主题、项目任务、核心概念等融为一个整合性的学习活动单元①,引导学生高质量学习。

第五节 “教师要有试验精神”——山区教师的岗位创业

试验精神是一种探索精神。在陶行知倡导的教师“五要”精神中,试验精神是他最早认识到的。1917 年陶行知回国发表的第一篇重要教育研究论文即是《试验主义之教育方法》,该文原载于 1917 年下半年《南京高等师范学校教育研究会会刊》第 1 期,又载于 1918 年 4 月《金陵光》第 9 卷第 4 期,同年 6 月再载于《安徽教育月刊》第 6 期,当时题目为《试验主义之教授方法》。在该文中,陶行知认为我国数千年的教育传统是“致知在格物”,但我国格物者没有找到真正的方法,如王阳明格竹七日致神情恍惚,格物不成后转向格心;朱熹也是以即物穷理来阐释格物。西方国家之所以科技进步,是因为西方人找到了格物的方法,什么是格物的方法呢?答曰:试验法。教育为群学之一种,介乎形而上学与形而下学之间,因此也要采取试验方法才能更好地办教育。

一、教师要有试验精神

陶行知认为教师应有试验精神,“试验者,发明之利器也。试验虽不必皆有发明,然发明必资乎试验。”②关于试验教育如何实施,陶行知在《试验主义与新教育》《试验教育的实施》等文章中做了详细阐释。陶行知认为中国旧教育存在五大弊端,即依赖天工、沿袭陈法、仪型他国、率任己意、偶尔尝试,新教育要革除旧弊,以试验为主。试验教育要注意试验的心理学,应设

① 吴刚平、安桂清、周文叶:《新方案·新课标·新征程:〈义务教育课程方案和课程标准(2022 年版)〉研读》,华东师范大学出版社,2022,第 7 页。

② 陈波:《陶行知教育文选》,浙江大学出版社,2014,第 26 页。

立试验的学校，应注意应用统计法，应注重试验的教学法。

“有些人恳求进步，有些人只晓得自划地，除了几本教科书外，没有别的书籍。——诸君已经毕业之后，还在这儿讨论教育，那是最好的。——他人叫我怎样办，我便怎样办，专听上头的命令。要晓得上头的命令，只不过举其大端，其中详细的情形，必定要我们去试验。用了种种方法，有了结果，再去批评他的好坏，照此屡试屡验，分析综合，方才可下断语。倘使专靠外国，或专靠心中所有，那末，或是不了了之，或是单凭空想，或是依照古老的法子，或是照外国的法子，统是危险的。从前人说‘温故而知新’，但是新的法子从外国传到中国，又传到杭州，我们以为新的时候，他们已经旧了。所以望大家注意，不可不由自己试验得出真理，方不至于落人之后。[①]”关于试验主义的重要性，什么是试验主义，如何开展试验主义的教育，试验教育要注意哪些问题，陶行知都进行了系统而深入的论述，他认为教师只有固守试验精神才能紧跟世界新教育发展之潮流，才能培养出新国新民的人才，教育救国才能发挥应有作用，成为可能。

二、山区教师的岗位创业

试验是一种探索，一种创新，敢于试错，敢为人先，今天教育领域的试验更多地使用“实验”一词，从全国各地的实验中学、实验小学等冠以“实验”二字的学校名称可见一斑。在教育实践领域，国内多位教育专家与中小学联合开展了教育“试验”，如华东师范大学叶澜教授开创的“生命·实践”教育学派，带动发展了一大批基础教育学校；苏州大学朱永新教授自2000年发起“新教育实验”并在全国推广，新教育实验学校现已达8 000多所；华中师范大学周洪宇教授以陶行知生活教育思想和马克思实践哲学为理论指导，在多个省市建设“生活·实践”学校，推行教育改革。国内教育“试验”正如火如荼开展，山区教师既是一个复合称谓，也有具体所指，山区教师的教育试验是指在教育岗位上进行岗位创业。何谓岗位创业，也有人将其称为“内创

① 陶行知：《陶行知全集（第一卷）》，四川教育出版社，2009，第271页。

业”,内创业可以被界定为在一个现存企业中,个体或团队进行的新业务创造或多种创新活动的过程①,山区教师的岗位创业是指山区教师在约定的工作岗位上,以创业者心态从事教育创新活动,创造新价值。具体来说,山区教师岗位创业可以从以下几个方向展开。

第一是山区教师要以创业者心态从事古老的教育教学工作。马克思主义教育学家杨贤江说:“自有人生,便有教育。”如果将孔子视为中国私学的最早开创者,教育工作至今已有两千多年历史,可以算得上一份古老职业。自近代工业革命以来,科学技术对各行各业都产生了广泛而深刻的影响,教育领域对技术变革几乎无动于衷。教室里面,除了将原来的黑板换成了多媒体外,数百年来,教室布局无甚变化,教学仍然是教师主导,一人对着一群人。山区教师以创业者心态从事古老的教育教学工作就是要以创造心态、奋进精神及危机意识从事教育教学工作,创业是“从无到有”的过程,没有价值创造便没有企业的存活,教育教学工作也一样,教师要创造教育价值。常说商场与战场,处处充满危机,稍不留神,企业可能就会破产,创业者要时刻紧绷“不进则退,慢进也是退”的奋进之弦,勇毅前行,加快发展。有人说延续千年的教育是农业不是工业,是慢工出细活的工作,在知识更新迭代明显变快的现代社会,教育也要讲求效率和效益。浪费时间等于浪费生命。一个为几十人上课的教师,每浪费一分钟时间,对于所有上课学生来说实则是时间与人数的乘积,后果不可谓不严重。

第二是山区教师要以创业者能力整合教育教学中的各种资源。对于山区学校来说,最为缺乏的是办学资源。创业者最核心的能力是资源整合能力,他们能够将一些在A认为是没有价值的廉洁资源高价卖给急需此类资源的B,从而实现资源重组及价值增值。山区教师要增强资源整合能力,多向创业者学习,变废为宝,实现教学资源倍增。例如,一些山区学校周边有许多传统手工艺人,随着工业化发展,传统手工艺品逐渐被机械加工品所替代,手工艺者沦为时代“弃儿”,这些传统手艺人仍然保留着优良的传统技

① 黄兆信等:《以岗位创业为导向:高校创业教育转型发展的战略选择》,《教育研究》2012年第12期第47页。

艺。如果山区教师是个有心人，深入挖掘当地传统工艺技术，依照校本课程开发思路，将其整合成校本课程，山区手工艺就变成了山区学校的课程资源，手艺人就成了山区学校学生的导师。这既增加、丰富了山区学校的课程资源，也为学校增加了人力。陶行知在南京创办晓庄师范期间，就曾起用过一批农村“指导员”，他们有捕蛇者，有种庄稼者等。重新启用“乡贤”，对于山区学校来说，既可以减少办学成本，也可以打造办学特色。山区学校周边空地多，无人问津，山区学校可以将其开发成劳动教育实践基地，引导学生参与农业劳动，学习农业科学技术知识。

第三是山区教师要以创业者精神持续推动学校事业发展。笔者认为，创业者精神是宽容博爱，不怕吃苦，不断创新，敢于放空自己，敢于冒险，敢于重新开始，有良好的专业理论知识，善于整合社会资源，在做中学，在学中做，边学习边总结，边反思边进步，勇担责任，永不放弃地寻求新的事业[①]。山区教师要学习创业者身上的这些优秀精神品质，既做有温度的“教育家”，也做讲求效益的“创业家”，实现“双家”特质的融合。山区学校事业发展的受制因素众多，既有教育主管部门的行政领导、教育经费划拨、生源变化、校长领导风格、学校软硬件建设等教育系统内部的因素，也有政治经济环境、区域文化传统、学校区位、学生家长素质、校社关系等教育系统外部的因素。以创业者精神推动学校事业发展的山区教师要学会管理，善于规划。要将规划思想渗透于办学全过程。学校规划不仅仅是落实上级任务及领导指示，也不是“规划规划，墙上挂挂”，山区学校要做真规划，真正实施规划，以规划为引领，推动学校健康持续发展。

① 徐正林：《陶行知：一位教育创业的恳拓者》，《煤炭高等教育》2014 年第 4 期第 40 页。

第七章

陶行知成人教育思想与山区学校发展

陶行知不仅重视儿童教育，也十分重视成人教育。早在 1921 年，他就明确指出："中国成人教育，特别重要。"成人教育对经济社会和国家发展具有重要意义。在 1924 年发表的《平民教育概论》中，他指出成年人受的教育"对于自己生计最有关系，可以从书籍报纸上多得些改进的知识和最新的方法"，成年人"顺带着学些写信、记账的法子，于个人很有莫大的便利，自然是不消说了"。陶行知还指出："一般无知识的人对于子女的教育漠不关心，若是自己会读书，就明白读书的重要，再也不肯让自己的儿女失学。①"

1922 年，陶行知在演讲中提到，"各级政府，不能只看到少年儿童的教育，而忽视了成人教育。这是因为'中国现在内外交困，社会多故，如若候着那班小孩子去改造，非待二三十年后不能奏效。所以欲免除目前的危险，必须兼顾着老幼的教育'。"1923 年，陶行知在致友人陈仲沂的信中说，"中国现在危亡之祸迫在眼前，万万等不及国民小学的学生长大之后，再出来为国家担当责任。我们必定要努力把年富力强的人民赶紧培植起来，使他们个个读书明理，并愿为国家鞠躬尽瘁。②"在成人教育实践方面，陶行知早期注重成人的文字教育、普及教育，后期更注重成人的职业教育及青年教育，他的成人教育思想是特定历史阶段的产物，随时代发展而不断变化。

---

① 陶行知：《陶行知全集（第一卷）》，四川教育出版社，2009，第 565 页。

② 陶行知：《陶行知全集（第八卷）》，四川教育出版社，2009，第 20 页。

第一节　“把年富力强的人民赶紧培植起来”——山区成人教育

中华民国成立后，人们思想得到极大解放，知识分子们纷纷批判传统引入新知，各种新理念新学说新思潮风起云涌，汇集成20世纪20年代的新文化运动，并触发了五四运动的爆发。新文化运动促进了教育观念革新，教育朝平民化方向发展是当时的教育潮流之一，平民教育倡导者以平民为教育对象，向平民普及语言文字、卫生等基本知识，努力破除传统社会的尊卑贵贱、劳力与劳心、治人与治于人的阶级差别。1916年10月全国教育会联合会通过《注意贫民教育案》，1919年10月又通过《失学人民补习法》，表明平民教育问题已引起教育界和社会的重视①。在众多平民教育参与者中，陶行知是重要代表人物之一。

一、把年富力强的人民赶紧培植起来

国家强盛首赖民众智识，教育是提高民众智识的重要举措。20世纪20—30年代的中国文盲太多，不识字者太多，亟须实施普及教育，亟须“把年富力强的人民赶紧培植起来”。陶行知认为平民教育是“各种教育的基础”“普及教育的先声”。因此，他积极投身于平民教育运动。1923年5月，陶行知与朱其慧、晏阳初等人发起成立了中华平民教育促进会，之后朱其慧被选为该会董事长，陶行知为董事部书记，晏阳初为干事长。中华平民教育促进会在平民集聚的地方遍设平民学校、平民读书处、平民问字处，不到9个月的时间里在全国20个省市区设立了50多个平民教育促进分会，50多万人学习了《平民千字课》，该教材发行量达300万册之巨。

关于中华平民教育促进会创办的缘起及经过，朱君允在《中华平民教育

① 孙培青：《中国教育史（第四版）》，华东师范大学出版社，2019，第389页。

促进会筹备之经过》中写道:“中华土地之大,民众之多,冠立全球,首屈一指。然一视我中华民国四万万人民中,乃有三万万二千万为不识字者,即中华民国四万万人中,有三万万二千万不健全之份子。不识字,不知我中华民国数千年文化为何物。不识字,不知世界大势潮流,不知中华民国为何物。不识字,民意不相联络,不能发展中华民国精神。一人不识字,减少个人活动;多数不识字,则多数麻木不仁。况我中华民国乃有如此巨数之不识字者。若言‘民为邦本’,则中华民国何以生存。①”当时,中华平民教育促进会的首要任务是教人识字并进而发展中华民国精神。陶行知说:“一个共和国的基础稳不稳固,全看国民有知识没有。国民如果受过相当的教育,能够和衷共济,努力为国家负责,国基一定稳固。如果国民全未受过教育,空空挂了一块民国的招牌,是不中用的。②”陶行知深刻地认识到开展平民教育与民族国家发展之间的关系,不遗余力地推行平民教育,甚至不惜辞去大学教职,全身心参与平民教育工作。

陶行知开展平民教育目的明确,目标聚焦,思路清晰,举措得当,效果明显。他认为平民教育的目的是使老百姓“做新民”;目标是用最少的时间、最省的经费,使 12 岁以上的失学国民都能识字,都能读书学文化,做爱国的主人;推广思路是首先与教育界名流黄炎培、胡适、袁希涛等交流想法,征询意见;其次是建立全国性推进组织——中华平民教育促进会,聚集推广力量;第三是先在南京、北京等重点城市试验,再由点到面,逐步发展,分阶段推进;第四是多做演讲、座谈,加强宣传,与教育局局长合作,推动试验落地;第五是编写适用、有效的教材《平民千字课》,创新教学方法——连环教学法,创设毕业考核制度,并请名人试验新方法,扩大活动影响力;第六是持续发现并改进平民教育实验中出现的新问题。

由于陶行知采取了一系列行之有效的方法推广平民教育,如动员梁启超、熊希龄、蒋梦麟、胡适在家创办平民读书处,请郭秉文夫人、姚文采夫人、郑晓沧先生在家里试验连环教学法;对河南 90 余县教育局局长做平民教育

---

① 陶行知:《陶行知全集(第一卷)》,四川教育出版社,2009,第 598 页。

② 陶行知:《陶行知全集(第一卷)》,四川教育出版社,2009,第 596 页。

演讲，该省73县开办了平民学校，64县决定使用《平民千字课》[①]；在逗留安徽的9天时间里，不考虑拜访各类厅官、警察等公务事项，仅平民教育讲座就讲了13场，他尽一切可能扩大平民教育影响。在致妹妹文渼的信中他说："最近一星期来，我脚迹所到的地方就是平民教育所到的地方。店里，家里，旅馆里，饭馆里，学堂、私塾里，甚至于和尚庙里，我都去劝过平民教育，并且很有效验，很有乐趣。我过几天还要到军队里，工厂里，清洁堂里，监狱里，济良所里去推广平民教育。这许多地方我都要亲自带学生去试验。[②]"陶行知如此不遗余力地推广平民教育运动，就是要抓紧时间"把年富力强的人民赶紧培植起来"。

二、山区成人教育

民国时期的平民教育（成人教育）主要是文字教育，或者说扫盲教育，经政府倡导，知识分子推动实施，演变为一种强大的社会教育思潮。20世纪20年代末期，平民教育运动逐渐转化为乡村教育运动，并最终融入30年代流行一时的乡村教育运动[③]。中国共产党在创立之初就高度重视平民教育问题，党的早期创始人陈独秀、李大钊、毛泽东等在共产党创立前就开展过不同形式的平民教育。1925年中国第二次全国劳动大会通过的《工人教育议案》，要求政府用法律形式保证男女劳动者有接受补习的机会。新中国成立后国家成立了专门的扫盲工作领导机构，持续70多年在全国各地掀起了轰轰烈烈的扫盲运动，基本扫除了青壮年文盲。据国家统计局第七次全国人口普查结果公布，截至2021年，全国文盲人口（15岁及以上不识字的人）为37 750 200人，文盲率为2.67%[④]，下降到历史最低水平。

党的十八大以来，党和国家以前所未有的力度加大了对革命老区、贫困

---

① 余子侠：《山乡社会走出的人民教育家：陶行知》，湖北教育出版社，1999，第176页。

② 陶行知：《陶行知全集（第八卷）》，四川教育出版社，2009，第11页。

③ 孙培青：《中国教育史（第四版）》，华东师范大学出版社，2019，第390页。

④ 王哲文、吴洪成：《中国共产党领导扫盲教育的百年历程、意义与经验》，《学术探索》2022年第12期第143页。

山区的发展支持。山区发展的首要任务是脱贫。2012 年习近平总书记在河北省阜平县考察扶贫开发工作时说:“消除贫困、改善民生、实现共同富裕,是社会主义的本质要求……全面建成小康社会,最艰巨最繁重的任务在农村,特别是在贫困地区。没有农村的小康,特别是没有贫困地区的小康,就没有全面建成小康社会。[①]”从“扶贫开发”到“精准脱贫”,再到“全面小康”“共同富裕”,山区社会在国家宏观政策的大力支持下,整体面貌焕然一新。现阶段山区社会的发展目标不再是“脱贫”,而是防止“返贫”,实现全面小康、共同富裕,山区成人教育的主要任务也不再是扫盲识字,而是职业技能培训、信息技术教育、创业教育等。因此,山区成人教育要从以下几个方面着力。

第一是要加大对山区成人的职业技能培训。增强职业技能是提高山区成人工作能力的重要举措,提高山区成人工作能力则能够改善山民个人及整个家庭的经济收入状况。贫困成因十分复杂,“志”和“智”是影响山区人口是否脱贫的两个重要因素。习近平总书记在中央扶贫开发工作会议上指出:“治贫先治愚,扶贫先扶志。教育是阻断贫困代际传递的治本之策……脱贫攻坚期内,职业教育培训要重点做好。一个贫困家庭的孩子如果能接受职业教育,掌握一技之长,能就业,这一户脱贫就有希望了。[②]”2021 年,我国取得了现行标准下脱贫攻坚战的全面胜利,9 899 万农村贫困人口全部脱贫,习近平总书记说,“脱贫摘帽不是终点,而是新生活、新奋斗的起点[③]”,加大对山区成人的职业技能培训,推动各项具体工作落实,需要“国家—省(直辖市)—市—县(区)—乡(镇)”五级政府统筹联动,可以采取国家、省、市出政策、出资金,县、乡具体落实的工作模式。要充分发挥地方应用型本科院校、职业技术学院的教育优势,鼓励相关企业提供实践实训的岗位机会,实施“做中学”“做中练”的技能培训模式,根据山区成人实际需要及时间安排,量身定制个性化培训方案,全面提高山区成人职业技能。

第二是要加大对山区成人的信息技术教育。当前人类已进入以人工智

① 习近平:《习近平谈治国理政》,外文出版社,2014,第 189 页。
② 中共中央党史和文献研究院:《十八大以来重要文献选编(下)》,中央文献出版社,2018,第 42 页。
③ 习近平:《习近平谈治国理政(第四卷)》,外文出版社,2022,第 138 页。

能、物联网、3D 打印等为标志的第四次工业革命时期，信息技术渗透到社会生活的各个方面。《第 50 次中国互联网络发展状况统计报告》显示，截至 2022 年 6 月，我国网民规模达 10.51 亿，互联网普及率为 74.4%。其中，我国城镇网民规模达 7.58 亿，占网民整体的 72.1%；农村网民规模达 2.93 亿，占网民整体的 27.9%[①]。2019 年，我国城市人口为 8.48 亿，农村人口为 5.52 亿；以 2019 年城乡人口结构为参照，按 2022 年农村网民数估算，我国农村地区尚有超过 47%的居民不会上网。互联网在资讯搜索、购物、出行、人际交流、在线办公、休闲娱乐等领域应用广泛，作用明显，能够为使用者工作、生活、休闲带来极大便利，熟练使用网络已成为现代人的一项基本技能。农村网民数少可能因为农村网络基础设施差，也可能是村民没有合适的网络设备，还可能是村民网络使用技术较差，不会使用或者担心遭遇网络诈骗。2021 年我国现有行政村实现“村村通宽带”。2022 年 4 月，工业和信息化部等五部委联合印发《2022 年数字乡村发展工作要点》，提出到 2022 年底，5G 网络实现重点乡镇和部分重点行政村覆盖。国家持续推进物联网、大数据、人工智能、云计算等新一代信息技术与种植业、畜牧业、渔业等加深融合，持续加快农村电商发展，打通城乡消费循环。在信息化浪潮背景下，要加大对山区成人进行信息技术教育的力度，尤其是要加强对山区识字青壮年的网络使用技术培训，使山区成人善于使用技术，学会用技术改善生活。有条件的地方政府要专门针对山区成人开办农村电商培训班，引导农民将山里过剩的农产品资源卖出去，提高经济收入。

第三是要加大对山区成人进行创业意识及技能培训。山区有独特的资源禀赋，一方水土养一方人。如果精心谋划，有组织推进，能够将山区的劣势转化为优势。例如，山区空气清新，水质优良，海拔高，污染少，适合种植高品质的高山有机蔬菜。高品质的有机蔬菜是市场稀缺产品，价格一般高于普通蔬菜。山区成人会种，但不会卖，偶尔的零售也是小打小闹。假若对山民施以适当的创业教育，提高山区成人的创业意识，引导山区农民构建产

---

① 中国互联网络信息中心：《第 50 次中国互联网络发展状况统计报告》，http://www.cnnic.net.cn/6/86/88/index.html，访问日期：2023 年 1 月 24 日。

销一体的有机蔬菜供销体系，打造山区农产品品牌，将极大提高山区农产品的附加价值，增加山民收入。再如，山区气候宜人，环境宜居，经常能吸引一些大城市游客到乡村旅游，游客到乡村后往往会碰到吃住困难等实际问题。游客的问题就是创业者的机会。山民由于缺乏创业意识，缺少创业能力，不善于发现创业机会，“等、靠、要”思想严重，延缓了山区经济社会发展。因此，要加大对山区成人进行创业意识及技能的培训。如浙江省丽水市多年来坚持“绿水青山就是金山银山”的发展理念，“靠山吃山”，依托丽水学院创办了农村电子商务学院，加强对山区成人进行创业意识及电子商务技能培训，建成了浙江省唯一的农村电商创新发展示范区。截至2017年，丽水下属的遂昌县就建有网店2 000多家，网货供应商300多家，第三方服务商40多家，农村电子商务从业人员8 000多人。遂昌的“赶街”模式覆盖了全国17个省、42个县，建设超过8 200个赶街村级电商服务站，月销售额超过2 600万元。

第二节　“流动式的教育”——山区学习型社会建设

民国时期，战乱频仍，偌大的中国很难放下一张安静的书桌。陶行知创办的晓庄师范、山海工学团、育才学校、重庆社会大学等与民国时期其他学校一样，因时势动荡等原因，断断续续办学，经常变更校址。学校被迫关闭后，师生到处“流浪”，教育家也只能开展“流动式的教育”。从1917年陶行知自美国归来，开始教育工作，从南京到北京，再到南京，又辗转日本、欧美等国，上海、香港、重庆等地，最后回到上海，仅有30年短暂的教育职业生命，但在各地都干出了傲人的业绩。从陶行知粗略的活动轨迹来看，他每到一处，都以教育为核心，或开展演说，或撰文立说，或创办学校，从未失教育者之身份，可视其为“流动式教育家”的典范。“流动式的教育”是教育家在特定历史时期的无奈之举，被迫的“流动”激活了教育家的教育创新力，促进了流入区的教育发展。

一、“流动式的教育”

教育的本质是思想流动。教师的“教”是传授新知识、新思想的过程，学生的“学”是学习新知识、产生新思想的过程，教育的过程是思想流动的过程。教育流动有“主动式”流动和“被动式”流动之分，社会安定时期，一般出现教师不动学生动，学生主动“流动”的现象，而国家动荡时期，则多出现教师带着学生动，师生被动“流动”的现象。办学过程中，陶行知非常重视“主动式”流动，用制度督促师生流动起来，即创办“流动式的教育”。在晓庄师范办学期间，陶行知要求晓庄师生主动送教上门，定期去农民家“会朋友去”。晓庄师范规定“每星期四下午是晓庄师生‘会朋友去’的固定时间，在去之前，要开会商议出去的具体目的要求、内容方法，回校后要汇报小结，总结经验。刚开始，晓庄师生很不习惯，农民也不敢接近他们，见了面也不肯多说话。去的次数多了，晓庄师生尽可能帮助农民解决一些实际问题，农友与晓庄师生的关系逐渐密切起来，每个人还有一二个亲密的农友[①]”。后来农友也会主动到学校来与晓庄师生讲真心话，邀请师生到家里做客，通过“会朋友去”，加强了晓庄师生与农友的情感联系，晓庄师生有机会了解到农民的真实生活，学习到很多书本上学不到的知识，无形中拓宽了师生眼界，提高了师生的社会责任感，也增进了农友的“向学性”，改变了农友。

“流动式的教育”的理论基础是“生活即教育”“社会即学校”“教学做合一”。在生活教育理论指导下，一群“小先生”开始了他们“流动式的教育”。1935 年 10 月 10 日，由陶行知指导、资助的新安旅行团（首批团员 15 人，最大的 17 岁，最小的 12 岁）正式成立，该团携带一套电影放映设备和几部无声黑白抗日影片，在校长汪达之的带领下，历时 17 年，先后有 600 多名儿童加入，行程 5 万余里，足迹遍及 22 个省份。毛泽东、周恩来、刘少奇、朱德等中国共产党亲切关怀并指导过该团，宋庆龄认为“新安旅行团曾经旅行全国，宣传民众，组织儿童，为抗日战争和争取民主中国胜利作出一定的贡献”，她

---

① 童富勇、胡国枢：《陶行知传》，教育科学出版社，1991，第 134 页。

“愿青少年学习这种精神，使它世代相传”①。据史料记载，新安旅行团开展“流动式的教育”有两个目的，“一是为国家社会尽一点力；二是通过做一些事情从中学习各种知识”，主要的教育方式是放映电影、演讲、唱歌和读书。张敬茂详细解释了新安旅行团如何将放映电影与演讲进行结合，他认为当时“中国的教育不发达，有百分之八十的人民是不识字的。因为不识字，所以根本不会明白国家大事。叫他们来救国，这是很不容易的事，所以普及教育在中国是极需要的。电影是普及教育最好的工具，就是一个什么都不知道的人，他看了也可以懂，可以明白意思。我们觉得电影的力量伟大，于是就利用它拿到乡间去放映。乡下老百姓的思想简单，虽然电影他能看懂，但是我们觉得这还不够。因为有许多地方，都是电影上所没有的，我们的希望是必须使大家都识字，这就是普及教育的工作，实行即知即传人的运动。但是我们的生活，不是固定的（到各处旅行），不能够自己出手去工作。所以只好推动当地的小学生及其他人去实行；我们就用演讲和谈话的方式，提出几个问题或时事，和他们讨论，使他们能够明了。②”

如果说陶行知亲自推动的“会朋友去”制度和他直接指导的新安旅行团是“流动式的教育”的1.0版本。那么抗战期间陶行知弟子金海观发明及应用的“教育担”则是“流动式的教育”的2.0版本。抗战爆发后，浙江省会杭州沦陷，省教育厅及一大批学校迁居浙西南山区。陶行知指导创办的湘湖师范也转移至浙西南山区办学。该地区山高路险，老百姓聚居分散，许多人一辈子都没有接受过教育。金海观积极践行陶行知的生活教育理论，主动在浙西南山区开展流动式教育，与同事一起创造性地发明了“教育担”。“教育担”简单实用，携带便利，曾得到联合国文教组织远东区基本教育研究会的重视。所谓“教育担”实际上是一套便利的教育工具，“一式两柜，每柜高约半米，分四格四屉，重五公斤。柜顶画上棋盘，柜后画上地图……四格四屉中分类装有书报、收音机、望远镜、小商品、医药用品、笔墨砚台、琴棋等等。

① 刘友开：《汪达之教育文集》，中国文联出版社，2003，第242—243页。
② 周志平：《新安旅行团史》，西南师范大学出版社，2021，第57—58页。

收拢可以挑着走，拆开一部分，可作小黑板等进行教学和各种活动使用。[①]”其发明原型是“货郎担”和“教育车”。1944 年 10 月，在金海观校长的带领下，几名男女同学轮流挑着“教育担”到浙西南山区的新庄祠堂开展“流动式的教育”，开展平民成人教育。

二、山区学习型社会建设

“流动式的教育”是对教育精神的坚守，教育事业的弦歌不辍，其目的是赓续并发扬教育精神，教育家希望让更广泛的社会成员接受到更好的教育，尽最大能力发挥教育的最大功效。时代转变后，教育环境发生了根本性变化。教师再也不用被动地“流动式”办学。在政治稳定，“足食足兵”的文明社会，任何一个教育家都抱持着一种构建学习型社会的朴素理想。20 世纪 90 年代，联合国教科文组织发布的《教育——财富蕴藏其中》指出，“终身学习是打开 21 世纪光明之门的钥匙”。1996 年美国发布了《〈国家学习〉展望 21 世纪》，欧洲及日韩等国家也纷纷将终身学习作为基本国策之一，自此终身学习、终身教育成为全球共识。终身学习、终身教育是从个体及时间维度出发认识学习价值，学习对于社会来说，更多的是一种个体行为。2013 年，联合国教科文组织与中国联合举办全球首届学习型城市大会，围绕“全面终身学习：城市、繁荣与可持续发展”主题进行交流研讨，形成《建设学习型城市北京宣言》和《学习型城市的主要特征》两个重要文件[②]。在此之前，党的十六大就已将“形成全民学习、终身学习的学习型社会，促进人的全面发展”作为“全面建成小康社会的奋斗目标”之一。党的十七大、党的十八大、党的十九大以及 2022 年胜利召开的党的二十大都一以贯之地提出要“建设全民终身学习的学习型社会、学习型大国[③]”。在学习型社会建设的大背景下，山区如何建设学习型社会呢？笔者认为可以从以下几个方面努力。

---

① 蒋明炬：《金海观传（1897—1971）》，黄山书社，1995，第 138 页。

② 叶忠海：《终身教育通论》，学林出版社，2020，第 43 页。

③《党的二十大报告辅导读本》编写组：《党的二十大报告辅导读本》，人民出版社，2022，第 31 页。

第一是以学习型城市建设为载体,大力推进学习型山城建设。党的十六大以来,国内近百个城市先后提出了建设学习型城市的发展目标。2014年教育部等七部门印发《关于推进学习型城市建设的意见》[①],这是我国第一个国家层面的学习型城市建设指导文件。该意见指出,“建设学习型城市,对于培育和践行社会主义核心价值观,提升国家核心竞争力和社会文明程度;对于推动城市经济发展、产业结构升级,服务新型城镇化建设、促进城市建设管理创新;对于满足人民群众学有所教的终身学习需求、促进人的全面发展等具有重要意义。”该意见在基本原则中提出了“城乡一体,以城带乡,全面推进”的基本原则,设定了“大力培育和践行社会主义核心价值观,凝聚全社会价值共识;构建终身教育体系,促进各类教育融合开放;加强企事业单位职工教育培训,提高从业人员能力素质;广泛开展城乡社区教育,推动社会治理创新;推进各类学习型组织建设,增进社会组织活力;统筹开发社会学习资源,促进学习资源开放共享;有效应用现代信息技术,拓展学习时空”这七大任务,以及“建立健全领导管理体制;推进法规制度建设;加强队伍建设;加大多渠道投入力度;营造终身学习文化氛围;开展评价、监测与国际交流”这六项政策措施。这个意见是指导山区建设学习型社会的纲领性文件,山区政府要以该文件为依据,根据地方实际制定落实意见及实施方案。

第二是以基层党组织建设为载体,深化实施学习型组织建设。中国共产党是中国工人阶级的先锋队,同时是中国人民和中华民族的先锋队,是中国特色社会主义事业的领导核心,代表中国先进生产力的发展要求,代表中国先进文化的前进方向,代表中国最广大人民的根本利益[②]。《中国共产党党内统计公报》显示,截至2021年12月31日,中国共产党党员总数为9671.2万名,中国共产党现有基层组织493.6万个,其中基层党委27.8万个,总支部31.6万个,支部434.2万个[③]。党组织由党的中央、地方和基层

① 教育部等七部门:《关于推进学习型城市建设的意见》,http://www.moe.gov.cn/srcsite/A07/zcs_cxsh/201409/t20140904_174804.html,访问日期:2023年1月24日。

② 《中国共产党章程》,人民出版社,2022,第1页。

③ 中共中央组织部:《中国共产党党内统计公报》,http://www.gov.cn/xinwen/2022-06/29/content_5698404.htm,访问日期:2023年1月24日。

组织组成。党章规定，凡是有党员三人以上的企业、农村、机关、学校、医院、科研院所、街道社区、社会组织、人民解放军连队和其他基层单位都要成立党的基层组织。党的基层组织是党在社会基层组织中的战斗堡垒，是党的全部工作和战斗力的基础。它的基本任务之一是“组织党员认真学习马克思列宁主义、毛泽东思想、邓小平理论、‘三个代表’重要思想、科学发展观、习近平新时代中国特色社会主义思想，推进‘两学一做’学习教育、党史学习教育常态化制度化，学习党的路线、方针、政策和决议，学习党的基本知识，学习科学、文化、法律和业务知识。①”学习是增长知识，提高能力的重要途径，也是基层党组织的基本任务。一个基层党支部就是一个战斗堡垒。党员同志要充分发挥模范带头作用，不仅与党员一起学，还要带动周边的其他同志学，将所在组织建设成学习型组织。

第三是选树身边终身学习的典范，在全社会弘扬学习精神。中国自古就有“活到老，学到老”的古语。孔子说：“吾十五有志于学，三十而立，四十不惑，五十而知天命，六十耳顺，七十从心所欲不逾矩。”陶行知说：“出世便是破蒙，进棺材才算毕业。”刘向在《说苑》中说：“少而好学，如日出之阳；壮而好学，如日中之光；老而好学，如炳烛之明”。这些都是激励后人矢志不渝、终身学习的名言佳句。在当今信息革命时代，人类知识急剧增加，知识老化速度加快，半衰期缩短。据联合国教科文组织统计，人类近30年所积累的科学学问占有史以来积累的科学学问总量的90%，而在此之前的几千年中所积累的科学学问只占10%。英国专家詹姆斯·马丁测算，人类知识在19世纪是每50年翻一番；日本科技政策研究所撰写的《2020年科技预测》指出，从1993年到2003年的10年内，人类知识翻了一番；从2011年至2020年的10年内，人类知识将比现在增加3—4倍。另据预测，到2050年左右，人类如今所控制的知识，届时将仅为知识总量的1%。据调查，18世纪知识陈旧的速度为80—90年，近50年缩短为15年，甚至有的学科已缩短为5—10年，在信息领域知识的半衰期只有3年。据国外资料统计，大学生毕业一年后，其在校所学的知识大约老化15%，五年后老化为50%—70%，也就是

① 《中国共产党章程》，人民出版社，2022，第44—45页。

说普通大学毕业生应在8—10年时间内将全部知识更新,否则,所掌握的知识将会老化,最终面临被淘汰的危险[①]。无论是先贤激励还是时势发展要求,每个个体都需要持续学习,终身学习。学习是苦还是乐?见仁见智。爱学习者沉浸在学习中体验获取新知的快感,不知老之将至,乐在其中,但也有板凳甘坐十年冷的寂寞与孤独。现代社会亟须能够根据工作及时势需要,即刻学习,即时创新的人才,这种"即刻学习,及时创新"的人才并不是召之即来的,他们的成长需要长期的积累、涵育。因此,要在全社会大力弘扬学习精神,鼓励学者甘坐冷板凳,潜心研究,苦心孤诣,社会各界要关心爱学习的终身学习者,对终身学习典范予以表彰,营造良好的学习氛围。

第三节 "谈社会大学"——山区成人教育改革

陶行知接受过完整的大学教育,留美归国后第一份工作,即是在大学里从事教学及管理工作。系统的高等教育训练及其在高校的教学、科研、管理工作经验为陶行知成人高等教育思想的形成奠定了基础。诚然,陶行知自认为是一介平民,要戒除资产阶级知识分子的奢靡之毒,所以他很快从主要交往于"贵族圈"的大学教授转换为"与牛大哥为伍"的平民教育家,融入时代洪流之中。在陶行知短暂的五十余载的生命历程里,他忙忙碌碌,奔奔波波,有人批评他,说他办学没有中心思想,"忽儿提倡普及教育,忽儿提倡天才教育,忽儿办小学,忽儿又办大学"。笔者认为在近现代中国那个经常"城头变化大王旗"的动荡社会,知识分子只有在不断地"试错"中才能找到救国的良方,于国家和人民才能有贡献。因此郃爽秋认为陶行知无论办什么形式的学校都是"为人民服务"的[②]。抗战胜利后,陶行知在重庆看到"本城失学、职业青年"失学过多,"要求利用夜间空时进行学习"的愿望,指导青年学生"自动创办成'社会大学'",陶行知欣然接受了学生的邀请并不遗余力支

① 叶忠海等:《终身教育学通论》,学林出版社,2020,第228—229页。

② 刘奇:《郃爽秋文集(下)》,南京大学出版社,2022,第1484页。

持社会大学发展。该大学于1945年12月筹建，1946年1月15日开学，16日已正式上课，创办初设置了文学系、政治系、教育系、新闻系和民间艺术系。该校存续时间虽仅一年有余，但为国家民主建设培养了一批人才。

一、谈社会大学

1936年，陶行知就提倡要办一所“民族解放的大学校”，这所学校要比中央大学“大二三十万倍”，不需要花几百万元钱去建造像武汉大学那皇宫一般的校舍，所有工厂、农村、店铺、家庭、戏台、茶馆、军营、学校、庙宇、监牢都可以成为这个大学校的分校①。日本投降后，毛泽东亲赴重庆谈判并与国民政府共同签署《双十协定》，1946年1月全国政协会议召开。陶行知认为政治民主有所进步，有感于当时青年的学习需要，经过短暂筹备，与冯玉祥、李公朴、沈钧儒等在重庆创办了社会大学，实施成人青年教育。

何谓社会大学？按生活教育理论解释，陶行知认为：“社会大学有两种：一是有形的社会大学；二是无形的社会大学。社会大学运动是要把有形的社会大学普及出去，并且要给无形的社会大学一个正式的承认，使每一个人都承认这无形的社会大学之存在，随时随地随事进行学习……无形的社会大学，是只有社会而没有‘大学’之名。它是以青天为顶，大地为底，二十八宿为围墙，人类都是同学。依‘会的教人，不会的跟人学’之原则说来，人类都是先生，而且都是学生。”“有形的大学是夜大学，早晨大学，函授大学，新闻大学，旅行大学，电播大学……函授大学、电播大学，是要集中的办。旅行大学，包括陆海空三方面。新闻大学，是以好报为中心，辅以好杂志，并助以经常的座谈会②”。

陶行知认为大学之道是联结教授和学生最重要的纽带。何为“大学之道”，陶行知化用《大学》开篇中的“大学之道在明明德，在亲民，在止于至善”，认为“社会大学之道”是“在明民德，在亲民，在止于人民之幸福”。陶行

① 周洪宇：《开拓与创建：陶行知与中国现代文化》，山东教育出版社，2010，第236页。
② 陶行知：《陶行知全集(第四卷)》，四川教育出版社，2009，第559—561页。

知对社会大学之道提出了进一步的构想："社会大学之道，首先要明白人民的大德。人民的大德有四：一是觉悟。人民要觉悟，中华民国是一个大公司，各个国民都是老板：男的是男老板，女的是女老板，大人是大老板，小孩是小老板。二是联合。做老板要有力量，力量从联合而来，不联合没有力量，凶恶的伙计是不会理睬我们的！所以要联合，四万万五千万人要联合起来做老板才行。三是解放。有了力量便需进行解放，我们要联合起来，在进行解放的斗争中增长我们的力量。我们要学习争取六大解放：头脑解放，双手解放，眼睛解放，嘴解放，空间解放，时间解放。四是创造。解放出来的力量要好好地用，用在创造上，创造新自己、创造新中国、创造新世界……社会大学之道，要亲近老百姓。我们认为亲民的道理，比新民的道理来得切实。我们要钻进老百姓的队伍里去和老百姓亲近，变成老百姓的亲人，并且要做到老百姓承认我们的确是他们的亲人……社会大学之道，是要为人民造幸福。一切的学问，都要努力向着人民的幸福瞄准。所谓人民的幸福，用老百姓自己的话说便是福禄寿喜。照着人民所愿望的福禄寿喜四大幸福进行，我们的学习才于人民有益，才配成为社会大学。也只有社会大学与人民幸福打成一片，而后社会大学运动才成为人人应该参加的富有意义的大运动。"①

陶行知在《谈社会大学》一文中指出，"要真正把社会大学办起来，真正适合失学青年的需要，它的条件就必须'简单'，只有简单才易实行，普遍起来。所谓'简单'的办法，又包含着三个因素：第一个是要有热心的教授，第二个是要有好学而有大学力的失学青年，第三个是要有大学之道。"②社会大学一定要简单，不要纠结于洋房、基金和立案等问题，"有了学者做先生，有了学力够的好学的学生，有了大学之道，就可以构成社会大学"。社会大学的创办模式有三种：第一种是重庆社会大学的模式，好学的青年团结起来，自己发起，自己筹备、筹款，自己推董事、选校长，开出聘请教授名单；第二种模式是热心的在野在朝的教授团结起来，找好的学生，自己的朋友，合力开办；第三种模

① 陶行知：《陶行知全集（第四卷）》，四川教育出版社，2009，第 561—562 页。
② 陶行知：《陶行知全集（第四卷）》，四川教育出版社，2009，第 517—518 页。

式是社会贤达团结起来，找热心的教授，好学的学生，共同来创办。

重庆社会大学满足了陶行知主张的三个基本条件后，好学的学生们采取民主决议的方式聘请了冯玉祥、张澜、沈钧儒、饶国模、任宗德、史良、李公朴、陶行知为校董，推举冯玉祥为董事长，陶行知为校长，李公朴为副校长。社会大学学制三年，每周四节课，主要上课时间在夜间，初期开办了文学、政治、教育、新闻和民间艺术 5 个系，具体设系视学生报名情况以实际为准。学校租借了上课场所，学生入学需考试，办学经费主要靠募捐及中共中央南方局拨付，教师基本靠情怀工作，讲课费极低，工作人员由学生自己担任。据周洪宇考证，当时在重庆社会大学授过课的教授有翦伯赞、华岗、邓初民、许涤新、王昆仑、侯外庐、罗克汀、章乃器、何思敬、徐荇、宋云彬、杨晦、胡风、何其芳、骆宾基、黄芝岗、力扬、艾芜、曹靖华、潘菽、孙起孟、李公朴、陶行知、方与严、孙铭勋、陈翰伯、张友渔、宣谛之、章汉夫、于刚、潘天觉、田汉、巴金、林辰、李光诒、田伯萍、柳倩、聂绀弩、沈起予、屈楚、丁易等人。另外还有邓颖超、柳湜、秦邦宪、邓发、冯玉祥、黄齐生、乔冠华、郭沫若、沈钧儒、章伯钧、梁漱溟、老舍、熊复、田家、王亚平、陈白尘、于在、甘祠森、漆鲁鱼、郭则沉、何鲁、洪沛然、马哲民等也在重庆社会大学做过专题讲座①。社会大学以学生“自主学习为主，听报告为辅”，倡导“教学做合一”，每学期要进行学习效果考核，不过考核开卷，鼓励学生以团队合作形式完成作业。重庆社会大学集聚了一批爱国民主人士，因国民政府多次“挑刺”，仅存续一年多就被迫中止，虽然办学时间极短，但是它作为陶行知生活教育思想的一个重要实践，将永远在中国乃至世界教育史上闪烁灿烂的光辉②。

二、山区成人教育改革

陶行知创办社会大学有两个目的：一是为广大失学青年提供继续学习的机会；二是通过创办民主的社会大学汇聚一批民主人士，推进国家民主化

① 周洪宇：《开拓与创建：陶行知与中国现代文化》，山东教育出版社，2010，第 238—242 页。

② 袁振国、张癸：《伟大的人民教育家——陶行知》，江苏教育出版社，1991，第 352 页。

建设。早在社会大学创办之初,陶行知就断言,“假如政治民主了,政府就一定会顾虑到这一些青年,给他们以受大学教育的机会,办大学来普及这一类的高等教育的。将来还不止是一个社会大学,而遍地都会办起来的。如果是法西斯政治,这一个学校是不可能存在的①”。新中国成立后,尤其是改革开放40余年来,我国成人教育事业取得了突飞猛进的发展,基本扫除农村青壮年文盲,企业职工教育、农村成人职业教育、成人高等教育逐步恢复并持续发展,成人教育改革深入推进,基本形成了包括初等、中等、高等不同学历需求的成人教育结构层次,学历教育与非学历教育并行,办学和教学形式多样且与普通教育衔接的成人教育体系。

当前,我国成人教育在办学形式上,成人高等教育包括普通高校举办的函授部和业余(夜大学)、独立设置的成人学院、职工高等学校、农民高等学校、广播电视大学、网络学院等,采用高等教育自学考试的教育;成人中、初等教育包括各类成人中专学校、成人中学、农业广播电视学校等,采用中专自学考试形式。在办学规格方面,有学历层次和非学历层次教育。学历层次包括小学、初中、高中、中专中技、专科、本科以及研究生教育;非学历层次教育包括扫盲、农村实用技术培训、岗位培训、单科及格证书、专业证书以及教育大学后继续教育等。在办学渠道方面,在农村有县、乡(镇)各级政府以及农民协会、科技协会等社会团体;在城市,办学单位有各级政府部门、行业主管部门以及厂矿企业、事业单位,此外还有各群众组织、社会学术团队和个人办的成人教育培训机构②。《2021年全国教育事业发展统计公报》显示,2021年,我国“成人本专科招生378.53万人,比上年增加14.77万人,增长4.06%;在校生832.65万人,比上年增加55.36万人,增长7.12%;毕业生277.95万人,比上年增加30.99万人,增长12.55%。网络本专科招生283.92万人,比上年增加6.01万人,增长2.16%;在校生873.90万人,比上年增加27.45万人,增长3.24%;毕业生259.06万人,比上年减少13.19万人,下降4.84%。全国高等教育自学考试学历教育报考625.78万人次,取

① 陶行知:《陶行知全集(第四卷)》,四川教育出版社,2009,第519页。
② 中国成人教育协会:《中国成人教育改革发展三十年》,高等教育出版社,2008,第3页。

得毕业证书 48.94 万人[①]”。由此可知，我国成人高等学历教育在学人数持续增加，规模进一步扩大，质量要求有所提高。成人非学历教育类型多样，种类繁多，较难统计相关数据。山区成人教育是我国成人教育的重要组成部分，有其独特性，山区成人教育要从以下几个方面进行改革。

第一是要继续坚持成人学历教育和非学历教育并举的山区成人教育发展模式。学历教育与非学历教育并举是我国成人教育事业发展的总体原则，符合成人终身学习的教育需求。由于受传统的考试文化影响及文凭偏好因素，学历成为社会选拔人才的重要参考依据，它在升学、就业、晋升，甚至购房补贴方面发挥着作用，山区一大批无文凭者亟须通过成人教育方式，获得文凭，弥补人生“缺憾”，为职业发展添砖加瓦，为生活添彩。因此，山区成人教育机构要继续为山区成人提供学历教育。当今社会已演化为一个“证书”社会，许多行业“凡进必证”，考取各类行业资格证书是入职某些行业的必备条件。如教师行业的教师资格证书、会计行业的注册会计师证、证券行业的证券分析师资格证、护理行业的护士执业资格证书、婴幼儿照看行业的育婴师资格证、运输行业的机动车驾驶资格证等。一些高等院校、网络在线培训机构和社会组织等组织了相关职业资格证书考试的培训，为山区成人学习提供了便利。除上述成人学历及证书教育外，山区成人教育主管部门也要鼓励各协会、商会、事业单位及行业组织，定期或非定期举办形式多样的非学历教育培训。

第二是要继续搭建新平台，拓展教育资源，丰富山区成人教育资源供给。制约山区成人教育发展的最大障碍是学习资源不足。山区成人教育主管部门及各相关高校、培训机构要坚持开放发展成人教育、开门办学的理念，善于做牵线搭桥工作，多引入外部优质的成人教育资源，有效整合区域内各种学习资源。在外部资源拓展方面，可以充分发挥网络优势，与国家开放大学合作，用好国家开放大学的名师好课。另外，学习强国、智慧树、学习通等公司也提供了许多优质免费在线学习资源，要加强对相关 APP 软件使

---

① 教育部:《2021 年全国教育事业发展统计公报》，http://www.moe.gov.cn/jyb_sjzl/sjzl_fztjgb/202209/t20220914_660850.html，访问日期:2023 年 1 月 25 日。

用技能的培训。在区域内资源整合方面,可以整合地方公共图书馆、博物馆、科技馆、体育馆、文化馆和档案馆等馆属资源,引导山区成人用好这些免费的公共资源。陶行知指出,“事怎样做就怎样学,怎样学就怎样教”“学的法子要依据做的法子,教的法子要依据学的法子”“教学做合一”,因此工、农业生产现场就有最丰富的学习资源,山区成人可以采取“师徒制”“订单制”“协议制”学习方式,深入生产现场一线学,想进哪个行业,想从事什么职业就要去相关场所进行现场学习。

第三是要持续创新教育教学形式,增强灵活性,提高山区成人教育实效。山区成人一般工作忙、劳动强度大、时间紧,较少有整块时间安排学习。加之繁重的体力劳动过后,山区劳动者身体极度疲惫。因此,山区成人教育实施单位要根据山区成人学习者来源、需求、学习动机、学习状态等创设轻松活泼,易于接受的学习课程。例如,山区成人教育课程资源供给单位,或可根据山区成人实际需要为山区成人开设“常见疾病预防及诊断”“家庭教育专题讲座”“网络购物实操”“科学健身”“影视鉴赏”“家常菜制作”等课程。山区成人教育工作者甚至可以为山区成人量身定制个性化学习方案,采取送教上门、先学后教、个别指导的方式开展山区成人教育。总之,山区成人教育不是可有可无的教育,山区成人教育不是质量低劣的教育,山区成人教育不是低人一等的教育。山区成人教育既要考虑学习对象的特殊性,教学目标和学习内容由师生共同商定,教学组织形式灵活安排,但要以严格的标准,坚持教育教学的质量底线。

第八章

陶行知科学教育思想与山区学校发展

陶行知高度重视科学教育问题，认为科学教育与民主教育是相辅相成的，二者相互依存，缺一不可。科学教育包括教育的科学化和科学的教育化两个方面[①]。在教育的科学化方面，陶行知认为一要积极从事教育试验："新教育之所以新，旧教育之所以旧，亦视其发明能力之如何耳。发明之道奈何？曰，凡天下之物，莫不有赖于其所处之境况。境况不同，则征象有异。故欲致知穷理，必先约束其境况，而号召其象征，然后效用乃见。此试验之精神，近世一切发明所由来也[②]……故试验者，发明之利器也。……然近二百年来教育界之进步，皆由试验而来。是以裴斯泰洛齐试验幼子，而官觉之要以明；赫尔巴特设研究科，而统觉之理以阐；福禄贝尔创幼稚园，而游戏之效以著；杜威之集成教育哲学也，以试验；桑代克之集成教育心理也，亦以试验。[③]"二要将科学的方法应用在教育上："什么是科学方法呢？科学方法是有步骤的，是有线索的。第一步发现问题，第二步找到原因，第三步是找方法，第四步是选择最优方法，第五步是实验。[④]"除上述五个步骤外，还要注意客观性、数目观念、组织、教材和工具五个因素。

在科学的教育化方面，陶行知认为"科学教育应从儿童时代入手""科学要从小教起，我们要造成一个科学的民族"。20 世纪 30 年代初，陶行知创办"自然学园"和儿童科学通讯学校，编写儿童科学丛书，把科学知识送给儿童

---

① 周洪宇：《陶行知：生活教育导读》，福建教育出版社，2013，第 243 页。

② 陶行知：《陶行知全集（第一卷）》，四川教育出版社，2009，第 5 页。

③ 陶行知：《陶行知全集（第一卷）》，四川教育出版社，2009，第 8 页。

④ 陶行知：《陶行知全集（第一卷）》，四川教育出版社，2009，第 437—438 页。

和工农群众,以后又改为"空中学校",每周播送科学知识,并与董纯才、高士其等人一起推广科学普及事业,从事"科学下嫁"运动。他认为,"从农业文明渡到工业文明,最重要的知识技能,无过于自然科学。"因此,不论形势多么严峻,条件多么困难,陶行知都坚持科学教育。从晓庄学校到山海工学团再到育才学校,陶行知始终把科学列为教育内容之一,置于重要位置。甚至在创办重庆社会大学期间,他也计划先办人文社会学科,以后还要再办自然学科。1944 年,陶行知指出:"现在的世界是一个科学的世界,整个中国必须受科学的洗礼,方能适于生存……时机早已到来,刻不容缓,我们必须培养科学的幼苗,播撒科学的种子,使全中国遍开科学之花,丰收科学之果。"1946 年,他在为生活教育制定方针时,特地将"科学的"列为四大方针之一①。陶行知的教育科学化思想学界探讨较多,本章不做赘述,重点探讨陶行知的"科学教育化"思想。

第一节 "创造科学的中国"——山区学校科学教育重要性论述

一般认为现代科学起源于西方,洋务运动时期,我国开始大规模引进西方科学技术,发起"自强运动"以"师夷长技以制夷"。一批幼童被有组织地送往欧美先进国家,求新知于域外。留学生在国外切身感受到西方先进科学技术的力量,思想受到了洗礼,逐渐改变了科技发明创造是"奇技淫巧"的错误认识。辛亥革命成功后,教育部公布了新的学制系统——壬子癸丑学制,相对于癸卯学制,新学制显著增加了科学教育的内容。随着国门进一步洞开,更多青年才俊到国外留学,接受西方自然科学知识熏陶,任鸿隽是其中之一。他早在 1914 年留美期间就倡导"科学精神",与同学赵元任、胡明复、周仁等联合发起成立中国科学社,集资创办《科学》月刊,发起"科学救国"运动。留美期间,陶行知发表了"现在的世界是一个科学的世界。整个

① 周洪宇:《陶行知:生活教育导读》,福建教育出版社,2013,第 244 页。

中国必须受科学的洗礼，方能适于生存的观点”。1922年民国政府又颁布了“壬戌学制”，在该学制中，属于科学课程的科学概论、算术、地理、卫生、自然、园艺、工用艺术等教学时间，在小学、初中、高中各个学段均超过全部课程教学时间的40%[①]。陶行知说这个学制是“适应时势之需求而来的”，是“应时而兴的制度”。新学制的颁行，使科学教育得到进一步普及，人们认识进一步加深，当时有人甚至提出了极端的“科学万能论”观点，并引发了“科学与人生观”的科玄大论战。科玄论战促进了科学思想传播，使科学(精神)渗透到社会生活的各个方面，推动了科学教育的发展。

作为高校教师及中华教育改进社总干事的陶行知，在1922年中华教育改进社第一届年会的开幕典礼报告中提到，“教育害病最厉害的是中学，中学中尤以科学教育为最不良”[②]，因此要加强科学教育。1924年中华教育改进社与清华学校共同组织科学教员暑期研究会，陶行知任副会长。他在起草科学教员暑期研究会说明书中说：“科学知识为吾国进步所必需。欲使吾人民在现代民族中占重要位置，以无负其人口志众，智力之强，与夫天然财产之丰富，必须有更进一步之科学知识。[③]”普及科学知识，必须加强科学教育。

1927年，陶行知在南京创办晓庄师范，要求师范生具备“农夫的身手”“科学的头脑”和“改造社会的精神”，“科学的头脑”就是指学生要具有近代自然科学与社会科学的知识，师范生须对科学有浓厚的兴趣，不仅要虚心好学，而且应注重实验。陶行知亲自为晓庄学生挑选的必读书中就有《科学大纲》《医学常识》《臭虫与蚊虫》等自然科学类书籍。晓庄师范创造性地实施科学教育，如在生物课上把捉蛇的人请来教学生捉蛇，教学生识别治蛇咬伤的草药；把挖草药的人请来，教学生认识各种中草药；把种花木的人请来，教学生种各种花木的方法；又把中国科学社的专家请来，教学生辨认生物科别，定学名，采集动植物制作标本。晓庄师范办学第二年，陶行知提出“本年进行计划，首重科学之发展”。在中国科学社的支持下，晓庄师范还成立了

① 孙宏安：《中国近现代科学教育史》，辽宁教育出版社，2006，第366—368页。
② 王文岭：《陶行知年谱长编》，四川教育出版社，2012，第76页。
③ 周洪宇：《人民之子陶行知》，湖北人民出版社，2011，第271页。

"晓庄科学社"[①],秉志、姚文采担任指导员。陶行知认为"要促进文明,一须努力于科学的发明,一须努力于科学的传播"。晓庄师范科学社下设生物、物理、化学及数学四个组,以生物学为重点[②]。遗憾的是晓庄师范办学不足三年就被国民政府查封,陶行知被迫流亡日本,从日本逃回上海后,受史量才所聘,栖身《申报》馆,秘密为《申报》工作,其间发表了大量科普文章并编著了《儿童科学丛书》,推动"科学下嫁"运动。1932 年,陶行知在致庄泽宣的信中说:"几年以来,我们觉得要救中华民族,必须民族具备科学的本领,成为科学的民族,才能适应现代生活,而生存于现代世界[③]。"

一、创造科学的中国

陶行知在日本避乱期间,深感日本工业之发达与科学教育有极大关系,回国后更加重视科学教育,希望创造"科学的中国"和"科学的中华民族"。在上海避乱期间,他撰写了大量的科普文章,亲自编纂科普教材。1944 年,育才学校在战火中存活了五周年,陶行知在《从五周年看五十周年》一文中说,"要学习科学,帮助创造科学的新中国。现在的世界是一个科学的世界。整个中国必须受科学的洗礼,方能适于生存。抗战建国的大业,都要靠科学的力量完成。我们首先要把自然组充实起来,并以自然组为服务中心普及科学于全校——普及科学的生活、科学的学习。科学的意义应该包括社会科学,还要社会组负责,引导全校以科学的眼光观察世界,观察人生。探讨它,分析它,以求得正确之了解,合理之处理。时机早已来到,刻不容缓,我们必须培养科学的幼苗,撒播科学的种子,使全中国遍开科学之花,丰收科学之果[④]。"

据陶行知弟子戴伯韬 1947 年回忆:"陶行知说资本家有了科学,设立了

① 晓庄科学社的宗旨是培养科学的人生观,构造科学的环境,制造简单的科学工具,研究科学的教学做。
② 辛元、谢放:《陶行知与晓庄师范》,江苏教育出版社,1986,第 24—28 页。
③ 陶行知:《陶行知全集(第八卷)》,四川教育出版社,2009,第 253 页。
④ 陶行知:《陶行知全集(第四卷)》,四川教育出版社,2009,第 458 页。

研究室，开办了大学和专门学校，只有他们和他们的子女能够享受现代自然科学的成果。现在我们要做相反的工作，我们要使做工种田的人，拾垃圾的孩子，烧饭的老太婆也能享受近代科学知识，要把科学变得和日光、空气一样普遍，人人都能享受。①”陶行知立说立行，从《申报》总理史量才处争取到10万元资助后，迅速召集原晓庄师范学生董纯才、戴伯韬、方与严，邀请欧美归国专家丁柱中、高士其等共同成立自然科学团。陶行知自己也边学习边传播科学，和长子陶宏一起研究天文学和化学。他们计划以生活教育理论为指导，由陶行知任主编，编一套《儿童科学丛书》，把近代生物、化学、物理、天文、矿物、数学、农业、生理卫生等各方面的知识都包含进去。这套丛书的特点是注重引导儿童动手做，即教儿童如何去找实验材料，如何动手去做实验。将儿童从做中引导到近代的新奇发明上去，引导到科学原理上去，引导到日常生活和环境的改造上去。《儿童科学丛书》中所选用的实验材料尽可能都是中国材料，且就地取材，每个实验，教员都必须自己动手先做一遍。截至1932年夏，该丛书共出版108种，由陶行知亲自编写的有《儿童度量衡》《空气的科学把戏》和《肥皂的把戏》。为使不识字的大众也能享受科学成果，他还创办了“空中学校”，利用无线电台来向大众广播科学知识，每天由次子陶晓光登台广播20分钟。

陶行知主张，“在二十世纪科学昌明的时代，应当有一个科学的中国”“要建设科学的中国，第一步是要使得中国人个个都知道科学，要使个个人对于科学上发生兴趣”“只要在孩子们中培养出像爱迪生那样的几个科学杰出人才，便不难使中国立刻科学化”“要造成科学的中国，责任在小学教师”“先造就了科学的小孩子，方才有科学的中国”。② 自从陶行知立下“创造科学的中国”的宏愿后，就开始恶补科学知识并不断在《申报》上发表科普文章。这些文章主要收录在《斋夫自由谈》中，如他以牛顿出生只有三磅重来批判社会上人们喜欢又白又胖的小孩子的错误见解，在《阳历闹的乱子》中讨论了一年究竟有多少天的问题；以氢气发现者卡汾狄士(Cavendish)来讽

---

① 戴伯韬:《陶行知的生平及其学说》,人民教育出版社,1982,第55—56页。
② 陶行知:《陶行知全集(第三卷)》,四川教育出版社,2009,第411—412页。

刺那些自私的科学家;介绍了伽利略自制望远镜并发现四颗行星的故事;以佛罗伦萨的教授来讽刺国内教授只相信书本、文字,过去经验,不相信实验实践的愚昧;以"活吃丈夫"来吸引人们了解法国昆虫学家法布尔的螳螂观察,并引导读者自行观察螳螂予以验证;以"血染的诺贝尔奖奖金"引导青年科学家"用科学养人不用科学杀人";以爱迪生的实例来说明政府要加大对天才科学家的发明支持,科学天才是劳力、劳心而有恒心的人,天才科学家的造就需要宽容的社会和明智的父母;以法拉第的故事来说明学科学要从小立志并抓住一切可以抓住的学习机会;以瓦特、法拉第的事例来建议青年人莫轻看徒弟,做过学生的要做几年徒弟,做过徒弟的要做几年学生,实则是倡导学科学的青年人要将理论与实践进行结合;专为富兰克林写小传,介绍富兰克林父亲育子之苦心,富兰克林携子从在雨天用风筝从天空取电之危险与幸运;在给一位青年教师的回信时他说:"我们要不愿做时代的落伍者,必须专攻一门自然科学。自然科学是开向理想世界去的特别快车,你坐在上面,不要下来,决不至落伍。我现在也打算用我后半生之精力来专攻一门科学。我们同坐这部车儿去吧。"陶行知认为"从农业文明过渡到工业文明,自然科学是唯一的桥梁"。因此,中国要实现从农业文明向工业文明过渡,必须十分重视自然科学,加强对自然科学知识的宣传、普及及研究,创造一个科学的中国。

陶行知也认识到科学是一把双刃剑的问题。科学既可以造福人类,也可以制造杀人的利器。因此,科研工作者要加强道德历练,像中国古代的墨子、美国的爱迪生一样,只利用科学技术制造防御性武器,不做杀人的武器;科学教育工作者要教学生用科学渡人,不用科学阻人过渡,要拿科学来抑强扶弱;要坚持"科学的使命是要造富的社会,不造富的个人"的观点,坚持科学为社会服务;学习科学的人要在自然科学被某些国家垄断以前,尽可能取得自然科学的最新知识与方法,最好通晓一门外语。陶行知认为科学价值无穷,非常重要,在强调科学重要性的同时,不能为了特别强调科学重要性而否定其他学科的价值。如陶行知在晓庄师范科学社宣言中所说的那样,"我们的头脑绝不是那样简单,奉科学为天神,视文学为仇敌。"20 世纪二三十年代情况特殊,中国亟须建成一个科学的中国,因此陶行知说,现阶段"我们同志只应学微服做工的大彼得，决不当步武深宫填词的李后主”。

二、山区学校科学教育重要性论述

第二次世界大战以后，美国等西方发达国家始终将发展科学教育视为国家战略。1999年，在匈牙利首都布达佩斯召开的首届世界科学大会上，科学家呼吁各个国家政府应把改进科学教育作为重中之重。当前，我国进入了新发展阶段，推动科学普及，加强科技基础能力建设，突破科技领域“卡脖子”的关键核心技术，实现高水平科技自立自强并为现代化国家建设提供战略支撑是时代对科学教育工作提出的新要求。深化改革发展科学教育、提升国民科学素养，对中华民族复兴大业来说是一项基础性、战略性事业。2022年，教育部印发的《义务教育课程方案和课程标准（2022年版）》进一步加强了义务教育阶段的科学教育力度。同年9月，中共中央办公厅、国务院办公厅联合印发了《关于新时代进一步加强科学技术普及工作的意见》，该意见对推动下阶段科普工作进行了战略谋划，提出“两步走”的发展目标，力争我国公民具备科学素质比例到2025年超过15%，2035年超过25%。意见要求“学校要加强科学教育，不断提升师生科学素质，积极组织并支持师生开展丰富多彩的科普活动[①]”。加强科学教育既是现代化强国建设的需要，也是落实国家的政策要求，更是贯彻新课标的具体举措。山区学校要加强对科学教育重要性的认识，其理由如下。

第一，科学是民族复兴、国家强盛、人民幸福安康的基础，只有加强科学教育才能提高人们的科学素养，为现代化国家建设奠基。大多数学者认为我国现代科学体系的建立，源于对西方科学知识的引进与模仿，并且在模仿借鉴中有融合、创新与发展。在陶行知生活的年代，人们就已充分认识到科学之重要，并且大力引进西方科学技术，开展科学教育普及运动。经过一百多年对西方科学知识的消化吸收及再创造，我国总体科技实力显著增强。

---

① 新华社：《中共中央办公厅　国务院办公厅印发〈关于新时代进一步加强科学技术普及工作的意见〉》，http://www.gov.cn/zhengce/2022-09/04/content_5708260.htm，访问日期：2023年1月26日。

在一些尖端科技领域实现了从无到有，从跟跑到并跑再到领跑的历史性突破。国家面貌及人们生活面貌焕然一新。在看到发展成绩的同时，我们也清晰地认识到我国在高端芯片、高端医疗设备、智能机器人等高新技术领域还存在“卡脖子”的短板，受制于人。我国基础科学研究能力总体不强，重大原创性基础理论欠缺，对人类科技贡献相对不足。民族复兴需要强大的科学技术支撑，一个科技实力不强的国家不可能是一个现代化强国。科学教育是营造全社会尊重科学、热爱科学、普及科学的重要途径，加强科学教育能提高人们科学素养，提高科技辨识能力并继而澄清对“伪科学”的认识。良好的科学文化氛围，能够激发人们进一步追求科学、探究科学的热情，并能孕育出伟大的科学家。一个强大的国家，一定是创新氛围浓郁、科学巨匠云集的国家。山区学校是国家教育体系的重要构成部分，是国家科技人才输出的重要基地，加强山区学校科学教育就是为民族复兴、国家强盛以及人民幸福做贡献。

第二，科学是探究人与自然关系的学科，人们掌握了科学就具备了改造自然的力量。山区学生打下良好科学知识基础，可以促进自身更好发展。“谁掌握了科学，谁就掌控着生产力”，科学技术的发展对生产力变革起着决定性作用，并催生产业革命。瓦特发明了蒸汽机，使人类告别了对畜力、风力、水力的依赖，引发了第一次产业革命；爱迪生驯服了电，点亮了世界，工厂可以 24 小时开工，引发了第二次产业革命；原子能、电子计算机、空间技术和生物工程的发展，扩展了人们的活动空间，提高了联络的便捷性，推动人类进行了第三次产业革命。当前，人工智能、新材料技术、分子工程、石墨烯、虚拟现实、量子信息技术、可控核聚变、清洁能源以及基因技术等正在颠覆人类生活的各个领域，2016 年施瓦布宣布人类已进入第四次产业革命时代。科学技术持续发展，如果没有良好的自然科学基础知识，未来生活将困难重重。山区学校加强科学教育是为学生人生发展奠基。从城乡学生差异来看，山区学生家庭经济条件相对较差，但山区学生为人朴实，勤奋、肯吃苦，热爱学习，具备将来更深入从事自然科学研究的基本条件，许多自然科学研究者喜欢招纳农村学生为研究生。即使读不到博士研究生阶段，社会对自然科学方向的理工科类毕业生的用人需求日益增长，学习自然科学的山区大学生的职业前景很有发展潜力。

第三，科学技术是硬实力，加强山区学校科学教育工作，为山区培养更多理工科人才，储备了未来的新乡贤。所谓“新乡贤”是指那些有技术、有资金，在外地成功创业后，携带资金和技术返乡，参与家乡建设的人。当前各地都在呼吁新乡贤返乡再创业，以笔者所生活的浙西南山区来说，该地区对乡贤返乡的愿望十分强烈、需求十分迫切。在2022年的新时代乡贤工作推进会上，丽水市认为：“在新征程上，丽水发展离不开乡贤，需要各地各部门合心合力、务实苦干、开拓创新，不断挖掘新乡贤资源，充分发挥新乡贤作用。要充分认识新乡贤是跨越式高质量发展的资源富矿，是助力乡村振兴共同富裕的重要力量，是参与基层社会治理的关键角色，做到‘重贤有为’，将‘丽水人经济’转化为丽水经济，推动资金智力回流，引导乡贤参治辅治营造文明乡风；要搭好乡贤工作平台，规范乡贤组织平台，搭建乡贤数字化平台，做到‘聚贤有方’，真正把各类人才和广大乡贤组织起来，力量集聚起来；要健全暖心关爱机制，构建文化引领机制，完善工作激励机制，做到‘礼贤有道’，给予乡贤崇高的社会礼遇，营造尊贤、敬贤、爱贤的浓厚氛围；要绘好人才回流‘群贤图’、富民增收‘群雁图’、风朗气清‘和谐图’，做到‘用贤有效’，以乡贤笔墨为丽水社会经济发展增色添彩。①”一般来说，哪个地区培养的人才多，在外人才基数越大，挖掘出更多新乡贤的可能性就越大。人文社会科学和自然科学并无高下之分，但自然科学更“务实”，与职业界联系更紧密，加强山区学校科学教育，将更多的孩子送到高校理工科专业学习，有可能为山区培养更多未来新乡贤。

第二节　“科学要从小教起”——山区学校儿童科学教育

为什么中国培养不出创造性人才？网上有个段子说，人们最开始寄希

① 丽水发布：《丽水市召开新时代乡贤工作推进现场会》，https://m.thepaper.cn/baijiahao_19168471，访问时间：2023年1月26日。

望于硕博士研究生,从高端人才开始抓起;接着又寄望于本科生,经过一段时期后,人们再寄希望于中学生,现在又开始寄希望于小学生,甚至幼儿园学生了。科学教育究竟该从何时开始教起更合适?笔者考察了陶行知关于科学教育的相关论述后得知“科学要从小教起”。

一、科学要从小教起

陶行知反复强调“科学要从小教起”,1931 年在给次子陶晓光、三子陶刚写信时说:“你们知道现在是一个科学的世界。科学的世界里应该有一个科学的中国,科学的中国要谁去创造呢?要小孩子去创造![①]”在给庄泽宣的回信中他也说:“科学要从小教起。我们要造成一个科学的民族,必要在民族的嫩芽——儿童——上去加工夫培植。有了儿童的科学,自然会产生科学的中国和科学的中华民族[②]。”为此,陶行知和同事一起编写了 108 册《儿童科学丛书》,其中他亲自撰写 11 种。除编写《儿童科学丛书》外,陶行知还创办了儿童科学通讯学校,内设天文、气象、物理、化学、生理卫生、农业等科,征召少年儿童百余学生。所使用的教材是陶行知编的《儿童科学活页指导》《算术的把戏》《儿童天文学活页指导》。1932 年,他们还派出 6 名科学指导员到湘湖师范学校等地宣传指导实施儿童科学教育,取得了较好的效果。

什么是科学?陶行知形象生动地将“科学”比喻为“姑娘”“爱人”,姓自名然,也称自然小姐,“爱人不是从天落下来的,必须得自己去找”“自然小姐喜欢熟人,不喜欢生人。您从小便须和她做朋友。您做小学生的时候便要与她打交道。最好,是在幼稚园里。不,在妈妈的怀抱里便须与她一块儿玩[③]”。陶行知认为,“科学训练要从幼稚园开始[④]……年龄稍大的成人们,对于科学引不起他们的兴趣来。只有在小孩子身上,施以一种科学教育,培养

① 陶行知:《陶行知全集(第二卷)》,四川教育出版社,2009,第 106 页。
② 陶行知:《陶行知全集(第八卷)》,四川教育出版社,2009,第 253 页。
③ 陶行知:《陶行知全集(第二卷)》,四川教育出版社,2009,第 546 页。
④ 陶行知:《陶行知全集(第三卷)》,四川教育出版社,2009,第 437 页。

他们的科学兴趣，发展他们科学上的天才。[①]”陶行知认为爱动手是孩子的天性，老师千万不能像爱迪生的老师一样轻易断定小朋友品格，将一个可能的天才赶回家、逼跑了。万一小孩子不幸被学校赶回家，也要像爱迪生的母亲一样，支持孩子玩科学的把戏。

关于儿童科学怎么教？陶行知在给小学老师徐企周的一封信中予以了说明，陶行知认为教学有四个阶段或层次：第一层次是仅先生讲授，不许学生发问；第二层次是师生共同讨论，彼此质疑问难；第三层次是师生共同在做上学，在做上教，在做上讨论，在做上质疑问难；第四层次是师生运用科学方法，在做上追求做之所以然，并发现比现在可以做得更好一些的道理。陶行知认为第一层次的教学不会开花结果，第二层次的教学只开花不结果，第三层次的教学既开花又结果，第四层次教学才有美味。徐企周的教学目前处于第二层次，陶行知鼓励他向第三、第四层次进攻。以《小朋友的鸡》的教学为例，“孵鸡是必不可少的活动。若是养鸡两群：一群有公鸡，一群无公鸡，将两群鸡所生的鸡蛋各做一个记号，孵起来看哪群的鸡蛋孵得出小鸡来，那就更好了。再进一步，把孵了五天、九天……的蛋，看看起了什么变化，做起一套从鸡蛋发育到小鸡的标本来，岂不是更有意思吗？再进一步试验各种鸡生蛋力及遗传之比较，在小学里并不是不可以逐渐推行的[②]。”

二、山区学校儿童科学教育

现阶段我国科学教育争议重重，有人认为应该分物理、化学、生物等学科，采取分科教学模式；有人认为应该将物理、化学、生物、自然地理等综合为一门科学，实施综合教学。综合教学最大的难处是师资难以胜任。因此，全国大部分省份仍然采取分科教学模式，浙江省是我国最早全省统一实施综合科学课程改革的地区，走在了科学教学改革的前列。无论是分科还是综合，目前制约中小学科学教育发展的最大障碍仍然是师资问题。据北京

---

① 陶行知：《陶行知全集（第三卷）》，四川教育出版社，2009，第 411 页。

② 陶行知：《陶行知全集（第二卷）》，四川教育出版社，2009，第 141—142 页。

师范大学科学教育研究院院长郑永和调查,我国目前有 23.6%的科学老师的专业背景是汉语言文学(含师范),5.6%的是音体美(含师范)专业。也就是说很多学校的科学课是语文老师教的,甚至有些是音乐老师、美术老师或者体育老师教的。据笔者调查,浙西南山区某城区小学,全校仅 1 名科学教师,安排在六年级,其他年级科学课全部由语文或者学科教师兼任。许多山区学校甚至连一位专门的科学教师都没有。基于这一认识,我们认为加强山区学校儿童科学教育,亟须从以下几个方面努力。

第一是教育主管部门或学校校长要重视科学教育,首先要确保师资到位。山区学校缺科学教师,既有科学教育整体发展形势的问题,也有"小升初"考试导向的问题,还有教育主管部门领导或者学校校长的认识问题。浙江省实施科学教育 30 多年来,根据教育主管部门要求,浙江省内部高等院校新增了科学教育专业,培养了一大批合格的科学教师,目前基本能满足浙江省科学教师的市场需求。"小升初"考试重点考查语文、数学,有些地方甚至仍将奥数能力作为重要选拔依据之一,科学考试在升学中所占比重相对较小,导致科学教育得不到学校领导重视。另外,许多学校校长或者教育局领导认为小学科学所教授的都是一些生活常识,对学生发展没什么价值,科学课上不上无所谓,谁都可以上,要不要专门的科学教师无关紧要。因此,许多学校专门的科学教师仅有 1—2 名,科学教师长期处于缺编状态、兼职状态。加强山区科学教育刻不容缓,首先要引导相关领导转变观念,确保山区科学教师足额到位。

第二是在确保师资到位的情况下,要加强对山区科学教师的培养培训,提高科学教师的教育教学能力。科学教师的教育教学能力是确保科学教育质量的关键,山区学校要充分认识到科学教育的重要性,加强对山区科学教师的培养培训。首先,山区学校要鼓励科学教师利用寒暑假时间到高等院校或者教师进修学校接受专门的科学教师培训,使其了解科学前沿,学习最新的科学教育理论,提高科学教育理论素养,应用于日常科学教学中。其次,要在学校内部成立科学教师教研共同体,利用周末或者晚上时间,共同研讨科学教育中存在的问题、重点及难点,相互切磋,共同成长。最后,科学教师要加强自我学习,经常性阅读科学教育相关理论书籍,观看优秀科学教师的教学视频，撰写科学教育理论研究论文，努力朝特级教师（科学）方向发展。

第三是在增加教师编制有困难或者暂时找不到合适人选的情况下，山区学校想尽一切办法也要为学生开齐开足科学课。开齐开足科学课程是国家课程标准的底线规定，一所合格合规的学校必须严格落实国家的底线要求。山区学校在没有科学教师的情况下，一方面可以请其他学科老师兼职教授科学；另一方面，也可以采取招聘实习生方式，延聘若干名具有理工科背景的大学生充任临时科学教师。或者，山区学校可以采购一批优质网络科学课程供学生学习。

第四是一些科学师资力量稍强的山区学校要着力提高科学教育质量。首先，科学是一门以实验为基础的学科，要争取在校内建设一个适合小学科学教学的科学实验室，尽可能多地开展科学实验，培养学生的科学兴趣。其次，要将科学知识校本化，在参考统编教材而不囿于统编教材的情况下，以2022 版课程标准为纲，组织相关教师编制小学科学校本教材，引导学生学习身边的科学。最后，在校内举办形式多样的科学活动，营造良好的科学学习氛围。如，教师设定若干个科学调研课题（课题 1，水的性质及用途；课题 2，土壤状态及用途；课题 3，认识空气），将学生分成若干个课题小组，要求学生和家长一起完成科学报告写作，实施项目化学习；或者在校园内举办科学知识竞赛、科学实验竞赛、科学成就图片展、科学家故事征集、科学家语录征集等活动。

第三节　“玩科学把戏”——山区学校科学教育模式创新

“玩科学的把戏”实际上是一种科学实验活动。陶行知所说的“把戏”不同于游艺场所玩的把戏，而是指科学的“把戏”，科学的把戏是公开的。有些科学把戏是便宜甚至不花钱的，他举例说“一只杯子、一个面盆、一根玻璃管、一张白纸、可以玩二十套科学把戏”。陶行知给次子陶晓光、三子陶刚送《儿童生活》和《儿童科学丛书》并写信告诉他们，这些书不是看的，而是引导他们玩科学的把戏的，并嘱咐他们写信汇报玩科学把戏的情况。陶行知亲自写了《空气的科学把戏》《肥皂的把戏》等儿童玩的科学把戏教材。

一、玩科学把戏

陶行知认为“行动是思想的母亲，科学是从把戏中玩出来的[①]”。科学教学一定要教学生动手做，即“手脑双挥”“手脑都会用，都要用”。他说教了十多年生物课的姚文采可能不会教生物，真正的科学课一定是“做”的科学课，而不是学“死知识”的科学课。真正的科学课是行动的科学课，而不是教师讲解，学生听讲的科学课。

富兰克林的父亲和爱迪生的母亲都很重视儿子的教育问题，他们都支持、鼓励儿子去试验、实践，即使多次失败仍一如既往地支持、鼓励孩子。陶行知说：“我希望中国的父亲，都学做富兰克林的父亲；中国的母亲，都学做爱迪生的母亲。任凭自己的小孩子去玩把戏，或许在其中可以走出一个爱迪生来。我更希望中国的男教师学做富兰克林的父亲；中国的女教师学做爱迪生的母亲……我们提倡科学，就是要提倡玩把戏，提倡玩科学的把戏。科学的小孩子是从玩科学的把戏中产生出来的。我们要小孩子玩科学的把戏，先要自己将把戏玩给他看。任小孩子自由地去玩，不能加以禁止，不能说玩把戏的孩子是坏蛋……每个教师都变成小孩子，加入小孩子队伍里玩把戏。”[②]陶行知认为小孩子喜欢玩科学的把戏，教师要想办法使他有工具。如果学校没有经费，也可让小孩自己去卖报挣钱；没有专业的实验室也可以将空闲的地窖屋角借给孩子使用。教师要使科学的幼苗能呼吸到自由的空气，不至于被闷死。

科学的把戏该如何玩呢？现从陶行知编写的《儿童科学丛书》之《空气的科学把戏(一)》[③]中摘录两个科学把戏的小案例，即可见一斑。

---

① 陶行知：《陶行知全集(第二卷)》，四川教育出版社，2009，第 114 页。
② 陶行知：《陶行知全集(第三卷)》，四川教育出版社，2009，第 413 页。
③ 陶行知：《陶行知全集(第五卷)》，四川教育出版社，2009，第 592—600 页。

开场白

我是小淘气，有些不如意！讨厌读死书，要玩活把戏。

小淘气："科学是从把戏中玩出来的。咱们哪能将宝贵的光阴埋葬在阴沉沉的课堂里？有志气的孩子绝不可和洋八股鬼混。咱们所要学的是把戏的科学，科学地把戏。小庆蛋！您倒是我的忠实同志。咱们来玩他几套空气的把戏，好不好？"

小庆蛋："这是再好无比了；但是我得知道空气是什么东西。"

小淘气："您玩了几套把戏就会知道了。去打盆水，再带一个玻璃杯来。"

案例一　捉空气

小庆蛋："水和杯儿都拿来了，怎么玩呢？"

小淘气："你别性急！这杯里有没有东西？"

小庆蛋："是个空杯，一点东西也没有。"

小淘气："这杯里有空气。"

小庆蛋："我看不见嘛"

小淘气："你看不见的东西多着呢。你虽看它不见，不能说它没有。你若不相信，我可以教你一个法子把空气捉着。是的，我们可以把空气捉着，不放它走。你若用右手把玻璃杯拿着，倒过来，罩在水面上，压在盆底。"

小庆蛋："为什么有水泡冲出来？"

小淘气："这是杯里的空气逃走。你把杯口平平正正地罩在水面上再压下去，空气就逃不出来，水泡也就没有了。你再试试看。对了！你看，杯里的空气，完全给你捉住了。你只要把杯子放平，就是上下移动，空气也逃不出来。"

小庆蛋："你怎么知道它逃不出来？"

小淘气："空气在水里逃上来必发水泡；没有水泡，便是把它完全囚住了。"

小庆蛋："你别哄我。杯中还是一点东西也看不见。我看只是捉着一个空，哪有什么气呢？"

案例二　竹笔套吸水

小淘气："你把自来水笔的橡皮管一摄，放在墨水里，放手，怎样？"

小厌蛋:“我这穷小子是连自来水笔都没有见过,如何玩得这个把戏?”

小淘气:“那么,换个东西玩也行。竹笔套儿你有没有?”

小厌蛋:“有,我去拿来。”

小淘气:“你把竹笔套放在水里,用大拇指紧盖着笔套之上口,拿出水,把大拇指放掉。”

小厌蛋:“这么多的水流出来!”

小淘气:“你再把大拇指紧盖着笔套的上口,插入水中,拿起来,放开大拇指,再看。”

小厌蛋:“怎么这回没有水流出来呢? ……我想出了。前一次开口笔套入水,空气被水挤出之后再用大拇指盖上,拿出来有大气压力托着,待拇指放开,自然有水流出来。后一次闭口笔套入水,因有空气在笔里,水简直不能进去,如何有水流出来?”

小淘气:“你的话丝毫不错。我们今天总算玩够了。现在回家吃中饭,我们再来玩几个比早上还要好玩的把戏。”

小厌蛋:“受君半日教,胜读十年书。你饭后早点来呀!”

从上述两个案例可知,陶行知所说的玩科学把戏实际上是今天的实验教学。学生在玩把戏前,教师要先示范,然后以平等身份带着学生一起玩,一起做,在做中学。在玩把戏的过程中,教师要有目的地引导学生思考一般的科学原理,边玩边思,边玩边学,获取新知。

二、山区学校科学教育模式创新

2022年教育部颁布了《义务教育课程方案和课程标准(2022年版)》和《义务教育科学课程标准》,这两个文件是指导山区学校教育模式创新的总纲。当前,我国义务教育已经全面普及,教育需求从“有学上”转到了“上好学”阶段。科学技术进步一日千里,移动互联网迅速普及,人们学习、生活、工作方式发生显著变革,儿童成长环境也发生深刻变化,山区儿童也不例外。新的《义务教育科学课程标准》对科学教育提出了一些新要求:在科学课程性质定位方面，科学主要指自然科学，即“科学是人类在研究自然现象、发现自然规律的基础上形成的知识系统，以及获得这些知识系统的认识过程和在此过程中所利用的方法”；明确了课程性质，“义务教育科学课程是一门体现科学本质的综合性基础课程，具有实践性[①]”。《义务教育科学课程标准》还对科学课程的理念、目标、内容、学业质量、课程实施等进行了规定。基于贯彻落实新的科学课程的标准要求，山区学校科学教育模式创新可以从以下几个方向努力。

第一是落实新的课程理念，促进全体学生全面发展。新课标提出了“五大”理念，即是要“面向全体学生，立足素养发展；聚焦核心概念，精选课程内容；科学安排进阶，形成有序结构；激发学习动机，加强实践探究；重视综合评价，促进学生发展”。“五大”理念在对象适用方面，所指为全体学生；在学习内容方面，要聚焦核心素养，着力“双减”，不搞重复训练；在发展进阶方面，鼓励学生从易到难，递次进阶；在学习动机激发方面，鼓励学生利用学校、家庭周边的科学教育资源，开展探究型学习；在学生评价方面，强调评价主体的多元性、方法的多样性。科学教育要面向全体，也包括山区学校学生。山区学校要对山区所有在读儿童实施科学教育，在进行科学教育过程中，要着眼学生长远发展，聚焦山区学生的科学观念、科学思维、探究实践、态度责任等科学核心素养，通过小组学习、探究式学习、项目式学习等方式，促进山区学生掌握基本的科学知识，形成初步的科学观念；掌握基本的思维方法，具有初步的科学思维能力；掌握基本的科学方法，具有初步的探究实践能力；树立基本的科学态度，具有正确的价值观和社会责任感。

第二是掌握核心知识内容，为后续发展打下坚实基础。科学新课标设置了 13 个学科核心概念（物质的结构与性质，物质的变化与化学反应，物质的运动与相互作用，能的转化与能量守恒，生命系统的构成层次，生物体的稳态与调节，生物与环境的相互作用，生命的延续与进化，宇宙中的地球，地球系统，人类活动与环境，技术、工程与社会、工程设计与物化）和 4 个跨学科概念（物质与能量、结构与功能、系统与模型、稳定与变化），概念的细化就是

---

① 教育部：《义务教育科学课程标准（2022 年版）》，北京师范大学出版社，2022，第 1 页。

具体的学习内容,尤其是13个学科核心概念需要学生认真掌握。同一概念下,不同年段学生的具体学习内容有所差别,教学方式也应有所不同。例如,关于物体特征和物质性质内容的学习,1—2年级学生应以游戏方式为主,通过感官来观察物体外部特征及性质;3—4年级学生则可在观察的基础上,使用简单的仪器进行科学实验,探究物质的性质;5—6年级则要求学生在观察了解物质性质的基础上,要能够对沉浮、导热等简单现象进行合理解释;7—9年级则要求学生能够提出假设,设计实验方案,分析、解释有关实验现象和事实,推理判断物质的性质,对物质的性质进行科学的描述,能够总结出认识物质的一般思路和方法。

第三是加强科学实践教学及课程实施情况监督检查,提升科学课程教学质量。科学是一门实验性很强的课程。陶行知认为科学就是"玩把戏"。新课标对科学教学的实践教学要求很高,除常规验证性实验外,新课标为每个学段的学生都列出了学生必做的探究实践活动。如1—2年学生要完成13个探究型实验,分别是观察描述常见物体的特征,观察空气的特点,观察水的特点,观察常见材料的外部特征,观察某些物质在水中的溶解现象,探究磁铁对物体的吸引作用,观察常见的植物,观察常见的动物,利用太阳的位置辨认方向,观察不同形状的月亮,观察常见的天气现象,借助放大镜观察物体;利用简单工具进行简单的制作,如设计制作纸桥、制作纸蜻蜓等。学生在完成这些探究性实践活动的时候,要进行观察、实验、记录、测量、制作以及调查等。笔者作为一个小学2年级学生的家长,该班学生的科学课由语文老师兼任,学生对做科学实验非常有兴趣,但是学生在学校几乎没有做过科学实验。可见,国家课程标准在基层学校的落实问题需要引起高度重视。课程标准是课程建设的蓝图,如果不落实则是一纸空文,国家要加大对新课标实施情况的监督检查,确保新课标的各项内容在山区学校都能得到有效落实,为中国培养更多更优秀的"科学的儿童"。

第九章

陶行知创造教育思想与山区学校发展

陶行知在长期的教育实践中非常重视教育创造问题，他“屡败屡战”的教育探索就是其创造教育的生动实践。他的创造教育思想是具有原创性的教育思想，该思想的形成与其日常的实际生活及社交活动密不可分①。陶行知创造教育思想包括对创造教育重要性的认识、创造教育与创新之关系、创造出具有创造精神的儿童的方法、创造教育的条件及过程等内容。陶行知认为“六大解放”就是解放儿童的创造力，也是陶行知创造教育理论最重要的组成部分，儿童创造思想是其创造教育思想的核心②。陶行知的儿童创造思想包括对儿童创造力的承认，解放儿童创造力以及培养儿童创造力等。陶行知关于创造教育有许多直接论述，其思想主要体现在《创造的教育》《创造的儿童教育》《创造的社会教育》《创造年献诗》《创造宣言》《创造使人乐而忘忧——致吴树琴》等文献中。他在《创造宣言》中热情洋溢地呼唤：“创造之神，你回来呀！……只要你肯回来，我们愿意把一切——我们的汗，我们的血，我们的心，我们的生命——都献给你……只要有一滴汗，一滴血，一滴热情，便是创造之神所爱住的行宫，就能开出创造之花，结创造之果，繁殖创造之森林。”陶行知热情地呼唤创造，拥抱创造，并终身进行教育创造实践。

1933 年，陶行知给上海大夏大学学生做《创造的教育》演讲时以鲁滨逊漂流到荒岛上将泥土变为盛水的瓶子的“物质创造”，林黛玉用残荷诗句诱

① 李东梅、金维才：《陶行知创造教育思想研究综述》，《教育评论》2019 年第 12 期第 84 页。
② 周洪宇：《陶行知生活教育学说》，湖北教育出版社，2011，第 230 页。

发贾宝玉放弃收拾残荷的“心理创造”来诠释“创造”的定义。在陶行知看来,创造包括“物质”和“心理”两个层面的创造,即用“活”的方法来改变现状,行动起来创造价值。他极力批判教师“教死书,死教书,教书死”,学生“读死书,死读书,读书死”的“不行动的教育”。不行动而求到的知识是靠不住的,行动生困难,有了困难就要寻找解决困难的办法,解决了困难则获得了新知识。创造的教育是行动的教育,行动的教育是“在劳力上劳心”的教育,创造的教育是学校与社会打成一片的教育,创造的教育是生活中才可以求到的教育。“教而不学,学而不教,叫做‘忘三’。做的最高境界就是创造。学而不知做,不是真的学。教要教得其所。[①]”因此,教师是创造教育的执行主体。

教师职业是与人打交道的,工作对象是发展中的人,教师既要以教书育人方式教育好学生,使他们懂得生活的“真善美”;教师更要当好铺路石、引路人,创造出比自己更优秀的人才。成功教师的工作目的不是按部就班地完成各种年度及聘期考核任务,不是为了获得某个奖项,而是要创造出值得自己崇拜的人,值得自己崇拜的理论。对于教师而言,陶行知认为“教育者不是造神,不是造石像,不是造爱人。他们所要创造的是真善美的活人”“教师的成功是创造值得自己崇拜的学生”“先生之最大的快乐,是创造出值得自己崇拜的学生。说得正确些,先生创造学生,学生也创造先生,学生先生合作而创造出值得彼此崇拜之活人”。所谓“值得彼此崇拜之活人”是指通过教师与学生创造性的合作与互动,使教师成为学生崇拜的教师,使学生成为教师崇拜的学生,使师生双方都成为具有生活力、行动力、创造力、情感力并能承担共和国国民职责的人[②]。民国时期,陶行知多次批评当时国内教育“拘泥古法”或“仪型他国”。在教育理论创新方面,陶行知认为“教育者也要创造值得自己崇拜之创造理论和创造艺术[③]”。本章主要探讨陶行知的创造本质论,“时时处处人人”综合式创造以及中国教育的本土化创造三个问题。

---

① 陶行知:《陶行知全集(第三卷)》,四川教育出版社,2009,第 454 页。

② 李忠:《“创造出彼此崇拜之活人”何以可能——以陶行知生活教育为例》,《河北师范大学学报(教育科学版)》2020 年第 4 期第 21 页。

③ 陶行知:《陶行知全集(第四卷)》,四川教育出版社,2009,第 3—4 页。

第一节 “敢探未发明的新理”——山区学校创新氛围营造

何谓创造？陶行知认为创造的核心是创新，从无到有，既包括物质与理论创新，也包括精神与实践创新，更包括做人与生活的创新。创新的三个步骤是：保存、破坏与创造。创造要从个体的创造转为集体的创造。集体创造的目的，在于运用有思考的行动来产生新价值。在《育才二周岁之前夜》中，陶行知认为，“变更物质的地位，配合组织可以使价值起质的变化，学生要在集体创造中学习创造。具体来说，学生的创造包括健康堡垒之创造，艺术环境之创造，生产园地之创造，学问气候之创造。[①]”创造不是绝对的另起炉灶，推倒重来，而是基于一定条件，以前人思想为理论起点，发展前人思想。

陶行知反对沿袭陈法，原原本本模仿，鼓励在继承与发展中创新。他将王阳明的“知是行之始，行是知之成”创新为“行是知之始，知是行之成”，将杜威的“教育即生活，学校即社会，做中学”创新为“生活即教育，社会即学校，教学做合一”，将“大学之道在明明德，在亲民，在止于至善”创新为“大学之道在明民德，在亲民，在止于人民之幸福”，将“富贵不能淫，贫贱不能移，威武不能屈”创新为“富贵不能淫，贫贱不能移，威武不能屈，美人不能动”。从晓庄师范到山海工学团，再到育才学校和重庆社会大学，他永不停歇地进行教育模式创新。他曾对吕长春说：“形势不断地变，你怎样能虚心、认真、一字一句照样地学我呢？更何况我是陶行知，你是吕长春，你我的年龄、经历、人际关系都不同。生活在变化，历史在发展，你怎样一字一句地模仿我呢？此路不通，要另寻生路。那就是——仿我者死，创我者生！懂吗？[②]”

---

① 陈波：《陶行知教育文选》，浙江大学出版社，2014，第 346 页。

② 陶行知：《陶行知全集（第十一卷）》，四川教育出版社，2009，第 626 页。

一、敢探未发明的新理

创新的前提是试验,陶行知十分注重各种试验,包括教育理论的试验。早在1919年2月,陶行知在南高师从事教学工作期间,就发表了《试验主义与新教育》一文,在文中,他旗帜鲜明地反对教育上的“沿袭陈法”和“仪型他国”。他认为“彼泥古之人,以仍旧贯为能事。行一事,措一词,必求先例。有例可援,虽害不问;无例可援,虽善不行。然今昔时势不同,问题亦异。问题既异,方法当殊。故适于昔者未必适于今。徒执古人之成规,以解决今之问题,则圆枘方凿,不能相容,何能求其进步也?故欲求教育刷新进步,必先有试验,以养成其自得之能力。能自得,始能发明;能发明,则陈法自去,教育自新矣。[①]”陶行知批判当时国人醉心西化、盲目照搬外国教育,他认为“中外情形有同者,有不同者。同者借镜,他山之石,固可攻玉。不同者而效焉,则适于外者未必适于中。”他指出“现代世界的一个国家,那么它的教育,便不能不顺应着时代和世界的教育趋势,而伴随着竞进。”他“深信一个国家的教育,无论在制度上、内容上、方法上不应常靠着稗贩和因袭,而应该准照那国家的需要和精神,去谋适合,谋创造。”他列举王阳明、朱熹、培根、笛卡尔等中外思想家的试验主义精神,进而列举教育领域的裴斯泰洛齐、赫尔巴特、福禄贝尔、杜威、桑代克等西方著名教育家经由教育试验所取得重要教育成绩。

只有具有试验主义精神的教师才有可能成为教育家或者说第一流的教育家。1919年4月,陶行知在《第一流教育家》中指出,“常见的教育家有三种:一种是政客的教育家,他只会运动,把持,说官话;一种是书生的教育家,他只会读书,教书,做文章;一种是经验的教育家,他只会盲动,盲动,闷起头来,办……办……办。”陶行知认为,“今日的教育家,必定要在下列两种要素当中得了一种,方才可以算为第一流的人物。一是敢探未发明的新理;二是敢入未开化的边疆。”敢探未发明的新理,即是指“须胆量放大。将试验精

① 陶行知:《陶行知全集(第一卷)》,四川教育出版社,2009,第6页。

神，向那未发明的新理贯射进去；不怕辛苦，不怕疲劳，不怕障碍，不怕失败，一心要把那教育的奥妙新理，一个个发现出来。”陶行知主张教育要“有胆量”，“有胆量创造的人，即是创造的教育家；有胆量开辟的人，即是开辟的教育家，都是第一流的人物。①”

按照陶行知的观点，“敢探未发明的新理”首先强调教师要有胆气，要主动克服思想上的“怕”及内心的恐惧，要敢于往前冲，敢于创造。陶行知认为，教师怕创新的原因很多，因为创新又苦又累，有困难，还可能会失败等，对创新者要求较高，第一流的教育家要努力克服制约创新的诸多问题。“新理”是关于教育的新理论，即基于中国教育实际，不同于前人或外人，对解决中国教育问题有指导力的理论。第一流的教育家在办教育过程中，不能做没有理论指导的盲动者，不能做只会算计利益的政客，也不要做只会从古人或者外国教育家那里乞灵或者仿效的教师。

二、山区学校创新氛围营造

“实践没有止境，理论创新也没有止境。”创新是一个国家和民族发展的不竭动力。党的二十大报告指出，我们要“紧跟时代步伐，顺应实践发展，以满腔热忱对待一切新生事物，不断拓展认识的广度和深度，敢于说前人没有说过的新话，敢于干前人没有干的事情，以新的理论指导新的实践。②”联合国教科文组织发布的《一起为教育重新构想我们的未来：为教育打造新的社会契约》认为，“我们人类和地球正遭受着威胁，新冠疫情只不过证明了我们的脆弱性和相互关联性。我们现在需要采取紧急行动，一起改变方向，重新构想我们的未来。一是兑现尚未实现的承诺，确保每位儿童、青少年和成年人都有权接受优质教育，以及把教育当作我们通往可持续共同未来的路径、充分实现其变革潜力；二是修复现有不公正的新的教育社会契约。这一新的契约必须以人权为依据，以非歧视性、社会争议、

① 何国华：《陶行知教育学》，广东高等教育出版社，1997，第 261—262 页。

② 《党的二十大报告辅导读本》编写组，《党的二十大报告辅导读本》，人民出版社，2022，第 17—18 页。

尊重生命、人的尊严和文化多样性等原则为基础。必须包含关怀、互惠和团结的伦理。必须加强教育作为公共事业、共同利益的地位。①”《中国教育现代化 2035》提出,“到 2035 年,总体实现教育现代化,迈入教育强国行列,推动中国成为学习大国、人力资源强国和人才强国,为 21 世纪中叶建成富强民主文明和谐美丽的社会主义现代化强国奠定坚实基础。②”在以中国式现代化全面推进中华民族伟大复兴的新的历史征程中,“教育、科技、人才是全面建设社会主义现代化国家的基础性、战略性支撑”,建设高质量教育体系,是全面建设社会主义现代化国家的重大举措。在建设高质量教育体系过程中,国家未来将抓住教育领域薄弱环节、关键领域,满足重大需求,建构重大支撑保障进行政策安排与制度创新。系统解决改革学制系统、培养本土创新人才、实现德智体美劳五育融合并举、建设信息化教育体系、实现面向制造业大国教育结构体系与面向创新强国教育结构体系的叠加与融合、党的全面领导体制机制、面向创新型产业结构的人力资本开发、教育治理体系与治理能力现代化等重大结构性问题③。在这样的教育发展宏观背景下,山区学校必须将创新作为强校之基,要将创新理念融入学校发展全过程。因此,山区学校首先要营造良好的创新文化氛围,可从以下几个方面努力。

第一,将“弘扬创新精神,鼓励创新行为”融入学校政策制定及执行中。学校政策是落实上级教育政策文件精神,遵循教育教学规律,基于学校实际及全体利益相关者共识,引领、规范学校发展的基本依据。一般来说,学校政策包括学校发展规划、绩效工资分配制度、教师管理制度、教学管理制度、学生管理制度、后勤管理制度等。山区学校领导是学校政策文件制定的主体,要解放思想,实事求是,认真学习国家、省市自治区以及县区党代会报告、政府工作报告、国民经济与社会发展规划中有关教育发展的新定位,以及各项具体政策法规等,吃透上级精神,秉持“法无禁止则

---

① 联合国教科文组织:《一起重新构想我们的未来:为教育打造新的社会契约》,教育科学出版社,2022,摘要。

② 朱益名等:《中国教育现代化 2035:从规划到实践》,上海教育出版社,2020,第 9 页。

③ 刘复兴等:《高质量教育体系与人的全面发展》,中国人民大学出版社,2022,第 3—6 页。

可为”的政策制定理念，尽最大可能少出台约束性政策，多出台鼓励性政策，鼓励全体师生创新。在政策执行过程中，一方面要强化政策执行的刚性，也要注意政策执行的变通性。政策变通不等于在政策执行上打折扣，而是具体情况具体分析，视具体情况而定，如果教师或者学生因为创新而出现失误或者犯错误，要予以宽容，容错免责。用陶行知的话说，教师的胆子一般都比较小，习惯沿袭陈法，亦步亦趋，故而山区学校尤其要重视与教师管理相关的制度文件，要给予教师更多自由度，激发教师的创新活力。

第二，充分发挥领导干部及骨干教师的创新示范效应。火车跑得快，全靠车头带。山区学校的创新氛围营造也需要山区学校领导干部及骨干教师的示范带动作用。通常情况下，领导干部带头干了，普通老师才有底气跟着干或接着干；骨干教师带头干了，普通老师也会学着干。山区学校要构建领导干部及骨干教师带头创新，普通教师参与创新，全体学生学会创新的全员创新体系，一级干给一级看，一级带着一级干。其最终目的是营造良好的校园创新氛围，培养学生的创新能力，为学生未来发展奠基。

第三，鼓励学生创新。学校的中心是学生，教育的目的是学生发展。当前我国教育的核心任务是以知识教学为载体，培养学生的核心素养，创新精神、实践能力和社会责任感。知识是创新的基础，教师在教学及管理过程中，要鼓励学生打牢知识基础，树立创新意识，在继承的基础上学会创新。因此，学校在教室设计上，可以探索是否要继续延续传统的“秧田式”教室布置；在学生管理上，可以商讨是否要继续强调传统的“师严道尊”，在学生犯错误时给予学生充分的申诉辩解机会；在教学方式上，可以研究教师是否仍然要固守传统的“讲授式”教学；在学生评价上，可以改革传统以纸笔为主的应试教育模式。鼓励学生创新是有底线的，这条底线就是确保学生在校的人身及财产安全，尤其是人身安全；学生的个人行为必须遵守法律规定。只要教师引导学生守牢安全和法律这两条底线，教师就不要太计较学生考试多或者少了几分，名次前进或者后退了几名，要多支持学生尝试新事物，探索新领域，总结新规律，成就新人才。

第二节 “处处是创造之地,天天是创造之时,人人是创造之人”——山区学校“全域全时全员”创造

2018年9月10日,习近平总书记在全国教育大会上论及“我们要培养的社会主义建设者和接班人应该具备什么样的基本素质和精神状态”时指出,“要在增强综合素质上下功夫。社会主义建设者和接班人必须全面发展。我国周朝的官学就要求学生掌握礼、乐、射、御、书、数‘六艺’,可谓文理兼备。要教育引导学生培养综合能力,帮助学生学会自我管理、学会同他人合作、学会过集体生活,激发好奇心、想象力,培养创新思维。要把创新教育贯穿教育活动全过程,倡导‘处处是创造之地,天天是创造之时,人人是创造之人’的教育氛围,鼓励学生善于奇思妙想并努力实践,以创造之教育培养创造之人才,以创造之人才造就创新之国家。[①]”习近平总书记直接引用陶行知“处处是创造之地,天天是创造之时,人人是创造之人”的原话,可见习近平总书记对陶行知营造的“全过程、立体式”创新教育氛围精妙话语表述之认可,对教育家陶行知教育思想之推崇。当前,我国各级各类学校正全面深入贯彻落实全国教育大会精神,要将习近平总书记关于创新型人才培养的重要论述贯彻到办学治校全过程,人才培养全环节,使学校成为处处创造,天天创造,人人创造的乐园。

一、处处是创造之地,天天是创造之时,人人是创造之人

这句话出自陶行知的《创造宣言》,在该文中陶行知认为平凡的环境、单调的生活、年纪太小、能力不足等都不是拒绝创造的理由。他举例八大山人在一张平凡的白纸上挥毫画上几笔便成为一幅名贵的杰作;一块平凡的石头到了菲狄亚斯、米开朗琪罗的手里可以成为不朽的塑像。有人在监狱中

① 习近平:《十九大以来重要文献选编》,中央文献出版社,2019,第652页。

产生了《易经》之卦辞，在监狱中产生了《正气歌》，在监狱中产生了苏联的国歌，在监狱中产生了《尼赫鲁自传》。雷赛布在沙漠中造成了苏伊士运河。莫扎特、爱迪生、帕斯卡尔等在幼年时期就同样十分具有创造力。“鲁钝的曾参传了孔子的道统，不识字的慧能传了黄梅的教义……经历了九九八十一难的玄奘大师取得了佛经，断水绝粮、众叛亲离的哥伦布发现了美洲，冻饿病三重压迫下的莫扎特写出了《安魂曲》[①]”等。因此，在陶行知看来，环境、年龄、能力都不是制约创新的关键因素。

那么，陶行知所认为的“处处是创造之地，天天是创造之时，人人是创造之人”具体要如何实施呢？首先，要克服不能创造的各种心理因素，前文已述。其次要具备创造的基本条件。无论是创造、发明，还是建设、生产都需要有知识与实践。关于知识与实践之间的关系，早年陶行知信奉王阳明的学说，经过一段时间的生活磨砺后，他将王阳明的知行关系“翻了个面”。陶行知批判了王阳明“知是行之始，行是知之成”的观点，他认为“要有知识，是要从行动中去求来，不行动而求到的知识，是靠不住的”，因为“你能行动，行动才生困难，想法解决了困难，才是真知识的获得”。所以，陶行知说“行是知之始，知是行之成”。再次，对于个体来说，要手脑结合，手脑双挥。“在用脑的时候，同时用手去实验；用手的时候，同时用脑去想”“手和脑在一块儿干，是创造教育的开始；手脑双全，是创造教育的目的”。又次，关于“行动、思想与创造”三者之间的关系是“行动是老子，思想是儿子，创造是孙子”，因为在行动过程中就会产生问题，问题激发人思考，思考有所得则产生知识，有了丰富知识后就可以“无中生有”地创造。创造的过程是一个劳力与劳心的过程，用陶行知的话说，要“在劳力上劳心”。知识与实践之间的关系（“行”与“知”之间的关系）是螺旋式上升，递进式发展的，即“行以求知知更行”。

陶行知对创造的本质及不同类型创造的教育均进行了深刻论述。关于创造的教育，他在1933年3月和7月的演讲中分别予以阐述，其中3月份演讲主要论述什么是创造的教育，如何开展创造的教育，即要从小解放小孩的自由，培养小孩创造的潜质。陶行知坚信，“假使我们给小孩子自由，我相信

① 陶行知：《陶行知全集（第四卷）》，四川教育出版社，2009，第4—5页。

千百个孩子之中，一定有一个小孩是天才，是一个创造者、发明者。[①]”创造的教育要打破传统教育的限制，创造的教育应该启发工人、农民、学生……使他们得真的知识，才是真的创造。创造的教育是“以社会为学校”“和社会打成一片”，社会含有学校的意味，学校含有社会的意味，学校和社会之间很难区别。学的最高境界是“做”，“做”的最高境界是创造。创造的教育要处理好学校与社会、教育与生活、教育与方法、教育与大众、教育与学生之间的关系。创造的儿童教育不是说教育可以创造儿童，而是要通过教育解放、激发儿童固有的创造力，使儿童长得更有力量，以从事创造工作。创造的社会教育是解放老百姓的双手、双眼、嘴、头脑、空间和时间，要培养老百姓的创造力。“专制时代的创造是顺乎皇帝的旨意的，是仅限于少数人的。而今天，民主时代的创造，是给每个人以同等的创造的机会，是动员整个民族力量以创造民众的福禄寿喜的。民主的程度愈高，则创造愈开放、愈好。[②]”从陶行知关于创造及创造教育之论述，他所言及的“处处是创造之地，天天是创造之时，人人是创造之人”对于教育来说，实际上包含创造教育的三个核心要素：空间、时间和主体。

二、山区学校“全域全时全员”创造

无论从历史还是现实来看，山区学校要将营造“处处是创造之地，天天是创造之时，人人是创造之人”的教育氛围作为学校工作的重要内容之一。任何学校的办学初心都是人才培养，而创造型人才的培养需要创新创造氛围及一定量的人才基础。习近平总书记在2021年9月的中央人才工作会议上说，“当前，我国进入了全面建设社会主义现代化国家、向第二个百年奋斗目标进军的新征程，我们比历史上任何时期都更加接近实现中华民族伟大复兴的宏伟目标，也比历史上任何时期都更加渴求人才。[③]”习近平总书记在

① 陈波：《陶行知教育文选》，浙江大学出版社，2014，第237页。

② 陶行知：《陶行知全集（第四卷）》，四川教育出版社，2009，第472页。

③ 新华网：《习近平在中央人才工作会议上强调　深入实施新时代人才强国战略　加快建设世界重要人才中心和创新高地　李克强主持　栗战书汪洋赵乐际韩正出席　王沪宁讲话》，http://www.news.cn/2021-09/28/c_1127913654.htm，访问时间：2023年2月1日。

《习近平谈治国理政》第四卷中提到，“人才是创新的第一资源，人才资源是我国在激烈的国际竞争中的重要力量和显著优势。创新驱动本质上是人才驱动，立足新发展阶段、贯彻新发展理念、构建新发展格局、推动高质量发展，必须把人才资源开发放在最优先位置，大力建设战略人才力量，着力夯实创新发展人才基础。[①]”党的二十大对教育、科技与人才的关系做了新阐述，基本定位是坚持“教育优先发展、科技自立自强、人才引领驱动”，三者共同组成全面建设社会主义现代化国家的基础性、战略性支撑；坚持“科技是第一生产力、人才是第一资源、创新是第一动力”，深入实施科教兴国战略、人才强国战略、创新驱动发展战略，加快建设教育强国、科技强国和人才强国；全面提高人才自主培养质量，着力造就拔尖创新型人才，聚天下英才而用之，推进教育、科技、人才强国建设协同建设，协调推进[②]。基于时代要求，山区学校要深刻认识“教育、科技、人才”三者之重要关系，着力提高“人才自主培养”质量，尤其是要提高创造性人才培养质量，具体来说就是要实施“全域全时全员”创造，可以从以下几个方面进行探索。

第一是在山区学校“全域”创造方面，坚持物质创造和精神创造相统一。按照陶行知的生活教育理论，山区学校应打破与山区社会隔绝之状态，但实际上，山区学校师生有一个主要活动区，我们权且将山区学校师生的主要活动区称为山区学校之“全域”。山区学校全域创造就是要在山区学校的全部空间范围内开展创造活动，即包括对山区学校空间范围内所有资产的再创造。例如，晓庄师范初创时，仅有 2 000 亩荒地，经过师生的创造，这片荒地上盖起了教室、图书馆、实验室、办公室、食堂以及学生公寓等。师生创造时，在完成校园大框架设计后，校园内每个细节都可以再设计、再完善、再创造。此外，师生在校园内的每个地方都可以进行创造活动，也就是说，师生在校园内既可以适当改变校园内校产的原始用途，也可以以校园为栖身之所，在校园内进行思想创造活动，创造精神产品。

第二是在山区学校“全时”创造方面，坚持日间创造与夜间创造相统一。

---

① 中央文献研究室：《习近平谈治国理政（第四卷）》，外文出版社，2022，第 538—539 页。

② 本书编写组：《党的二十大报告辅导读本》，人民出版社，2022，第 334—340 页。

时间犹如东逝之流水,具有连贯性、不可逆性。创造性活动的开展要考虑活动本身的难易度及可达成性。正常情况下,师生通常在日间开展创造性活动。但是,有些难度较大的工作或活动,一时难以完成,可能需要日夜连续作战,甚至需要数日连续攻关。因此,对于师生来说,要坚持“全时”创造理念,以任务完成为目标,坚持不懈地进行创造。此外,创造型活动的开展有时需要灵感,在师生没有创造思路时就要暂时停止冥思苦想,转入学习或者其他让人放松的活动,调节心情,等待灵光一闪的创造性时刻出现后再继续创造。总之,全时创造就是要考虑创造性活动的连续性、持久性及较难完成性等特征,按照创造规律实施教育创造。

第三是在山区学校“全员”创造方面,坚持个体创造与集体创造相统一。现代山区学校,有些工作只需要一个人就能完成,具有个体性;有些工作需要集体配合才能完成,具有集体性。山区学校师生在实施创造性活动时,要充分考虑事情的性质、任务量以及人力资源基本情况。对于那些工作量相对较小,个性化要求较高的工作,适宜个体创造者做就鼓励个体创造。例如某门特殊课程的教学,只能交由某位擅长该领域的教师担任。尽管教学既有普适性规律,但更具有个性色彩、个人特质,同一门课程同一个专题,由不同教师讲授,其教学效果的差异十分显著。因此,山区学校首先要分析拟完成创造性工作的性质及工作量,对工作性质进行定性后,预估需要个体参与就能完成还是需要集体合作才能完成。其次,山区学校内工种多,由不同的人员承担,全员创造就是指学校里在不同工作岗位上工作的全部人员都要参与岗位创造,即在自身平凡的岗位上创造出“属于自己的”不平凡业绩。再次,对那些个体无法独立完成的创造性工作则要求集体攻关,共同完成。总之,对于山区学校来说,无论是个体创造还是集体创造,都是在践行“人人是创造之人”的创造宣言。

第三节 “创造是中国教育的完成”——山区学校本土化特色发展

中国教育的起点在哪里?终点又在哪里?许多教育史教材都认为原始

社会是中国教育史的起点，鲜有学者探究中国教育的终点或者中国教育的完成。关于教育的起源，学界目前有生物起源说①、心理起源说②、劳动起源说③几种主要观点，陶行知认为"'行动'是中国教育的开始，'创造'是中国教育的完成"，即我国教育起源于"行动"，如果人通过行动实现了物质产品或精神产品的创造，那么教育的效果就达到了，就实现了教育的完成。从"开始"到"完成"需要经历一个极其复杂的过程，陶行知认为创造的教育要从儿童开始，要解放儿童的创造力，鼓励儿童创造，用民主的教育为儿童创造力开发营造氛围。创造也包括创造的社会教育，与创造的儿童教育类似，要实施"六大解放"，其最终目的是用新的眼光、新的精神、新的"大学之道"，让知识分子与老百姓站在同一战线上，同甘苦、共患难、同创造，共同造就一个和平、安全、乐业、和谐的普惠型社会。

一、创造是中国教育的完成

陶行知在《创造宣言》《创造的教育》中对创造及创造教育进行了深刻论述，他认为"我们要打倒传统的教育，要提倡创造的教育"。创造的教育就是要行动，"有行动才能得到知识，有知识才能创造，有创造才有热烈的兴趣"。"行动"是中国教育的开始，"创造"是中国教育的完成。陶行知由创造的教育引申出创造力之中华民族，他认为创造出有创造力的中华民族需要"各部落打成一片，站在一个战线上"，以创造的教育来创造出一个具有创造力的中华民族。

首先，实施创造教育要从儿童开始，加强对儿童创造力的培养。就怎样培养儿童创造力，陶行知认为儿童所拥有的创造力是我们的祖先至少经过五十万年与环境适应斗争所获得而传下来之才能之精华，发挥抑或阻碍，加

---

① 该学说认为教育起源于动物界中各类动物的生存本能活动，主要代表人物有法国的勒图尔诺(1831—1902)、英国的沛西·能(1870—1944)。

② 该学说认为教育起源于儿童对成人无意识的模仿，主要代表人物是美国教育家孟禄(1869—1947)。

③ 该学说认为教育起源于人类的生产劳动，主要代表人物是苏联教育史家及我国教育学家。

强抑或削弱,培养抑或摧残这个创造力的是环境。教育是要在儿童自身的基础上,过滤并运用环境的影响,以培养并加强发挥儿童固有的这种创造力,使他长得更有力量,以贡献于民族与人类。教育不能创造什么,但他能启发解放儿童创造力以从事创造之工作①。培养儿童的创造力要"敲碎儿童的地域,创造儿童的乐园"。

就如何培养儿童创造力,培养创造的儿童,创造"儿童的乐园",陶行知认为培养创造的儿童要解放儿童的"头脑、双手、嘴、眼睛、时间、空间"等,培养儿童创造力需要充分的营养,这个营养包括小孩子体力和心理两种;要建立下层的良好习惯,以解放上层的性能;要因材施教。他将不同儿童比喻成松树和牡丹花,二者所需肥料不一样。用牡丹花的肥料浇灌松树,松树受不了,会被烧死,同样,用松树的肥料施之牡丹花,也不行。教师培养儿童的创造力要像园丁一样,细心呵护不同的花草植物。创造力最能发挥的条件是民主,因此要建立一个民主国家。在民主国家里,无论是贫穷者还是富裕者,男性还是女性,老年人还是幼年人,各民族各阶层的所有人都能有均等、公平的教育机会;父母及社会要对儿童更宽容一些,以发展眼光支持儿童看似无理的要求;最后要在民主的社会生活中激发人民的创造力,也只有在民主的社会里才能使最大多数人之创造力发挥到最高峰。

陶行知在教育创造过程中,目标清晰,乐此不疲,全身心投入。在给妹妹文渼的信中他说,"民国九年,南京高师办第一次暑期学校的时候,胡适之、王伯秋、任鸿隽、陈衡哲、梅光迪诸先生和我几个人在地方公园里月亮地上彼此谈论志愿,我说我要用四通八达的教育,来创造一个四通八达的社会……我们生在此时,有一定的使命。这使命就是运用我们全副精神,来挽回国家厄运,并创造一个可以安居乐业的社会交于后代,这是我们对于千万年来祖宗先烈的责任,也是我们对于亿万年后子子孙孙的责任。"②陶行知这样说,也这样做,身体力行,躬耕实践。他在致妻子吴树琴的信中说,"创造使人乐而忘忧"。在致儿子陶宏的信中说,"育才创造之神回来了"。因为他

① 周洪宇:《陶行知教育名篇教师简读》,华中师范大学出版社,2021,第260—261页。

② 陶行知:《陶行知全集(第八卷)》,四川教育出版社,2009,第34页。

看到育才学校的教师、同学以及工友们齐心协力，共同创造，尽管物质生活条件艰苦，但师生精神状态极佳，学校创造状态极好。为了进一步推动育才学校创造教育深化发展，陶行知亲自在育才学校指导会以及朝会上向全体学生宣读了《创造宣言》，亲自主持《创造壁报》，特设创造奖金一万元。

创造的教育是一项开创性工作，需要创造者将日常教育工作上升到民族国家发展的战略高度。陶行知的创造教育之路是一条探索中国式教育现代化的教育奋进之路。著名陶行知研究专家王文岭教授考证，陶行知作为中国近现代最具原创力的教育家，同时他也是首次提出"中国式教育"的教育家。据史料记载，1924 年 7 月，中华教育改进社在国立东南大学召开第三次年会，陶行知在报告中就中华教育改进社社务工作提出了四项原则："一须创造合乎国情之中国式教育；二须建立有根的教育；三须全国教育界具有合作之精神；四须各种教育之具有分组研究之结合。""中国式教育"包括"中国式"教育思想、教育内容、教育组织形式、教育技术等。① 中国式教育既有对传统中国教育的继承，注重道德教育，强调"个体内省"，也有吸收借鉴西方教育理论并结合当时中国教育实况的创造性发展。在中国式现代化背景下，陶行知的创造教育思想或可概括为"本土现代性"②教育理论，"本土现代性"对未来教育现象和教育问题所进行的科学论断和预判，所提供的具有科学预见性的解决思路至今仍然具有解释力。

二、山区学校本土化特色发展

胡国枢在《中华本土教育陶行知》一书自序中说，"我们民族历史上的当权者中，有闭关自守、夜郎自大者，看不起别国别地，一切都是自家的好，拒人于千里之外，把自己束缚住，后来吃了大亏，对民族发展不利。进入近现代，也有另一种偏向，认为一切都是外国的好，似乎一学他国就得否定自己的一切。在教育上倒来倒去，唯洋是从，月亮也是外国的圆，对自己越看越

① 王文岭：《沸腾的晓庄——中共晓庄支部革命历史影像》，东南大学出版社，2021，第 28 页。

② 杨冰：《文化自觉与陶行知教育思想的"本土现代性"》，《社会科学战线》2017 年第 8 期第 227—233 页。

丑,处处鄙薄自己,低人一头。在他们心里,民族自信心、自主性都没有了。有些人,因人格、国格、民族自尊心的缺失,遗害他人,也影响了下一代。其实。中国是一个教育大国,一直是重教的国家,正如有学者指出的:中国的教育,在世界上,教育理论上并不完全是很落后的,现在引进'这个教育''那个教育',外国的教育,其实首先应该好好学习自己教育家的教育思想、教育理论和教育实践,这才是实事求是的态度。"胡国枢评价陶行知是"学贯中西,汇通古今,是教育现代化的先行者,出生农村、热爱农民、对国学有深厚造诣的地道的中国本土教育家,具有乡土性、平民性、中国性,又精通英文,谙熟西方,具现代性、科学性、世界性。他既是东方文化、东方哲学、中国古代优秀文明的传承者,又是西方进步教育理论、西方科学方法的传播者和引火人。……他深入群众,立足基层,在农村泥巴里摸爬滚打,成了对中国认识最深刻、最懂国情民情、与人民贴心的教育家。①"陶行知的教育思想是最本土的教育思想,所创办的学校也是契合当时中国社会发展的本土化学校。当前,在现代化、全球化、本土化等多元语境下,山区学校该朝哪个方向发展,值得深思。究竟是在现代化大潮中,一味地模仿城市学校发展模式,还是坚守本土实施在地化特色发展模式?对于这个问题,2014 年 5 月 4 日习近平总书记在北京大学师生座谈会上的重要讲话中给出了答案。他说:"世界上不会有第二个哈佛、牛津、斯坦福、麻省理工、剑桥,但会有第一个北大、清华、浙大、复旦、南大等中国著名学府。我们要认真吸收世界上先进的办学治学经验,更要遵循教育规律,扎根中国大地办大学②。"对于山区基础教育学校来说也应是这样,不要跟在人后亦步亦趋,要实施本土化在地式发展,可以从以下几个方面努力。

第一是将山区学校发展融入山区经济社会发展的全领域、全过程。山区学校是山区国民经济与社会事业的重要组成部分,山区学校师生要自觉将学校发展置于山区经济社会发展全局中谋划,尽可能从校城共生、校乡共荣、校村协同的角度审视学校发展问题,全过程参与其中,将学校发展融入

---

① 胡国枢:《中华本土教育家陶行知》,杭州出版社,2009,第 8—9 页。

② 中共中央文献研究室:《十八大以来重要文献选编(中)》,中央文献出版社,2016,第 9 页。

城市、城镇及乡村发展之中。首先，山区学校要积极主动将山区学校发展战略与地方经济社会发展战略相对接，争取在政府重要规范性文件中对山区教育或者山区学校发展有所提及，事关学校长远发展的重要事项能够纳入政府工作清单。其次，山区学校要对国家政策进行研究，尽可能精熟国家政策，善于利用国家各项惠民政策、发展政策，将其转化为学校发展的资源。例如，政府每年发布的民生类政策、社会福利类政策、安全稳定类政策、文化繁荣类政策、环境保护类政策等政策。这些政策可能并不直接与教育相关，但如果仔细研究，会发现很多政策所关涉到的领域极可能转化为支撑办学的有利政策。再次，山区学校要主动研究山区城市化或城镇化建设趋势，在城市发展中谋机遇，在校产置换中谋新发展。例如，在山区城市化、城镇化建设进程中，许多房地产企业往往会看中山区学校具有重要开发价值的校园空间，政府为了促进经济社会发展，也会对城市建设与学校布局进行重新调整，极力促成此事。房企为了更好地销售房产，也会投入重要资源在住宅区布局优质教育资源。因此，山区学校要抓住此类机会，借助城市改造、校园校址变更等契机为学校发展谋得更大发展空间、争取更多资源。

第二是与时俱进，按照教育现代化建设要求推进山区学校硬软件建设。近年来，国家对普通高等学校、义务教育阶段学校以及幼儿园的现代化、标准化建设予以了明确规定或倡导性规定，这些教育现代化建设政策规范对山区学校的软硬件建设意义重大，推动效果明显。例如，在高等学校设置条件及基本要求方面，2006 年，教育部印发《普通本科学校设置暂行规定》要求普通本科学校生均占地面积应达到 60 平方米以上，生均校舍建筑面积应达到 30 平方米以上；生均教学科研行政用房面积，理、工、农、医类应不低于 20 平方米，人文、社科、管理类应不低于 15 平方米，体育、艺术类应不低于 30 平方米；生均教学科研仪器设备值，理、工、农、医类和师范院校应不低于 5 000 元，人文、社会科学类院校应不低于 3 000 元，体育、艺术类院校应不低于 4 000 元；生均适用图书，理、工、农、医类应不低于 80 册，人文、社会科学类和师范院校应不低于 100 册，体育、艺术类应不低于 80 册；应建有现代电子图书系统和计算机网络服务体系；必须拥有相应的教学实践、实习基地等；应具有较强的教学、科研力量，专任教师总数一般应使生师比不高于 18 : 1；兼任教师人数应当不超过本校专任教师总数的 1/4;[①]等等。除国家对普通高等学校设置有规定外,国家在义务教育学校以及幼儿园建设方面的标准也十分明确。由于我国各地情况不一,国家层面坚持标准先行,倡导各地因地制宜地制定义务教育学校基本办学标准。以浙江省为例,该省在义务教育完全小学阶段要求生均用地面积指标为 14.89 平方米,生均建筑面积指标为 7.09 平方米,生均集中绿地面积 1.2 平方米,卫生室面积应大于 15 平方米;生均图书 20 册及以上,报刊种类 50 种以上,工具书、参考书种类 100 本及以上;学校应配备计算机,生机比为 7∶1,师机比为 3∶1,所有教师办公室应配备计算机;按 6 个班配置一个篮、排球或相应面积的体育活动场地,需有 4 道 60 米直跑道[②]。2016 年,教育部组织编制的《幼儿园建设标准》对幼儿园选址、室外游戏场地、集中绿地,房屋建筑(幼儿活动用房、服务用房、附属用房),建筑设备(建筑给排水系统、建筑电气系统、采暖通风系统、电梯及弱电系统等)予以明确规定。国家要求或倡导各级各类学校的标准化建设,这对相对处于弱势的山区学校来说,能够使各级政府在落实山区学校标准化建设责任方面有章可循,有据可依,有利于促进山区教育均衡发展,促进山区学校健康可持续发展。

第三是遵循教育教学规律,在打造山区学校办学特色方面,因地制宜,顺势而为。办学有办学的规律,山区学校要遵循教育教学的一般规律,做教育应为和可为之事。首先,山区学校要履行人才培养职能。山区高等教育机构要认真贯彻党的教育方针,落实立德树人根本任务,加强对大学生进行社会主义核心价值观教育,着力培养大学生的社会责任感、创新精神和实践能力;对大学生进行专业教育,提高大学生专业核心素养、综合素质和实际工作技能。山区基础教育机构要拒绝“应试”教育导向,开设多样化、多元化的校本课程,创新教育模式,加强山区学生素质教育,提高学生综合素质,为山区学生人生发展奠基。山区学前教育机构要将幼儿安全与发展并行考虑,坚决反对学前教育“小学化”,要鼓励幼儿“在活动中学”“在玩中学”,玩

① 教育部:《教育部关于印发〈普通本科学校设置暂行规定〉的通知》,https://www.canedu.org.cn/site/content/4866.html,访问日期:2023 年 2 月 3 日。

② 钟振国:《乡村小规模学校的标准化建设研究》,浙江大学出版社,2021,第 5 页。

教结合，促进幼儿情绪和身体健康发展。山区学校在打造本土办学特色方面，要因地制宜，顺势而为，充分挖掘与地方历史资源、独特生态、产业特征相关的本土文化，开发地方课程、校本课程，实施教育教学改革，尝试“化山区资源为发展资源，化山区特色为办学特色，变区域劣势为发展优势”。例如，浙西南山区丽水市下属的景宁畲族自治县由于人口大量外流，许多学校出现了自然小班化现象，针对这一问题，该县探索了“农村自然小班化教育教学模式的探索与实践”的教育教学改革试验，该成果荣获 2018 年基础教育国家级教学成果二等奖。

第十章
陶行知廉洁教育思想与山区学校发展

廉洁教育思想是陶行知具体教育思想的重要组成部分，在陶行知的论文、诗歌、书信以及各类相关故事中蕴含着丰富的廉政教育思想。如陶行知所说的“公家一文钱，百姓一身汗”“一切坏心术、坏行为，都是由不廉洁而起”“私德为立身之本，公德为服务社会国家之本”“万分廉洁，不过小善；一念贪污，即为大恶”“捧着一颗心来，不带半根草去”等名言警句都是陶行知廉政教育思想的生动写照。在《克虏伯之金钱观》一文中他说，“我们别把钱看得太大了，因为钱之上还有比钱大的大事；我们也别把钱看得太小了，因为钱是要用来做大事的。①”陶行知十分尊崇武训，在《谈武训精神》中说，武训之所以成功，是因为他“三无四有”，“三无”是指一无钱，二无靠山，三无学校教育；“四有”中最重要的“一有”是有“公私分明的廉洁”②。对于办学者来说，公私分明的廉洁是成功办教育最重要的精神品质。

1924 年，陶行知在《南京安徽公学办学旨趣》中说，“用一文钱，必问‘这一文钱该用吗’……该用则用，不该用必不用；用必尽其效。”③在 1926 年撰写的《尊重公有财产》中，陶行知认为保管公有财产的人务必要把它保管得十分稳妥；支配的人务必要把它支配得十分适宜；使用的人务要把它使用得十分当心。“凡团队活动要切实，必须有计划；计划要切实，必须有预算；预算要切实，必须有决算。所以尊重公有财产的第一件要事，就是要有预算和决算。没有决算，则预算蹈空；没有预算，则计划蹈空；计划蹈空，则便宜行

① 陶行知：《陶行知全集（第二卷）》，四川教育出版社，2009，第 124 页。

② 陶行知：《陶行知全集（第四卷）》，四川教育出版社，2009，第 463 页。

③ 陶行知：《陶行知全集（第一卷）》，四川教育出版社，2009，第 36 页。

事，甚至当用钱的地方或竟不用，不应当用钱的地方或竟浪用……太阳光所到的地方必无微生物。要免公有财产的损失，最要紧是要公开的预算决算。到处要求一个公开的预算与决算，是公民的一种重要的责任。”预算完成但决算尚未完成时要有清楚的账目，账目要十分详细，逢账必录，一日一小结，一月一大结。公款进出需要两个人看过签字。账目及决算需要经专家每年或一年审查一次。

陶行知认为，“我国人应当痛改的一个习惯就是公私混杂。政界中人，有的连家里用的煤炭，妇女们用的首饰，也要在公家开账。学校中人，有的写私信也要用公家的信纸信封。甚至于有人把公款放在家，记在自己的账上。结果，始而混杂，继而挪移，继而亏空，终于公家破产，个人信誉扫地。公私之间应当划条鸿沟，绝对隔离，不使他有毫厘之交通。私账混入公账，公账混入私账，就是混账。公民不但自己不混账，并且要反对一切混账的人。”①陶行知在育才时期，身兼生活教育社理事长，因校务需要用了生活教育社的信封和便笺，陶行知致信戴伯韬，“信封、信纸十元是我用的，当由我来还你们。”他多次写信告诉学校校务主任马侣贤，“请客一切费用，连酒菜、饭茶、滑竿、船钱都开在我的暂记账上，并请立即清算，以便照付。学校经费中不宜动用一文。②”由此可见，陶行知将公私财产分得十分清楚，公家之财，虽一毫而莫取。

陶行知认为莫取之义有三：“一是不愿取，二是不可取，三是不敢取”。陶行知有言，“使人不敢取是刑法之事，使人不可取是会计严谨之事，使人不愿取是公民教育之事。”因此，实施公民教育是廉洁社会建设的重要内容之一。

第一节　“公家一文钱，百姓一身汗”——山区学校财务管理

陶行知说，“奋斗才是建设廉洁政府之康庄大道。我们要律己不苟，律

---

① 陶行知：《陶行知全集（第二卷）》，四川教育出版社，2009，第 248—250 页。

② 黄凤芝：《陶行知廉政文化教育读本》，中国方正出版社，2011，第 2 页。

下不苟,律上不苟,方能创造一个廉洁的社会。[1]"在廉洁自律方面,陶行知是一个典范,他在办学及募捐期间经手了大笔经费,临终前留给妻子的仅是一本诗集。廉洁首先要处理好公与私的关系。关于公与私,陶行知在《办公原则》《尊重公有财产》《问自己》等文章中进行了较详细的论述及反思。陶行知认为办公的人要尊重公有财产,要将公有财产与个人财产完全、绝对地分开。办公的人实际上是代人民办公,因此,办公要做到"唯事不唯人",争取做到"人之去不足损事,事之兴废不复因人"。办公要以科学精神和科学方法专注于事业之上。办公要讲求效率,须先有计划、工具便利。办公事既要做到使事进步,也要使做事之人有所进步。办公事要讲究条理,注重美观、卫生,合兴趣,互助共赢。公有财产是共同团体的财产,是为公众生活服务的,要保管好,使用好,自觉接受公众监督。在公有财产使用方面,陶行知进行了深刻反思。陶行知之子陶晓光于1936年7月12日记录了陶行知出国前关于公费使用的自我反省,"我自己算了一下,这次要用的旅费大约是六千块钱。……老实说:我这次要花掉二百人的全年的口粮。倘使我没有好的东西带回来,我能对得起大众和小孩吗?我究竟有没有好东西带回来?带回来的东西究竟是不是好东西?我是没有把握的。……我决不放松自己。我天天都要拿这些问题来引导我的行动。[2]"

一、公家一文钱,百姓一身汗

1934年陶行知43岁,正在创办山海工学团,开始新一轮自主办学,山海工学团是一个民间教育团队,以儿童为主,经常接待各种考察团、参观团。陶行知作为该团的发起者、指导者,也经手了一些费用。6月16日,他在《生活教育》上发表了《一文钱》的小诗:"公家一文钱,百姓一身汗。将汗来比钱:花钱容易流汗难!"这首诗体现了陶行知鲜明的"公私"财产观。

在此诗发表前,陶行知对金钱的作用也有过一番论述,基本形成了他的

① 陶行知:《陶行知全集(第二卷)》,四川教育出版社,2009,第175页。
② 陶行知:《陶行知全集(第十一卷)》,四川教育出版社,2009,第558页。

金钱观。即贫富不均是社会客观存在的现象，金钱的作用是使其流动起来，更多更好地服务穷人。他在《富人一口棺》中说："富人一口棺，穷人一堂屋。讨得死人欢，忘却活人哭。"在《从守财奴想到守知奴》一文中，他尖锐地讽刺了社会上的"守财奴"。他认为"社会里有一种人叫做守财奴。这种人的唯一的嗜好是把金子银子弄到自己的腰包里来。腰包装满了，藏到皮箱里去，虽然小，还是要拼命的装。带得多少便带多少去，是他不得已的苦衷。当他活着的时候，肚子总是大大的。他的肚子比人大，固然是平日保养得好，其实另一原因是那腰包点水不漏。纵然看见一个人冻得要命，饿得要死，他是一个钱也不肯花。这个大肚的怪物，只要提起他的名字，人都知道。而且看不起他，不屑跟他学。有志的青年谁愿意做守财奴呀？①"在陶行知看来，金钱一定要发挥金钱的作用才有价值。

关于金钱问题，陶行知将公款和私款分得十分清楚。这种公私分明的观念可能受到山东著名乞丐"武训"的影响。陶行知办学期间，常常自比"武训"，甚至还给他的"大金主"冯玉祥寄去有关武训的资料。1934 年 6 月 14 日，冯玉祥在日记中写道，"昨日寄来武训先生像片及行知先生所印之武训诗，更使我愧到不能见人。立志办一百个不要钱的小学校，十个中学校，尽我一点本分。②"陶行知这种公私分明的金钱观，在他办学实践过程中，得到了印证。为了筹集办学资金，陶行知经常到各地募捐。为工作方便，他曾特意为自己缝制了一件"工作服"，在上衣缝了两个口袋，一只口袋放公款，一只口袋放私款。有一次他去募捐，在归途搭车时钱被偷了，私款一分也没有了，而公款还在。按常人的思维，陶行知完全可以把募捐来的钱拿出来先垫买车票，回到学校后再补上，可陶行知坚决不动用公款，拖着疲惫不堪的身子，从十几里外步行回校。

二、山区学校财务管理

山区学校办学最重要的是财务问题，在我国现有"教育优先发展"原则

---

① 周洪宇、刘大伟：《陶行知年谱长编》，人民教育出版社，2021，第 495 页。

② 周洪宇、刘大伟：《陶行知年谱长编》，人民教育出版社，2021，第 515—516 页。

下，教育财政性经费投入连续 10 余年占 GDP 的 4%，山区学校软硬件建设已得到极大改善。从陶行知金钱观来看，山区学校不仅需要积极争取办学经费，更要使用好办学经费，在使用过程中尤其是要注意公私分明。山区学校做好财务管理工作可以从以下几个方面努力。

第一是实施开源节流计划。办学是一项消耗性事业，需要源源不断的教育经费投入，山区学校要利用一切机会积极争取办学资源，首先实施开源计划。在政府各级各类政策允许的范围内，主动谋划争取各类财政项目及经费支持。其次，有条件的山区学校要加强与学校所在地企业、社会上热心教育事业的公益人士联系，探索开展教育募捐活动。再次，山区学校要善于盘活现有校园资产，使学校资产保值增值。办学经费究竟多少才算够用?言人人殊。在陶行知看来，办学经费是否够用是相对而言的。但无论经费是否充裕，办学都要节俭，对于山区乡村学校来说更是如此。他认为山区乡村学校“要用最少的办学经费办出最好的乡村教育”。节流并不是不使用教育经费，而是当用则用，要把有限的办学经费用在“刀刃”上，使经费发挥最大的效用，在使用过程中尽可能减少浪费。

第二是实施财务预决算制度。陶行知十分重视学校财务预决算问题，他无论是在创办晓庄师范时期还是在创办重庆育才学校时期，都为学校制定了详细的财务预算计划。随着事业发展，他还及时总结财务决算情况，发现并解决学校财务问题。当前我国大型山区学校或者办学层次较高的山区学校一般都制定了财务预算计划，以及年度财务决算报告。山区一些小规模学校或者低层次学校存在办学经费较少，学校经费由个别领导临时说了算，或者做“阴阳账”的情况。经费是学校运转的“血液”，经费使用不规律、不科学会导致血液流通不畅，“肌体”因此出问题。山区学校一定要按照我国财务管理相关规定，无论学校有多小、办学经费有多少，都要认真制定财务预算计划，并尽可能按照财务预算执行。

第三是加强财务审计监督。贪婪是人的本性。山区学校尽管经费少，使用紧张，但各种报刊媒体时常报道出某学校领导贪污办学经费的不法事件。信任不能代替监督。审计单位要定期对山区学校财务预决算情况进行审计，确保学校经费使用去向正确，不存在中饱私囊或者利用“假发票”报销的情况。学校预决算计划要在一定范围内向学校师生员工公开，接受群众监督，减少违规使用经费的可能性。

第二节　“一切坏心术、坏行为，都是由不廉洁而起”——山区学校廉洁教育

一、一切坏心术、坏行为，都是由不廉洁而起

在重庆育才学校三周年纪念晚会上，方与严记录了陶行知当时的演讲《每天四问》。演讲中，陶行知认为做人既要讲“公德”，也要讲“私德”，“私德”不讲究的人，每每就会成为妨害公德的人，所以对于一个人来说，私德更要紧。私德是公德的根本。私德最重要的是“廉洁”，一切坏心术坏行为，都由不廉洁而起。所以，陶行知在论述“构筑人格长城”的时候讲到了杨震的“四知”[①]、甘地的漏夜“还金”、华盛顿勇敢承认错误、冯焕章先生所讲的平老静“还金镯”的故事。陶行知在《老少通千字课》教材第三册第二十三课中专门设了《杨震不贪钱》一课，“县官送来十斤金，知府杨震不肯要。县官老起脸皮说，‘黑夜没有人知道。’杨震正色驳他说：‘天知道，地知道，你知道，我知道，怎么没有人知道？’[②]”

陶行知认为道德是做人的根本，在私德的众多要素中，廉洁又是最为重要的。陶行知一生多次办学，经手的办学经费何止数千、数万？他在金钱的使用过程中，自律到近乎苛刻。去世时，陶行知留给妻子吴树琴的遗物仅仅是一本诗集。陶行知不仅自己极为廉洁、节俭，对学生的要求也是如此，并且能够在苦中作乐。他的工学团学生孟根根无钱举办婚礼，按照当时风俗可能需要卖一头牛才能结婚。陶行知看出学生的难处后，马上想办法帮他解决结婚难的问题，婚礼办得热热闹闹，但只花了 3 元钱，而且是双方各出一

① 杨震为官时，有人密送他黄金十金，杨不受。送金者说，“暮夜无知者。”杨说，“天知，地知，你知，我知，何谓无知？”

② 陶行知：《陶行知全集(第五卷)》，四川教育出版社，2009，第 330 页。

半。陶行知还为大家赋诗一首:“三块大洋钱,结婚过新年,每人出一半,开创新纪元。……好一个新郎,依旧学生装。钮扣缺一个,对客献茶汤。①”在重庆育才学校办学极为困难时期,陶行知看到有些学生浪费粮食,不喜欢吃青菜等,他专门给学生普及饮食健康知识,认为青菜配大豆营养价值最高,性价比最高。学生们听到陶行知的讲解,浪费行为大为减少。

陶行知是一个坦坦荡荡之人,他认为心底无私天地宽,在办教育过程中始终做到了“捧着一颗心来,不带半根草去”。他具有极强的自我反省意识,在他刚刚留学归国时,他还没有完全适应中国生活习惯,常常穿洋装、喝咖啡,他后来认为这是一种资本主义式的生活,是铺张浪费的“恶习”,使自己生出了一种“罪恶感”。他坚决改正,换上长衫草鞋,创办晓庄师范,与“牛大哥”同处一室,不以为苦,反觉开心。

二、山区学校廉洁教育

陶行知认为一切坏心术、坏行为都是从不廉洁开始的。廉洁是做人的根本,开展廉洁教育是山区学校的重要教育内容之一。山区学校开展廉洁教育要以校园内廉洁文化建设为载体,教育引导学生形成正确廉洁观。如何在山区学校开展廉洁教育呢?笔者认为可以从课内与课外两个维度切入。

在课外廉洁教育方面,可以在校园内专门设置廉洁教育宣传专栏,开展廉洁教育征文比赛,廉洁故事征集大赛等。通过廉洁图片展览,廉洁标语悬挂、廉洁影片播放等方式,在校园内营造廉洁文化氛围。

在课内廉洁教育方面,教师可以在《语文》《品德与社会》等课程教学中,融入廉洁教育内容,引导学生将廉洁意识教育与专业知识学习融合起来。山区学校可以着重挖掘当地的廉洁教育资源,融入校本课程教学中。

---

① 辛国俊:《陶行知的故事》,江苏教育出版社,2001,第159页。

第十一章
陶行知教育思想与山区学校发展案例简述

浙江省各种类型、各个层次的学校都在积极践行陶行知教育思想，打造办学特色。如本科院校层面的有丽水学院，该校收集了20世纪国内近80%的陶行知研究资料，将陶行知教育思想融入师范生培养全过程，获得过浙江省教学成果奖二等奖，涌现出了陈波、梁宇光、虞伟庚、胡旭红、徐正林等一批热心陶行知教育思想研究与实践的老师；高职院校层面的有杭州科技职业技术学院，该校是湘湖师范前身，杭州市陶行知纪念馆所在地，该校谢卫列、丁水娟、龚苗等教师热衷陶行知研究，孜孜不辍；践行陶行知教育思想的中小学较多，仅丽水地区就有遂昌妙高小学、缙云长坑小学、青田县贵岙乡小学、莲都区中山小学、碧湖中学等。本章遴选本科院校、高职和小学各1所，简述如下。

第一节　丽水学院贯彻陶行知教育思想简述

丽水学院学习贯彻陶行知教育思想历史十分悠久，早在1946—1951年，陶行知弟子丁赞熙就担任了处州师范学校（原丽水师范专科学校前身）校长，在该校积极推行陶行知教育思想。20世纪80年代初，陶行知被平反后，丽水学院前身丽水师范专科学校成立了教师陶行知研究会、学生陶行知研究会等陶行知研究组织，该校学习、宣传、研究以及践行陶行知教育思想十分得力，在全国产生了重要影响。该校陈波老师参与整理了《陶行知全集》（四川教育出版社，第十一、十二卷），出版了《陶行知教育文选》，参与全国教育科学规划“九五”规划课题“陶行知教育思想现代价值研究”,参著《陶行知与中国现代化》,所提交的论文《陶行知教育思想是我国教育现代化的奠基石》入选纪念陶行知100周年诞辰学术研讨会部分论文篇目,撰写的《陶行知的教育思想》荣获中国陶行知研究会、基金会首届行知奖二等奖;收集了几乎20世纪所有陶行知的研究资料,建立了陶行知研究电子数据库;不断加强与浙西南山区中小学的联系,协助打造了一批行知特色学校。2010年以来,丽水学院以陶行知生活教育理论为指导,将陶行知教育思想融入师范类本科专业人才培养方案,着力打造行知特色校园文化,培养陶行知型高素质山区教师,加强在区域内中小学推广陶行知教育思想,2014年“以‘教学做合一’为核心的农村教师职业素质培养的探索与实践”荣获浙江省教学成果奖二等奖。

该校在二级学院管理层面,推出了“行知教学标兵”“行知科研骨干”“行知育人先锋”等行知先锋品牌;在教育教学及育人层面,学校在小学教育、学前教育、体育教育三个专业的人才培养方案中都着重强调了“行知特色”,连续多年创建“行知实践提高班”,打造行知特色人才;坚持十余年开展“行知杯”系列学生活动,已经形成行知系列育人品牌。在文化育人层面,学生校园内住有行知书院,行有行知路,学有行知楼,观有行知亭、赏有行知像,教室、楼宇等建筑物处处可见行知语录。该校教师出版的陶行知研究相关著作有《20世纪陶行知研究资料索引》(上海图书馆中国文化名人手稿馆、丽水师范专科学校图书馆,2001)、《生活世界与生活教育——陶行知研究文集》(陈波,2008)、《陶行知教育思想概论》(虞伟庚,2012)等。

2022年以来,留学归国博士徐正林老师努力将该校贯彻陶行知教育思想推向一个新的高度。他积极向领导建议重视陶行知研究,并主持2024年浙江省社科联课题“具有陶行知特质的师范生乡村教育情怀养成策略研究”,2023年丽水学院党建课题“陶行知的中共党员学生群体特质形成机制研究”,2023年浙江省教育科学规划高校一般项目“陶行知思想在浙西南山区教育界的传承与实践研究”,2022年浙江省普通本科高校“十四五”教学改革项目“新时代陶行知型卓越乡村教师职前培养模式重构”,2022年丽水学院党建课题“早期党外教师陶行知与中共党员教育交往研究”等多个陶行知研究课题或项目；协助或者参与获批浙江普通本科高校“十四五”省级重点建设实验教学示范中心“‘行知行’教师教育创新实验中心”，浙江省级大学生校外实践教育基地“大学生行知生活·实践教育基地”，浙江省“十四五”研究生教学改革项目“行知文化融入教育硕士研究生课程思政的实施路径”等多个中心、基地或项目；为本科生主讲“陶行知教育思想概论”课程，在丽水地区推行生活·实践教育；所撰写的《以陶为师　争做新时代“大先生”》论文被评为2022年丽水市优秀师德论文一等奖，参与完成的《基于行知文化的师范生自主发展能力培养体系的探索与实践》荣获2022年丽水学院教学成果二等奖，2023年在《生活教育》发表《陶行知与中共党员教育交往研究》论文，向来校交流的南京晓庄学院领导、社会人士及来自巴拿马、南苏丹、尼日利亚、古巴、尼泊尔、伊拉克、毛里求斯、南非、蒙古国等国家的访问团介绍该校的陶行知研究及中国大教育家陶行知。2023年他利用暑假带领9名同学赴杭州科技职业技术学院陶行知馆、南京晓庄学院行知园、上海陶行知纪念馆、安徽陶行知纪念馆、陶行知启蒙馆等开展“重走行知路”社会实践，得到著名陶行知研究专家周洪宇教授、陶行知曾孙陶侃及浙江省陶行知研究会常务理事娄亚文等人的肯定与鼓励。2023年他为丽水学院教师教育学院2023级本科生讲授“走进陶行知　学做大先生”，为该院2023级首届教育硕士研究生讲授“‘行知行’文化与精神漫谈”专题讲座。截至2023年11月，该院正在筹建一个行知师德文化馆。在该校教师教育学院领导支持下，徐正林正组织10位教师撰写新时代陶行知研究丛书。

第二节　杭州科技职业技术学院贯彻陶行知教育思想简述

杭州科技职业技术学院的前身是陶行知先生指导创办的湘湖师范学校，该校由杭州市城市建设学校、杭州广播电视中等专业学校、杭州市财税会计学校、浙江省严州师范学校等几个学校合并而成，现有高桥、城区、严州3个校区和钱塘新区公共技能实训基地等，占地约958亩，总建筑面积约44万平方米。该校在校园内建有陶行知纪念馆、生利桥、陶亭、行亭、知亭以及行知长廊等多处陶行知文化景观,其资料室内藏有大批民国时期陶行知教育著作。

该校积极践行陶行知教育思想,以“爱满天下”为学校精神,以“德业兼修,知行合一”为校训,以“苦硬进取,惟真惟实”为校风,以“教学相长,自化化人”为教风,以“手脑双挥,匠心致远”为学风,在制度和机制层面以“一二三四五”为统领,形成了富有“陶味”的文化育人品牌。“一”即一个顶层设计,将陶行知生活教育学说在章程制度设计、体制机制建立等层面进行了有效探索,写入《杭州科技职业技术学院章程》。章程第十九条明确规定:“学校传承和倡导陶行知文化,坚持以行知文化为引领,结合高等职业教育特点,建设特色鲜明的校园文化,为学生成长成才创造良好的文化氛围与人文环境。”“二”即两个实施办法,以《关于加强和改进新形势下思想政治工作的实施办法》规范高职文化,制定并实施了《关于陶行知文化建设的若干意见》,推进陶行知文化“进制度、进教材、进课堂、进社团、进寝室”。“三”即三个引领工程,出台《学生“知行千日”教育实施方案》,全面实施启航工程、领航工程和远航工程三大工程。“四”即四个“并重”的体系构建,即以立德树人为根本任务,以行知文化为引领,构建完善的“职业能力与职业素养并重、基础理论与技术技能并重、校内教学与校外实践并重、第一课堂与第二课堂并重”的“四个并重”人才培养体系。“五”即五力文化培养,在继承陶行知“生活力、自动力和创造力”的基础上,增加“学习力”和“思想力”两力,努力形成“五力文化”的浸润式培养①,这在高职院校中是不多见的。

通过上述努力,该校取得了一系列卓有成效的办学实绩,如2016年入选“全国高职院校创新创业示范校”50强、浙江省创业孵化示范基地、浙江省普通高校示范性创业学院等称号。该校已公开出版《陶行知艺友制教育思想对现代学徒制的启示价值》《陶行知职业教育思想及其当代价值》等多部陶行知研究相关的著作。

---

① 丁水娟:《陶行知艺友制教育思想对现代学徒制的启示价值》,浙江工商大学出版社,2021,第93—94页。

第三节 缙云县长坑小学贯彻陶行知教育思想简述

浙江省丽水市缙云县长坑小学位于缙云县东渡镇长坑村，是一所距县城较近的山村寄宿制学校。该校前身是1943年由村民创办于家族祠堂的私立国民初级小学，1952年人民政府接管时，仅有学生38人。学校在缙云县两次布局结构优化调整中，办学规模逐步扩大，目前学生人数将近500名，90%的学生为寄宿生，由于办学质量优良，引起教育主管部门及国内外学者的广泛关注。

缙云县长坑小学高举陶行知生活教育大旗，打通学校与社会的边界，引导学生“教学做”合一。通过沟通，该校周边的村委会同意将村头荒山作为学校的学农基地，同意租用菜地给学校种菜。学校的办学场地或租用村里的，或与村委会合用；学校的教室既是学生上课的场所，又是村民学习文化的地方；学校聘请艺有专精的村民担任学校特色项目指导师或者让教师先向村民学会后再教给学生；学校的课外活动也主要选择村民最喜欢的民乐、乒乓球、棋类等；学校的教学成果及时展示给村民。学校的二胡、笛子、大鼓等活动器材基本都是师生自制的，乒乓球桌也是师生自己动手用砖搭起来的。如原校长樊厚通是民乐爱好者，他在县城工作的子女就成了他的乐器老师。学校爱下棋的老师带领一批学生玩起了棋类游戏。该校自20世纪80年代末开始践行陶行知的生活教育理念，经过30余年努力，学校面貌发生了翻天覆地的变化。该校学生“人手一件乐器”“人人会跳绳”“人人都是生活的小主人”，学校办学实绩得到原浙江省省长吕祖善、教育部原部长陈宝生等高度肯定。

结　语

陶行知是我国近现代伟大的人民教育家，陶行知的教育思想是中国本土化的教育思想，他既从中国传统文化中汲取智慧，又不摒弃西方文明成果。生活教育思想是陶行知教育思想的核心。山区学校发展需要教育理论支撑。陶行知教育思想与山区学校发展存在内在的契合性，对山区学校发展具有较强指导性。

探讨陶行知教育思想与山区学校发展之间的关系并不是“拉郎配”式地将陶行知教育思想硬贴到山区学校中，而是要找到陶行知教育思想与指导山区学校发展的逻辑关系。陶行知的生活教育思想是指导山区学校发展的基础。在生活教育理论指导下，陶行知的道德教育思想、乡村教育思想、儿童教育思想、师范教育思想、成人教育思想、科学教育思想、创造教育思想和廉洁教育思想都是指导山区学校发展的某个具体方面或者某种类型。

党的十八大以来，习近平总书记多次论及陶行知及陶行知教育遗产。在谈及“好老师”标准时三次直接引用陶行知先生“捧着一颗心来，不带半根草去”的原话，两次亲自关心陶行知指导创办的新安小学。学习研究陶行知教育思想，需要与时俱进，不断发展，创造性践行陶行知教育思想。

丽水市位于浙江西南部的山区，经济欠发达，具有悠久的“学陶”“践陶”传统。抗战期间，陶行知指导创办的湘湖师范流亡丽水办学。陶行知弟子潘一尘曾两度担任丽水市云和县县长，在云和县推行生活教育。毕业于晓庄师范的丁赞熙曾任处州师范学校校长，在该校实行生活教育。新时代，在全国实施劳动教育的大背景下，陶行知教育思想与山区学校的深度融合将面临一些新的机遇。我们相信，在一批有情怀的陶研者的共同努力下，丽水山区学校将迎来新的更大发展。

主要参考文献

[1] 陶行知. 陶行知全集[M]. 成都:四川教育出版社,2009.
[2] 周洪宇,刘大伟. 陶行知年谱长编[M]. 北京:人民教育出版社,2021.
[3] 王文岭. 陶行知年谱长编[M]. 成都:四川教育出版社,2012.
[4] 王文岭. 晓庄师范与民国乡村建设[M]. 南京:河海大学出版社,2017.
[5] 朱泽甫. 陶行知年谱[M]. 合肥:安徽教育出版社,1985.
[6] 上海图书馆中国文化名人手稿馆,丽水师范专科学校图书馆. 20 世纪陶行知研究资料索引[M]. 上海:上海科学技术文献出版社,2001.
[7] 刘大伟. 继承与嬗变:陶行知研究的学术谱系[M]. 北京:中国社会科学出版社,2018.
[8] 周洪宇. 全球视野下的陶行知研究[M]. 北京:北京师范大学出版社,2015.
[9] 中国陶行知研究会. 方明文集[M]. 北京:中国文史出版社,2017.
[10] 董宝良,周洪宇. 陶行知教育学说[M]. 武汉:湖北教育出版社,1993.
[11] 虞伟庚. 陶行知教育思想概论[M]. 武汉:武汉大学出版社,2012.
[12] 周洪宇. 开拓与创建——陶行知与中国现代文化[M]. 济南:山东教育出版社,2010.
[13] 章开沅,唐文权. 平凡的神圣——陶行知[M]. 武汉:华中师范大学出版社,2013.
[14] 周毅,向明. 陶行知传[M]. 成都:四川教育出版社,2011.
[15] 周洪宇. 陶行知大传——一位文化巨人的四个世界[M]. 北京:人民教育出版社,2016.
[16] 何国华. 陶行知教育学[M]. 广州:广东高等教育出版社,1997.
[17] 中国陶行知研究会“九五”教育规划课题组. 陶行知教育思想的现代价值[M]. 北京:华文出版社,2001.
[18] 吕德雄. 陶行知师德理论及其当代价值[M]. 北京:人民出版社,2010.
[19] 王尚义. 陶行知教育思想教程[M]. 北京:中央编译出版社,2017.
[20] 周洪宇. 陶行知生活教育学说[M]. 武汉:湖北教育出版社,2011.
[21] 周洪宇. 陶行知生活教育导读[M]. 福州:福建教育出版社,2013.
[22] 杨冰. 陶行知与儿童教育[M]. 长春:东北师范大学出版社,2020.
[23] 陈波. 陶行知教育文选[M]. 杭州:浙江大学出版社,2014.
[24] 周洪宇,申国昌,余子侠. 陶行知与中外文化再探[M]. 武汉:华中师范大学出版社,2020.
[25] 周洪宇,余子侠,熊贤君. 陶行知与中外文化教育[M]. 北京:人民教育出版

社,1999.
[26] 周洪宇.陶行知研究在海外(新编本)[M].北京:北京人民教育出版社,2017.
[27] 周洪宇.人民之子陶行知[M].武汉:湖北人民出版社,2011.
[28] 王兆荣,王新,孙璐.陶行知教育思想理论概览[M].石家庄:河北教育出版社,2012.
[29] 刘开友.汪达之教育文集[M].北京:中国文联出版社,2003.
[30] 方与严.方与严教育文集——陶行知及其生活教育[M].成都:四川教育出版社,1995.
[31]《金海观全集》编委会.金海观全集[M].北京:方志出版社,2003.
[32] 张新平,陈学军等.陶行知的教育管理思想与实践[M].上海:上海教育出版社,2014.
[33] 黄凤芝.陶行知廉政文化教育读本[M].北京:中国方正出版社,2011.
[34] 丁水娟.陶行知艺友制教育思想对现代学徒制的启示价值[M].杭州:浙江工商大学出版社,2021.

后　记

我怀着十分崇敬及感恩的心情完成了这本小册子的写作。首先要感谢丽水学院教师教育学院和“绿谷双名”工程，如果没有学院和“绿谷双名”工程项目的支持，这本小册子的面世时间可能还得继续后延。其次，要感谢浙江省“十四五”教学改革项目的匿名评审专家及项目主管单位，我和潘巧明申报的“新时代陶行知型卓越乡村教师职前培养模式重构”（项目编号：jg20220592）正式获批，本书作为项目结题成果之一，进一步激发了我们的创作热情。最后，我要感谢家人的支持，写作期间我完全沉浸在资料阅读、整理及思考中，几乎是“甩手掌柜”。

之所以步入陶行知研究领域是源于兴趣及机缘。2009 年我突然对教育学感兴趣了，在网上查找教育学相关资料时，清楚了解教育学考研专业方向后，决定选择教育史专业，其理由是教育学的其他所有二级学科都可以从历史角度开展研究，所有教育问题都可以从教育史视角切入研究，于是，我报考了浙江大学教育史专业硕士研究生。2010 年考研初试成绩为 349 分，很遗憾与浙江大学失之交臂。最后调剂到浙江师范大学教育史专业，师从吴民祥教授。

2013 年，我入职丽水学院，成为一名光荣的辅导员，主要从事大学生思想政治教育工作。丽水学院研究陶行知的氛围很浓厚，经常举办相关讲座，我现场听过的讲座有 2 场，分别是虞伟庚和陈会忠主讲的。我还在梁宇光老师的介绍下，以新教师身份参观了学校陶行知研究资料陈列中心。2016 年，我转岗到学校办公室，肖刚校长交代我写一份陶行知研究计划，并嘱咐我多向退休老教师陈波请益，他说：“陈波是陶行知的学生，陶行知又是杜威的学生,杜威是全世界有名的教育家,你再跟着陈波学陶行知,这样一脉相承下来,对你未来专业发展非常好。"2019 年,我到韩国留学,其间修读了韩国著名陶行知研究专家金贵声教授的 3 门课程,收集了金贵声和李庚子的相关陶研著作。2022 年,我获得教育学博士学位回到丽水学院教师教育学院继续工作,得知陈波老师已仙逝,学校陶行知研究资料陈列中心被撤销,内心非常难受。丽水学院陶行知研究工作曾经得到过陶行知夫人吴树琴的关心指导,陶行知弟子及国内著名陶行知研究专家胡晓风、方明、朱小曼、胡国枢、周洪宇、储朝晖、童富勇等人的肯定,在国内产生过重要影响。中间几年碰到了一些挫折,甚为遗憾。

陶行知不仅是中国的,也是世界的。学习陶行知最关键的是要赓续历史文脉,弘扬行知精神,注重实践创新,推动事业发展。作为一名青年教师,在学陶师陶研陶以及本书写作过程中,我得到了华中师范大学周洪宇教授、南京晓庄学院王文岭教授、浙江师范大学吴民祥教授等多位专家学者的鼓励与支持,也引用了许多陶研学人的研究成果,在此一并致谢。本书是我们的第一本陶行知研究著作,书中舛误之处在所难免,请读者来邮(434693083@qq.com)指正,以便我们在后续研究中修订完善。

徐正林

2023 年 1 月于丽水乐学斋